"十二五"国家重点图书

本书系教育部人文社会科学研究青年基金项目"美国教育学术秩序形成机制研究(1890-1920)"(课题批准号13YJC880035)最终研究成果

美国教育学界精英群体的兴起

Meiguo Jiaoyu Xuejie Jingying Qunti de Xingqi

康绍芳 著

美国教育变革研究丛书

总主编 张斌贤

浙江出版联合集团
浙江教育出版社

总序

从 2001 年起，北京师范大学外国教育史教学科研团队一直把美国教育史作为主要的研究领域之一。十余年来，陆续承担和完成了 20 多项全国教育科学规划和教育部人文社科规划课题，先后培养了数十名博士和硕士研究生，累计出版了数十种著作和译著，发表了数以百计的论文。迄今为止，美国教育史研究已成为北京师范大学外国教育史学科建设的基本特色，在国内教育学界产生了较为广泛的影响。

为集中呈现团队的研究成果，2008 年以来，我们先后在河北大学出版社出版了"美国研究型大学探索译丛"（6 种），在北京师范大学出版社出版了"京师高等教育发展论丛"（8 种），在安徽教育出版社出版了"美国教育经典译丛"（10 种），并组织编写了"美国著名大学校长评传"（10 种，即将由安徽教育出版社出版）。上述著作主要反映了 2001—2008 年间团队的研究成果。

2009 年初，我从繁重的行政工作中脱身出来，有了更多的时间和精力系统反思我们团队在过去几年开展的业务工作及其成败得失。经过较长时间的思考以及与同事、学生的深入讨论，我逐渐意识到，尽管美国教育的发展历史非常短暂，但由于这段历史本身所具有的丰富性和复杂性，教育史学界原有的以研究长时段、大问题、大趋势（或过程）为特征的研究取向和以宏观把握为特点的研究方式，是难以真正达成对美国教育历史发展的深刻认识的。要想深入认识和理解美国教育的历史，应当转换视角，从对宏观的历史过程的把握转向对微观的历史事件的认识，更多地关注那些在美国教育历史发展过程中具有重大意义的、具体的和微观的历史事件与历史现象，更多地关注那些在美国历史转变时期所发生的重大教育变革。我相信，只有实现了这样的转换，才有可能基于充分翔实的文献资料，深入到每一个研究对象的内部，客观地还原或重构历史，从而获得科学的认识；我相信，只有实现了这样的转换，才有可能真正地在具体的研究实践中填平长期以来"困扰"外国教育史学界的思想史与制度史的割裂;我相信,只有实现了这样的转换,才有可能从根本上提高外国教育史学科研究的学术化和科学化水平。

这套"美国教育变革研究丛书"所收录的著作正是我们团队近年来转换美国教育史研究视角所做尝试的初步成果。本丛书的出版首先应当感谢浙江教育出版社张宝珍总编,没有张总编的大力支持和精心筹划,难以在较短时间内完成出版工作。浙江教育出版社多名编辑为丛书的出版付出了辛劳,在此一并致谢。

我衷心地感谢参与本丛书写作任务的各位作者。他们任教于不同的高校,都承担着繁重的教科研任务,能在较短的时间内完成写作和修改,确实难能可贵。我也由衷地希望丛书的出版能为他们的专业发展提供重要的动力。

本丛书是我有幸获聘 2011 年度长江学者特聘教授后组织的第一项学术"工程",也是我计划在今后开展的美国教育史研究的第一阶段成果。今后几年中,我们团队还将陆续出版相关著作,向教育学界展现我们的研究心得。我们渴望得到来自学界的批评指正,以使我们今后的研究工作沿着科学的方向不断推进。

本丛书得到"中央高校基本科研业务费专项资金资助"(supported by "the Fundamental Research Funds for the Central Universities"),谨此致谢。

张斌贤

2013 年 4 月于北京师范大学

目 录

导　言

本书是对美国教育学界精英群体的社会史考察，以默顿学派所构建的科学社会学理论作为理论基础，尝试挖掘19世纪末20世纪初美国众多学者将研究兴趣集中于教育领域的根本原因，以及美国教育学术秩序构建的社会过程。

19世纪末20世纪初是美国教育学界精英群体集中涌现的黄金时代，这一时期美国教育学界的精英进行了大量开创性研究，他们所确立的教育学术研究传统以及构建的学术秩序最终成为美国教育研究的根基。因此，探究这一时期美国教育学界精英群体的社会特质及其教育学术研究传统形成的社会过程，对于重新认识美国教育学术共同体以及教育学科本身的特征都是非常有价值的。

"精英"(elite)一词源于拉丁文"eligere"，意为选拔。《辞海》中对"精英"一词的解释是：指社会上具有卓越才能或身居上层社会并有影响作用的杰出人物。与一般天才和优秀人物不同，精英在一定社会里得到高度评价和合法化的地位，并与整个社会的发展方向有联系，因其散布于各行各业，从而可窥测到社会分层现象。①《韦伯斯特新版国际辞典》(*Webster's Third New International Dictionary*)中"elite"一词有三种含义：①社会地位优越的群体；②受过严格训练的士兵；③指那些可以向社会施

① 辞海编辑委员会.辞海[Z].上海：上海辞书出版社，1999：5477—5478.

加影响力、权威和决策权的少数社会阶层或群体。① 从上述内涵看,“精英”一词关涉权力与地位。作为处于领导地位的精英群体,其社会身份的获得和维持主要依凭两个指标,一是身居上层社会,二是具备卓越的才能。一般而言,这一群体会通过向社会施加影响来保持其权力和地位。

最早对“精英”进行研究的是19世纪末20世纪初意大利的帕累托(Vilyredo Pareto)和莫斯卡(Gaetano Mosca)。20世纪中期以后,随着米尔斯(Charles W. Mills)的《权力精英》(*The Power Elite*)、布迪厄(Pierre Bourdieu)的《国家精英——名牌大学与群体精神》(*La Noblesse d'état Grandes écoles et esprit de corps*)、熊彼特(Joseph A. Schumpeter)的《资本主义、社会主义与民主》(*Capitalism, Socialism and Democracy*)等著作的出版,有关精英的研究领域也从早期的政治精英向各领域精英拓展。“精英”一词的内涵也变得更加宽泛,它指社会上那些拥有卓越才能,身居高位,或者具有道德权威,并具有较高声望和广泛影响力的人。② 本书“精英”一词所指的正是更加宽泛意义上的精英,即那些获得社会高度评价,具有较高声望,并成为知识或学派权威的杰出人物。

美国历史上知名教育家群体或教育界精英群体的集体传记中具有代表性的主要有约翰·厄尔斯(John Ohles)主编的《美国教育家传记辞典》(*Biographical Dictionary of American Educators*)③和弗里德里克·厄尔斯(Frederik Ohles)主编的《美国现代教育家传记辞典》(*Biographical Dictionary of Modern American Educators*)④这两部辞典,本书将这两部传记辞典作为主要的数据来源和分析对象。约翰·厄尔斯主编的《美国教育家传记辞典》系统收录了自殖民地时期至1975年间的美国著名教育家,辞典收录美国教育家的基本原则是从事教育事业,知名的,达到60岁、已退休或1975年1月前去世的人物。1974年,由约翰·厄尔斯筹划向各州

---

① Merriam-Webster. Webster's Third New International Dictionary[Z]. Mass: Merriam-Webster Publishers, 1976: 763.

② Duncan G. Mitchell (Ed.). A New Dictionary of the Social Sciences[Z]. New York: Aldine Publishing Company. 1979: 64.

③ John F. Ohles. Biographical Dictionary of American Educators[Z]. London: Greenwood Press, 1978.

④ Frederik Ohles, Shirley M. Ohles, John G. Ramsay. Biographical Dictionary of Modern American Educators[Z]. Westport, Conn.: Greenwood Press, 1997.

教育委员会、历史学会、教育协会、大学(每州 1—2 所),以及全美专业教育协会等组织机构发出信件,征询知名教育家人选。除此之外,该辞典同时参考教育历史百科全书、标准传记索引等资料,包括《美国人传记辞典》(*Dictionary of American Biography*)、《知名美国女性》(*Notable American Women*)、《美国人传记百科全书》(*National Cyclopedia of American Biography*)、《名人录》(*Who's Who, Who Was Who*)①、《美国教育名人录》(*Who's Who in the American Education*)、《艾伯顿美国人传记百科全书》(*Appleton's Cyclopedia of American Biography*)、《20 世纪美国知名人物传记辞典》(*The Twentieth Century Biographical Dictionary of Notable Americans*)、《教育界的领袖》(*Leaders in Education*)等。综合上述资料,《美国教育家传记辞典》一共收录了 1600—1975 年间 1665 位著名教育家。1997 年,弗里德里克·厄尔斯主编的《美国现代教育家传记辞典》对《美国教育家传记辞典》进行了补充,新增 307 位教育家。综合这两部传记辞典中收录的教育家,1600—1997 年间,美国教育史上一共出现了 1972 名知名教育家,经统计分析发现,这些知名教育家的出生时间呈现出明显的阶段性分布特点。(见图 1、图 2)

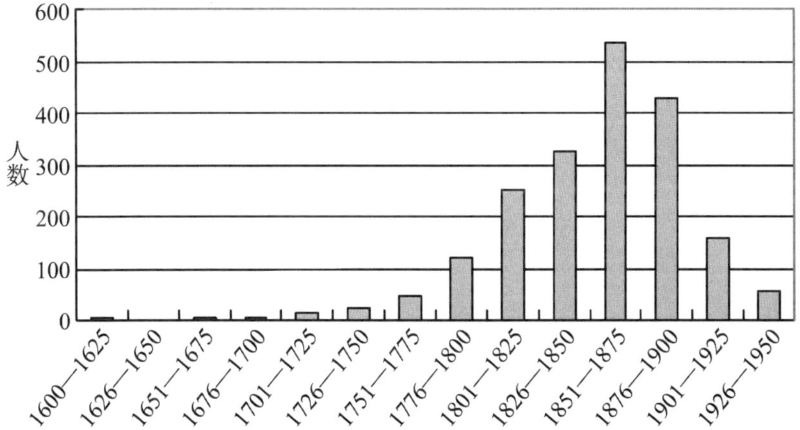

图 1 1600—1950 年美国教育家出生人数阶段分布

① *Who's Who* 是指 1849 年以后出生的英国名人录,*Who Was Who* 是指 1897 年以来已去世的英国名人录。

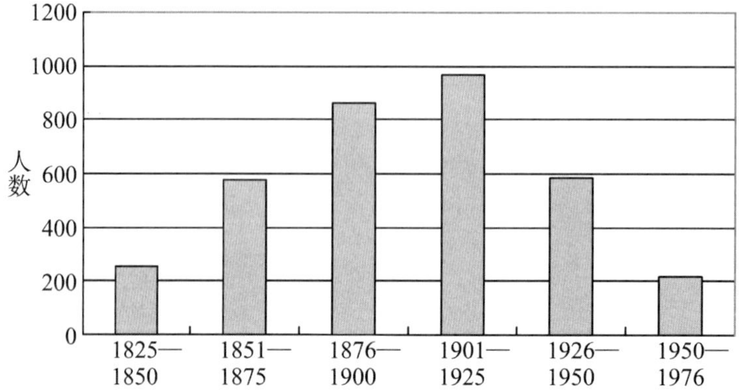

图 2　1825—1976 年间美国教育家从事学术活动人数阶段分布

《美国教育家传记辞典》和《美国现代教育家传记辞典》收录的教育家截至 1997 年，需要补充后续数据并对统计结果的可靠性进行验证。基于此，本书选取 2005 年贝兹（Paul Betz）和卡内斯（Mark C. Carnes）主编的最新增订版《美国国民传记》（*American National Biography*）①，将“教育家传记辞典”统计结果与《美国国民传记》统计结果进行比较，以此作为对“教育家传记辞典”可靠性的验证和补充。如果两种相对独立的数据统计结果显示出一定程度的对应性和一致性，则可以确定“教育家传记辞典”可以满足本书研究可靠性的要求。

《美国国民传记》出版于 1999 年，是《美国人传记辞典》的续篇，该书除了吸收《美国人传记辞典》的原有成果外，还做了大量后续的补充，并对教育领域工作者进行了细致的分类，其中“教育家”（Educators）词条收录的人物有 895 人。通过对这 895 位教育家的统计，发现最终统计结果与《美国教育家传记辞典》和《美国现代教育家传记辞典》的统计数据显示出一定程度的对应性。（见图 3、图 4）

① Paul Betz, Mark C. Carnes. American National Biography (Supplement 2)[Z]. New York: Oxford University Press, 2005.

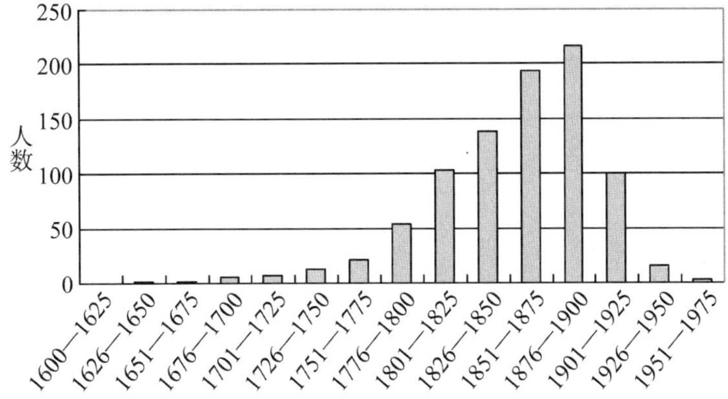

图 3　《美国国民传记》教育家出生人数阶段统计

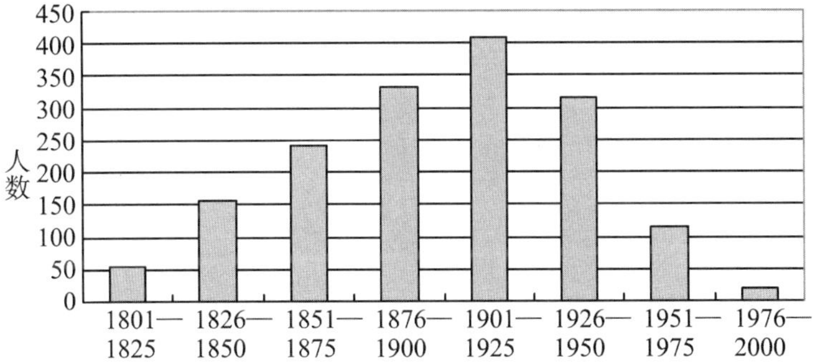

图 4　《美国国民传记》教育家从事学术活动人数阶段分布

从统计结果看,知名教育家出生人数最多的时期主要集中在 19 世纪中后期至 20 世纪初,1851—1925 年间出生的教育家有 1122 人,约占《美国教育家传记辞典》和《美国现代教育家传记辞典》所有人数的 57%。很显然,美国历史上出现的知名教育家,一半以上都集中在这一时期。在知名教育家出生人数阶段分布统计的基础上,笔者以 25 岁作为教育兴趣和学术工作的初始点,60 岁作为截止点,再对 1825 年以来的美国教育家进行累加统计。经统计分析发现,1875—1925 年是美国教育学术活动最密集的时期,这一时期约有上千名知名教育家参与各类教育理论和实践研究。这一方面表明此时教育学科吸引了大批学者从事这项职业活动,另一方面也可以推断,这一时期极有可能是教育问题集中出现的阶段。

从横向比较看,19 世纪末至 20 世纪中期,美国知名教育家的数量也是非常多的。例如,范多伦(Charles L. Van Doren)主编的《韦伯斯特美国人传记》(*Webster's American Biographies*)①收录了1972年之前美国历史上3082个知名人物,所收录的人物涵盖各种职业领域,其中包括学术职业领域的知名人士。在学术职业领域中,教育家有160人,与其他学科的知名人物相比,19世纪末以来,美国历史上涌现出了一大批知名教育家。(见图5)另外,《美国国民传记》中所收录的教育家与其他学科领域的知名学者相比,也呈现出相似的特点。(见图6)综合上述统计结果可以发现,与其他学术职业领域相比,19世纪末以来,美国知名教育家的绝对数量也是非常多的。

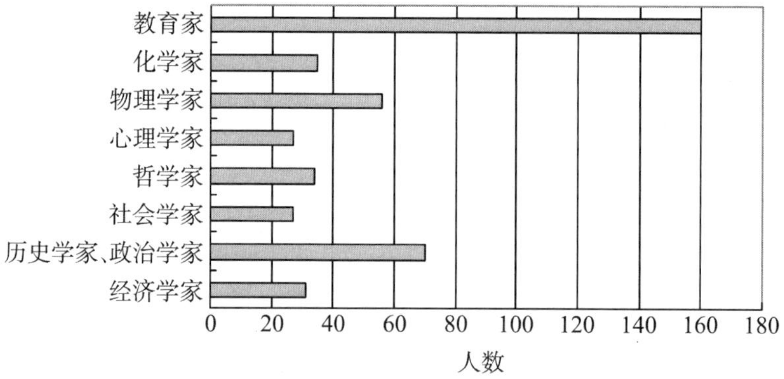

图5 19世纪末以来美国各学科知名学者人数

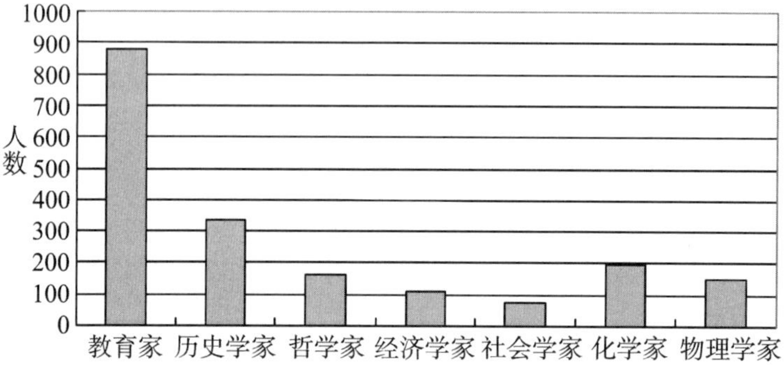

图6 《美国国民传记》中各学科知名学者人数

① Charles L. Van Doren. Webster's American Biographies[Z]. Springfield, Mass: G. & C. Merriam Company Publishers, 1974.

因此，从"教育家传记辞典"和《美国国民传记》中教育家的分布特点看，19 世纪末 20 世纪初，是美国教育家学术活动最密集的时期，也是涌现教育家人数最多的时期。因此，可以大致判断，这个时期人们对教育研究的兴趣是非常浓厚的。从横向比较看，19 世纪末以来，美国历史上各个学术职业领域中，教育学科知名学者的数量要远远多于其他学科。

一般来说，杰出的学者常常吸引着一大批追随者，因而，出现大量出类拔萃的学者的时期也是人们对相关学科领域抱有浓厚兴趣的时期。与此同时，知名学者密集地互动也是相关学科制度化的重要标志。美国社会学家爱德华·希尔斯(Edward Shils)认为，一个学科制度化过程的本质是从事这种活动的人之间相对来说较为密集地互动。这种互动具有这样一种结构：互动越密集，它的结构就会给要评价、承认、奖励和分配做出决策的权威留下更大的空间。……一种制度化程度较高的理性活动要有它可支配的组织，这种组织通过某种定性研究来调整方法，为对工作进行有条理的评价做准备，并为诸如研究、教学、调查、出版以及任命等工作提供各种便利条件、机会和奖励。① 因此，教育学界精英群体间的密集互动与相关学术秩序及其传统的建构是密不可分的。教育学界精英群体间密集的学术互动，一方面极大地促成了美国教育学科和学术研究的专业化进程，另一方面为美国教育学科发展和学术人才培养打下了基础。基于此，本书选取 19 世纪末 20 世纪初作为研究的时间范围，以供职于大学从事教育学科、学校教育理论研究的教育学界精英群体作为研究对象。通过分析这一时期教育家群体的社会出身、宗教信仰、教育背景、职业生涯及地位与其理论学说之间的关系，揭示教育学界精英群体的社会特质及其学术秩序的建构过程。

在此基础上，笔者根据本书研究的问题及对象，大致将研究的时间范围确定为 19 世纪 90 年代至 20 世纪 20 年代。这主要有两个依据：一是美国教育家学术互动的密集时期，二是美国大学教育研究的肇始时期。首先，根据上文统计，美国教育家学术互动密集期主要集中在 1875—

---

① Edward Shils. Tradition, Ecology and Institution in the History of Sociology[J]. Daedalus, 1970,99(4):763. 亦可参见：[美]罗伯特·默顿. 科学社会学散忆[M]. 鲁旭东，译. 北京：商务印书馆，2004：11.

1925 年间，这一统计结果是本书选取研究时间范围的第一依据。其次，在研究对象上，本书选取那些供职于大学的教育学界精英进行研究，因此，在研究的时间范围上，需要考虑美国大学教育学教授及其组织机构设置的历史发展情况。1873 年，爱荷华大学设立哲学与教育学教授席位，这是美国历史上第一个教学论教授席位，1878 年爱荷华大学成立师范教育学院（College of Normal Instruction），并获得授予教育学学士学位的资格，1890 年该学院更名为教育学系（Department of Pedagogy），1907 年升格为教育学院（School of Education）。1879 年密歇根大学设立科学与人文教学系（Department of Science and Art of Teaching），这是美国历史上第二个大学教育学系。1881 年威斯康星大学成立教育学系（Department of Pedagogy），1884 年北卡来罗纳大学、密苏里大学、约翰·霍普金斯大学成立教育学系；1886 年印第安纳大学成立教育学系，1887 年成立教师学院；1891 年芝加哥大学和斯坦福大学也先后成立教育学系。19 世纪 90 年代后，大学教育学系的数量开始迅速增加，（见图 7）从 1891 年的 11 所增加到 1893 年的 83 所，1894 年达到 174 所，1898 年 220 所，1899 年 244 所，1902 年 247 所，1919 年前后增长到 500 所左右。① 教育学系或教育学院作为大学教育研究的栖身之地，是教育学界精英从事研究的重要场所，因此，本书将研究的起始时间确定在大学教育学系数量迅速增长的 19 世纪 90 年代。综合上述理由，本书最终将研究的时间范围确定在 19 世纪 90 年代至 20 世纪 20 年代。

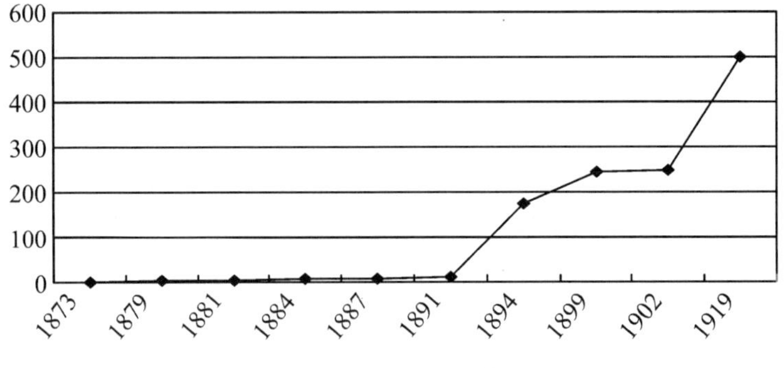

图 7 美国大学教育学系数量变化情况（1873—1919）

① Ellwood P. Cubberley. Public Education in the United States: A Study and Interpretation of American Educational History[M]. Boston: Houghton Mifflin Company, 1934: 691.

一般来说,对精英的研究主要基于两种思路,一是对其权力的质疑和挑战,二是研究精英的形成和影响。本书遵循后一种研究思路,即尝试去挖掘教育学界精英群体的形成过程及其历史价值。

在上述思路下,本书主要围绕以下几个问题展开:19 世纪末 20 世纪初,在知名教育家集中涌现和密集互动的黄金时期,产生了哪些教育学界精英?是什么样的观念和社会结构因素刺激了人们对教育的广泛兴趣?他们在家庭出身、性别、婚姻状况、宗教信仰、教育背景(受教育地区、各阶段学校教育类型)、知识结构(学科与学位结构)、职业生涯等方面都表现出哪些特征?他们是如何构建教育学术传统和秩序的?他们最终确立了怎样的学术传统?

查尔斯·佩基(Charles Peguy)曾说:"历史学家们并不想写一部关于他们自己的历史,但他们倒是很乐意将整个身心投入无尽的历史细节之中。可他们决不想让自己成为那历史细节的一部分。他们不愿意成为历史秩序的一部分,这就像是医生并不想生病或死去一样。"①在教育史研究中,那些经典著作和文本往往更容易成为后人的研究对象,而对其文本背后教育学术群体本身的社会世界却关注不多,教育学科自产生之初至今,其学科性质归属就饱受争议,但不可否认的是,这门学科自诞生之初就吸引了众多学者的研究兴趣。那么我们需要探究的问题是,这批知名教育学界精英是在怎样的一种社会世界中建构教育知识及其学术秩序的。在教育学科历史发展中,他们实际上是教育学学术秩序的一部分,并在教育学学科制度化进程中扮演了关键角色。正是基于此,本书将美国教育学界精英群体的社会结构特质及其所构建的学术传统作为研究对象。本书性质上属于知名教育家群体的社会史考察,研究对象以供职于大学从事教育学科理论、学校教育理论研究的教育学界精英群体为主,试图来探究 19 世纪末 20 世纪初美国教育学术密集互动时期,那些有影响力的教育家群体的社会世界以及他们所开拓的教育学术遗产。

罗伯特·麦考尔(Robert Mccaul)将美国教育家大致分为三代:第一代,1820 年至 1895 年;第二代,1895 年至 1940 年前后;第三代,1940 年至

① [法]皮埃尔·布迪厄. 人:学术者[M]. 王作虹,译. 贵阳:贵州人民出版社,2006:1.

1970 年前后。① 其中第二代核心人物杜威(John Dewey)、桑代克(Edward L. Thorndike)等著名教育家不仅开创了新的教育研究领域,更为重要的是他们改变了传统教育研究方法,提升了教育学术研究的水准,成为美国教育学术研究职业化的开拓者。不同学科知识专业化的过程从来不是按照任何理智的计划来进行的,而是在学科带头人或先驱们开辟了方法的基础上得以完成的。因此,从某种程度上说,杰出教育家的思想不管在对的时候还是在错的时候,都要比人们一般认识到的强有力得多。尽管如此,本书并无意对那段历史时期涌现的教育学界精英进行浪漫化或歌功颂德式的回顾,而是意在深切地理解这一时期美国教育学界精英群体的社会结构特征,重新审视社会转型时期那一代教育学界精英的职业趣味以及他们所开创的教育学术研究方法得以形成的社会过程。

一、概念界定

本书的研究对象是美国教育学界的精英群体,在具体阐述中会涉及教育家、教育理论家、学术精英、教育学界精英等相关概念,在此需要将几种概念之间的逻辑关系进行厘清和界定。

首先,涉及教育家和教育理论家这两个概念的词有 educator, educationist 和 educationalist 等。educator, educationist, educationalist 三个词在英汉教育词典中有不同的解释,赵宝恒等翻译的《英汉双解教育辞典》中,将 educator 译为“教育工作者”,指教育积极分子,可能从事也可能不从事教育研究、就教育公开发表意见,但他自认为是教师并从事教师工作。educationalist 与 educationist 用法相同,指教育领域内的科研工作者或理论家,他们享有比仅仅当一名教师要高得多的声望。② 中央教育科学研究所比较教育中心编的《汉英教育词典》中将 educator 译为“教育家”,将 educationist 与 educationalist 译为“教育学家”。③ 周南照等主编的

① Robert J. Havighurst. Leaders in American Education: The Seventieth Yearbook of the National Society for the Study of Education Part Ⅱ [M]. Chicago: University of Chicago Press, 1971.

② [英]德里克·朗特里. 英汉双解教育辞典[Z]. 赵宝恒,等,译. 北京:教育科学出版社,1992: 123.

③ 中央教育科学研究所比较教育中心编. 汉英教育词典[Z]. 贵阳:贵州教育出版社,2003.

《英汉教育词典》将 educator 译为“教师；教育工作者”，将 educationalist 译为“教育家、教育理论家”。[①]《牛津英语辞典》（第五卷）（*The Oxford English Dictionary, Volume V*）将 educator 译为“培养、训练他人的那些人；教育工作者”，而将 educationist 与 educationalist 译为“进行教育科学和方法研究的那些人；教育的倡导者”。[②] 在教育家传记辞典中，教育者（educator）、教育理论家（educationist, educationalist）存在混用的现象。约翰·厄尔斯主编的《美国教育家传记辞典》中的教育家包括各个层次类型的教育理论家和教育活动家；皮特·戈登（Peter Gordon）和理查德·奥尔德里奇（Richard Aldrich）主编的《北美、欧洲教育理论家传记辞典》（*Biographical Dictionary of North American and European Educationists*）[③]中收录了 500 位北美、欧洲著名教育理论家，也将教育家（educator）和教育理论家（educationist）放在一起使用。

综合上述解释，educator 主要包含教育家、教师、教育工作者三种内涵，而 educationist, educationalist 主要有教育理论家、教育学家两种解释。本书中所涉及的教育家主要是指那些从事教育科学理论和方法研究的学者，即教育理论家。

其次，目前对学术精英的界定，主要以科学社会学理论研究为基础。在科学家精英群体的考察中，默顿（Robert K. Merton）认为测定学术精英的指标是：获得专业认可，即业绩或者能力（merit）。默顿的指标是一种开放性、普遍性指标，评价业绩的主要指标是获得的专业认可和奖励。

英国学者迈克尔·马尔凯（Michael Mulkay）认为，学术精英，即少数特权者与其他大多数学者间的区分机制，就是获得同行普遍认可，这种认可形式可以是以某人名字命名的理论、假说和定理，诺贝尔奖以及其他各种奖项，科学院院士头衔，资深机构的理事资格，荣誉性学位，期刊编委会

---

① 周南照，张学忠. 英汉教育词典[Z]. 北京：科学出版社，2003.

② John Simpson, Edmund Weiner(Ed.). The Oxford English Dictionary, Volume V[Z]. New York: Oxford University Press, 1989: 74.

③ Peter Gordon, Richard Aldrich. Biographical Dictionary of North American and European Educationists[Z]. London: Routledge, 1997.

成员以及所发表文章的引用率等。① 一个社会或共同体中精英的存在至少包含四个独立的因素：第一，在科学共同体中，核心奖赏和研究设备在成员间的分配是非常不平等的；第二，少数特权成员之间的社会纽带联系要比其他成员之间的关系牢固。第三，具有精英资格的人有能力对其他人的活动实施控制和支配；第四，那些已经获得特权地位的人在很大程度上支配、左右着新精英的吸纳与选拔。② 丹尼尔·阿米克（Daniel J. Amick）在《科学精英与科学家使命指南》（*An Index of Scientific Elitism and the Scientists' Mission*）一文中提出了测定科学精英的10个指标，包括作为学术期刊主编的期刊数量，作为期刊顾问的期刊数量，发表评论性文章的数量，申请专利的数量，参加专业组织的数量，获得奖励和荣誉的数量，一定时段内在专业会议发表论文的数量，参与专业组织活动，譬如担任活动组织者、主席、讨论主持人、主题发言人等的次数，受邀到其他机构发表演讲的次数，在专业期刊上发表专业文章的数量等。③ 总的来说，科学社会学所说的"精英"在统计的意义上主要是指成果发表得最多、最经常被引证，并占据最有声望的位置的一小群著名科学家。

科学社会学所提出的学术精英测定指标非常精细，对测定教育学界精英具有一定参考价值，但由于科学社会学在测定精英时主要以自然科学精英为对象，其指标体系建立在量化统计基础上，很多指标过于烦琐、细碎，这在人文社会科学领域是很难做到的。

另外，学术精英所涉及的概念还有知识分子精英（intellectual elite）、知识精英（knowledge elite）、专业精英（meritocracy, professional elite）等。

关于知识分子（intellectual）概念的起源，学界说法不一。但学界基本认同"intelligentsia"一词起源于19世纪的俄国这一史实。知识分子这一术语出现在1898年1月14日《晨曦》（*L'Aurore*）杂志中一篇题为"知识分子宣言"的文章中。总的来说，知识分子是一种社会角色，大部分对知识

---

① Michael Mulkay. The Mediating Role of the Scientific Elite[J]. Social Studies of Science, 1976,6(3/4): 445—470.

② Michael Mulkay. The Mediating Role of the Scientific Elite[J]. Social Studies of Science, 1976,6(3/4): 446—447.

③ Daniel J. Amick. An Index of Scientific Elitism and the Scientists' Mission[J]. Science Studies, 1974,4(1): 1—16.

分子的界定都以其所从事的工作的性质为基础，即生产、传播高度抽象的符号。早期知识分子精英主要以"沙龙"为活动阵地，他们普遍关注社会问题，具有强烈的社会责任感和同情心。

知识精英、专业精英是相对于特定的组织环境而言的，组织的科层化是构成专业精英的前提条件。知识精英、专业精英是19世纪后期以来在学术职业化过程中产生的群体。作为科层组织中的职业群体，知识精英、专业精英的学术活动主要以期刊、专业组织以及大学为阵地，对一般知识问题逐渐淡漠，更加专注于专门领域的知识问题。这种专业人士往往是在特定的组织环境中工作，这种组织环境强调职业生涯、地位、成功、向上流动等品质。以学术为志业者不再是锦衣玉食的精神贵族，而是依赖特定组织谋生的专家和学者。对组织的依赖性意味着他们必须遵从组织内部的一系列游戏规则，在组织的框架下为自己谋取各种资源，包括生计、事业、地位和荣誉等。①

依据上述定义，本书中所谈到的学术精英主要是指在学术职业化背景下，那些在学术共同体中取得卓越成就，掌握与控制了学术话语、学术精英选拔、价值资源分配机制相关的知识和权力，并可望因此获得更多价值资源（收入、尊重、安全等）的成员。

本书中所探讨的是学术职业化和学科分化初期的教育学界精英群体。在这样一个时期，教育是不是一门科学，从事教育理论研究是否可以称之为一项学术职业，这是需要首先厘清或明确的。在此，笔者认同经济学家熊彼特有关科学的观点，即一门科学就是任何一种知识，它是人们有意努力加以完善的对象。这种努力产生了思维的习惯，即方法或技巧，以及通过掌握这种技巧所发掘出来的事实，而这些事实都超越了日常生活中思维习惯与实际知识的范围。因此，也可以采用这样的定义：一门科学是一种知识，它发展了寻找事实和解释或者推理分析的专门技巧。如果我们想强调社会学的一面，还可以下另一个定义：一门科学是一个知识领域，其中有人，即所谓研究工作者，或科学家，或学者，他们致力于完善现已积累的事实与方法，同时在这样做的过程中，他们所掌握的事实与方法

① 阎光才. 精神的放牧与规训：学术活动的制度化与学术人的生态[M]. 北京：教育科学出版社，2011：21.

使他们与一般“外行”有所区别,因而也和单纯的“实际工作者”有所区别。① 因此,本书所讨论的教育学界精英即是在上述教育科学内涵意义下的教育学术研究者。

根据上述界定,本书中所说的教育学界精英是指在学术职业化初期,那些供职于大学从事教育理论和方法研究的杰出学者,这些杰出学者在教育学术研究中取得了卓越成就和学术声望,掌握了控制教育学术话语、学术精英选拔与传承等方面的资源,并在教育学科制度化过程中,成为学科知识与学术秩序的生产者和建构者。鉴于《美国教育家传记辞典》中所收录的教育家内涵宽泛,不仅包括知名教育理论家,也包括知名教育活动家等,因此,本书在对《美国教育家传记辞典》中所收录教育家进行总体社会结构图谱统计时会涉及宽泛意义上的教育家群体,以此来获得美国教育学界精英群体社会特质的整体背景。

二、学术史

从精英群体的研究历史看,大致分为三种研究传统:一是政治精英研究传统,二是科学界精英研究传统,三是知识界和学术界精英研究传统。

(一) 政治精英研究传统

关于精英群体的形成与流动机制的研究,最早始于 19 世纪末 20 世纪初政治学和社会学领域,早期代表人物有意大利社会学家帕累托和莫斯卡,以及德国社会学家米歇尔斯(Robert Michels)。

帕累托在《精英的兴衰》(*The Circulation of Elite*)②中认为,旧精英的衰落与新精英的兴起、精英与非精英之间的流动是不可避免的,精英的循环也是保持社会平衡与稳定的基本因素。意大利政治社会学家莫斯卡在《统治阶级》(*The Ruling Class*)③中指出,任何社会中都存在着两个截然对立的阶级:统治阶级与被统治阶级。统治阶级一般由武士、教士、贵族、有钱和有知识的各种团体组成。有组织的少数对无组织的多数的统治是

---

① [美]约瑟夫·熊彼特. 经济分析史(第 1 卷)[M]. 陈锡龄,朱泱,孙鸿敞,等,译. 北京:商务印书馆,1996:23—24.

② [意]维尔弗雷多·帕累托. 精英的兴衰[M]. 刘北成,译. 上海:上海人民出版社,2003.

③ [意]加塔诺·莫斯卡. 统治阶级(政治科学原理)[M]. 贾鹤鹏,译. 北京:译林出版社,2002.

不可避免的,整个人类文明的历史就是由统治阶级与他们的竞争者之间的斗争谱写的。米歇尔斯在莫斯卡、帕累托、韦伯(Max Weber)理论的影响下,提出了"寡头统治铁律",认为各种政治组织事实上都意味着寡头统治。米歇尔斯从领袖产生的社会和心理基础,分析领导者获得以及行使权力过程中的特质,并对不同阶级出身的领袖进行社会学分析,在此基础上,米歇尔斯进行了限制领袖影响力的各种尝试。①

总的来看,早期人们对精英群体的研究,主要集中于对政治、政党群体的研究,忽视对社会组织等其他群体的研究。20 世纪 50 年代以后,精英理论在美国有了新的发展,当代精英理论不仅关注政治精英,也开始重视其他社会精英在社会关系中的地位和作用,主要代表人物有政治学家拉斯韦尔(Harold D. Lasswell)、社会学家米尔斯、经济学家熊彼特等。

拉斯韦尔是美国行为主义政治学的创始人之一,他运用弗洛伊德的精神分析法来分析和研究政治现象,他主张政治学应侧重研究政治权力和权力主体,从而成为政治学权力学派的代表。拉斯韦尔在《政治学:谁得到什么?何时和如何得到?》(*Politics: Who Gets What, When, How*)②中以"精英"开篇,指出政治研究是对权势和权势人物的研究,在尊重、收入、安全等人们可望获得的价值中,精英是获得这些价值最多的群体。拉斯韦尔尝试从精英的个人技能、社会阶层、人格、态度群等因素考察精英群体获得社会价值资源的过程。经济学家熊彼特在《资本主义、社会主义与民主》③中则提出了精英竞争式民主理论,指出无论人民在多大程度上参与民主,事实上,政治权力始终在精英阶层之间转让。米尔斯、布迪厄等社会学家则从社会资本、文化符号再生产的角度指出精英群体权力与地位之间循环复制的过程。米尔斯在《权力精英》④一书中,从冲突论的角度试图揭示谁在真正统治美国。他认为这个国家被大企业的高级主管、政府行政机构的主要官员以及军队中的高级将领这三个日益相互关

① [德]罗伯特·米歇尔斯. 寡头统治铁律:现代民主制度中的政党社会学[M]. 任军锋,等,译. 天津:天津人民出版社,2002.

② [美]哈罗德·拉斯韦尔. 政治学:谁得到什么? 何时和如何得到? [M]. 杨昌裕,译. 北京:商务印书馆,1992.

③ [美]熊彼特. 资本主义、社会主义与民主[M]. 吴良健,译. 北京:商务印书馆,1999.

④ [美]查尔斯·米尔斯. 权力精英[M]. 王崑,徐荣,译. 南京:南京大学出版社,2004.

联领域的领导人所主宰。米尔斯认为，在美国，没有什么人有精英们那么强的“阶层意识”，也没有什么群体有精英们的那种有效的组织。为把握权力精英的社会基础，米尔斯强调，首先必须分析权力精英成员们的出身、职业和生活方式。一般来说，地位越高，出身上层并与上层社会有联系的可能性越大，权力精英成员出身大体相近，读过常春藤名校的大学毕业生占压倒性多数。布迪厄在《国家精英——名牌大学与群体精神》①中，在实证研究的基础上，从惯习、权力、场域等核心概念入手，分析了社会结构与心智结构在知识、文化等领域的符号再生产过程，布迪厄认为，以理性自诩的社会正是通过那些圣职受任礼来造就他们的精英。

综上所述，早期精英理论强调个人天赋在精英地位获得中的重要作用，并以政治精英群体为主要研究对象；后期精英理论一方面在精英群体研究范围上有所拓展，另一方面更加强调社会资本、文化资本等后天环境因素在精英群体结构与流动中的决定性力量。

（二）科学界精英研究传统

关于职业科学家精英群体的研究，主要代表人物有默顿、科尔兄弟（Jonathan Cole, Stephen Cole）、克兰（Diana Crane）、朱克曼（Harriet Zuckerman）等，他们也被称为“默顿学派”。他们主要围绕美国学术系统结构、学术认可机制和精英选拔过程等，进行了大量的理论和实证研究。

默顿学派的研究模式形成于20世纪30年代。1938年默顿在其博士论文《17世纪英格兰的科学、技术与社会》（*Science, Technology and Society in Seventeenth Century England*）中运用集体传记法、计量史学分析等研究方法，分析社会文化，尤其是清教信仰对科学家这一职业群体科学研究的重要影响，以此来揭示科学家的社会世界。历史上，每一个时代都有各自的知识或职业兴趣点，例如，古希腊的兴趣中心是哲学和艺术，中世纪是神学和宗教，文艺复兴时期是文学、艺术和伦理学，而近代则是科学与技术。基于此，默顿选择17世纪英格兰知识界对科学技术兴趣激增的一段时期进行研究，挖掘一个时代职业兴趣的分布、转移，以及造成人才职业流动的原因等问题。默顿围绕17世纪英国精英的职业兴趣转移

① [法]布迪厄. 国家精英——名牌大学与群体精神[M]. 杨亚平，译. 北京：商务印书馆，2004.

这个实质性问题,选取英国《国民传记词典》(*The Dictionary of National Biography*)中6000个左右的传记进行统计分析。为了了解这一时期职业兴趣的分布和波动情况,默顿根据初始兴趣、发现、论文三个指标,并以五年为期对各个领域的情况分别加以统计,由此得出反映当时职业兴趣的分布和波动情况的统计表与曲线图。在研究方法上,默顿结合历史学中的集体传记方法和科学史中的计量分析法,并试图将两种方法结合在一起来研究科学家群体的特征。事实上,早在默顿之前,高尔顿(Francis Galton)、阿尔方斯·德·康多尔(Alphonse de Candolle)、阿尔弗雷德·奥丁(Alfred Odin)、哈夫洛克·艾利斯(Havelock Ellis)等已经沿着这条路线做了一些工作,他们已经对科学家的传记及其发表的著作进行了定量分析。

1874年,高尔顿在《英国科学家》(*English Men of Science*)①一书中,集中研究了遗传和环境在杰出科学家成长中的相互作用,并运用统计方法分析天赋形成的本质和环境因素等问题。高尔顿对传记和家谱等资料进行了排列,由此他得出了具有广泛意义的极为惊人的结论,即对于有差别的活动领域来说,遗传可以在相当程度上解释伟大天才取得巨大成就的根源所在,而环境则可以解释杰出人才的活动领域所呈现出的分布特征。康多尔在《两个世纪以来的科学史和科学家》(*Histoire des sciences et des savants depuis deux siècles*)②一书中,采用统计分析的方法确定那些有助于或有碍于科学天才成长的自然条件和社会条件,并集中讨论了外部因素对最杰出的科学家科学研究的作用。高尔顿—康多尔定量分析模式的延续使用,完全独立于另一类研究方法的并行发展,即集体传记法,该方法最初主要用于研究古代史,尤其是罗马史。默顿尝试将两种分析方法结合在一起进行科学家群体研究。第二次世界大战后,计量分析与集体传记分析在科学社会学研究中开始相互交织,如尼古拉斯·汉斯(Nicholas Hans)在《18世纪教育的新趋势》(*New Trends in Education in*

---

① Francis Galton. English Men of Science: Their Nature and Nurture[M]. London: Macmillan & Co., 1874.

② 转引自:[美]罗伯特·默顿.科学社会学散忆[M].鲁旭东,译.北京:商务印书馆,2004:42—43.

the Eighteenth Century)①一书中即采用两种分析方法对大约 3500 人(包括 680 位科学家)的社会出身、受教育情况以及后来的职业进行统计分析,这些人原则上构成了 18 世纪英国的知识精英群体。

继默顿之后,普赖斯(Derek J. de Solla Price)、科尔兄弟、克兰、朱克曼等对学术精英群体的互动认可机制以及选拔机制进行了系统研究。普赖斯在其代表作《小科学,大科学》(*Little Science, Big Science*)中详细地分析了科学精英的组织形式——“无形学院”②,认为“无形学院”对于激发科学精英群体的创造性研究具有重要价值。普赖斯借用“无形学院”这个概念提出了“大科学”时代科学建制的结晶化趋势,并论证了科学界的大部分研究成果是由少数精英科学家创造的。默顿的学生科尔兄弟在《科学界的社会分层》(*Social Stratification in Science*)③一书中从群体的角度出发,论证了科学精英的不可替代性。科学精英的地位是遵循普遍主义原则而获得的,科学奖励在科学家之间的分配是基于他们在科学上的贡献的。朱克曼在《科学界的精英:美国诺贝尔奖获得者》(*Scientific Elite: Nobel Laureates in the United States*)④中,将科学界的超级精英——诺贝尔奖获得者进行了专门的分析。朱克曼认为,科学精英群体是一个自足的群体,在自我选择的过程中最引人注目的事实是,未来的超级精英成员在他们生平事业的早期就已经适应了科学系统。在科学精英成长的过程中,即使当升入上层的动力是以任人唯才的原则为基础的时候,它也

① Nicholas Hans. New Trends in Education in the Eighteenth Century[M]. London: Routledge and Kegan Paul, 1951.

② “无形学院”最初是由英国著名科学家波义尔(Robert Boyle)提出的,它被用来指称英国皇家学会的前身——由十多名杰出的科学家组成的非正式交流群体。默顿在其博士论文中也指出,英国皇家学会为科学家所提供的思想和理论教育的平台,对于激励科学家进行创造性研究发挥了极大的作用。

③ [美]乔纳森·科尔,斯蒂芬·科尔. 科学界的社会分层[M]. 赵佳苓,等,译. 北京:华夏出版社,1989.

④ [美]朱克曼. 科学界的精英:美国诺贝尔奖获得者[M]. 周叶谦,冯世则,译. 北京:商务印书馆,1987.

包含一种优势累积[①]过程，这一过程有助于形成、维持或修饰科学界的分层结构。因此，朱克曼认为，科学精英的产生机制主要通过优势累积相加和相乘两种方式实现，但这种优势累积在科学界并不是一种封闭系统，可以通过奖励评价系统的消融机制克服优势累积带来的负面影响。

默顿学派的科学精英理论虽然认同科学共同体存在分层现象，但认为分层和资源的不平等分配的动力并非掌控科学共同体的话语权力，而是科学天才的优秀品质及其成就。因此，默顿认为，普遍主义、公有性、无私利性以及有组织的怀疑，构成了现代科学的精神特质。

20 世纪 70 年代，默顿所开创的科学社会学受到挑战，受结构主义、后现代主义影响，科学社会学研究向语言学、修辞学转向，科学知识社会学成为新的研究趋向，英国学者马尔凯即为代表人物之一。马尔凯在《科学社会学理论与方法》(*Sociology of Science: A Sociological Pilgrimage*)[②]中试图在科学社会学分析的基础上，挖掘科学家建构其社会世界的过程。马尔凯指出，科学家的职业生涯是以获得专业认可而进行信息交换为中心的，即为获得各种奖励：研究基金、职位升迁、薪水的增加等。马尔凯批评默顿学派对科学精英选拔与生成机制的普遍主义分析，认为科学家精英群体也是一种社会选择与建构的过程。

（三）知识界和学术界精英研究传统

在关于知识界精英群体的研究中，比较有代表性的研究是查尔斯·卡杜什(Charles Kadushin)的《美国的知识精英》(*The American Intellectual Elite*)[③]。卡杜什对美国 20 世纪 60 年代末期的知识界精英进行了社会学研究，他主要从知识界精英的分类、新成员的吸纳与准入机制、知识界精英的生活结构以及思想流派等四个方面展开研究，并将这一时期的知识界精英置于整个政治社会生活中，其中涉及知识界精英的甄别、历史演

---

① 优势累积也被称作“马太效应”，默顿后来在《十七世纪英格兰的科学、技术与社会》1999 年中文版序言中，对优势累积过程的模型做了进一步的解释：“个人自我选择过程和体制的社会选择过程相互作用，影响了在既定活动领域相继获得机会结构的概率。当个人的表现达到了体制要求的标准，特别是当他大大超过了标准，这就开始了优势积累的过程，在这个过程中，个人获得日益增长的机会。”

② [英]迈克尔·马尔凯. 科学社会学理论与方法[M]. 林聚任，等，译. 北京：商务印书馆，2006：92—109.

③ Charles Kadushin. The American Intellectual Elite[M]. Boston: Little, Brown, 1974.

变、角色及其权力、政治取向、社会互动、学术阵地等主题。另外,还有大量文献主要从知识界精英群体的特质与社会责任的角度进行论述,如卡尔·曼海姆(Karl Mannheim)的《意识形态与乌托邦》(*Ideology and Utopia*)、萨义德(Edward W. Said)的《知识分子论》(*Representations of the Intellectual*)、雷蒙·阿隆(Raymond Aron)的《知识分子的鸦片》(*The Opium of the Intellectual*)、班达(Julien Benda)的《知识分子的背叛》(*The Treason of the Intellectulas*)、保罗·约翰逊(Paul Johnson)的《知识分子》(*Intellectuals*)、杰弗里·戈德法布(Jeffrey C. Goldfarb)的《"民主"社会中的知识分子》(*Civility and Subversion: The Intellectual in Democratic Society*)、艾尔文·古德纳(Alvin Gouldner)的《知识分子的未来和新阶级的兴起》(*The Future of Intellectuals and the Rise of the New Class*)、葛兰西(Antonio Gramsci)的《狱中札记》(*The Prison Notebooks*)、郑也夫的《知识分子研究》、原方的《知识分子论》等,主要从知识分子群体的公共性与特殊性分析其社会角色和责任。即从公共性角度来说,知识分子应具有理性批判精神,成为人类的良心;而就特殊性而言,知识分子群体一般都是与特定阶层或利益集团存在密不可分的关系。①

19 世纪末 20 世纪初,伴随着知识专门化和学术职业化,以学术为业的专业精英开始出现。对有关学术职业及其运行机制这一议题较早进行阐述的是德国社会学家马克斯·韦伯,他在《学术与政治》(*Science as a Vocation, Politics as a Vocation*)中指出,学术生涯是异常鲁莽的赌博;学术工作中的机遇与灵感,无论是就表面还是就本质而言,个人只有通过最彻

① 可参见:[德]卡尔·曼海姆. 意识形态与乌托邦[M]. 黎明,等,译. 北京:商务印书馆,2000;[美]萨义德. 知识分子论[M]. 单德兴,译. 北京:生活·读书·新知三联书店,2007;[法]雷蒙·阿隆. 知识分子的鸦片[M]. 吕一民,顾航,译. 南京:译林出版社,2005;[法]班达. 知识分子的背叛[M]. 余碧平,译. 上海:上海世纪出版集团,2005;[美]保罗·约翰逊. 知识分子[M]. 杨正润,等,译. 南京:江苏人民出版社,1999;[美]戈德法布. "民主"社会中的知识分子[M]. 杨信彰,译. 沈阳:辽宁教育出版社,2002;[美]艾尔文·古德纳. 知识分子的未来和新阶级的兴起[M]. 顾晓辉,蔡嵘,译. 南京:江苏人民出版社,2006;[意]葛兰西. 狱中札记[M]. 曹雷雨,等,译. 北京:中国社会科学出版社,2000;郑也夫. 知识分子研究[M]. 北京:中国青年出版社,2004;原方. 知识分子论[M]. 上海:上海三联书店,2005 等。

底的专业化,才有可能具备信心在知识领域取得真正完美的成就。① 而在韦伯看来,在这种彻底的科学化、专业化前提条件下,学术界的先知所能创造的只会是狂热的宗派,而绝对不会是真正的共同体。②托尼·比彻在《学术部落及其领地:知识探索与学科文化》(*Academic Tribes and Territories: Intellectual Enquiry and the Culture of Disciplines*)中主要分析学术界的运作逻辑,集中讨论了学术群体的主要特征及不同的学科领地与这些学术群体之间的关系。比彻认为,“学术俱乐部”是一个相对封闭、自我增强的精英结构系统,庇护人是学术生涯发展的一种资源,谁的能力更容易被广泛地认可与承认?比彻援引格里菲斯(Belver C. Griffith)和斯莫尔(Henry G. Small)的观点认为,在偏软(人文社会科学)的学术群体里通常更容易由一两个占据主导地位的学者控制——这些极少数人就像祖先的牌位一样被供奉起来。③硬性知识的各个研究领域之间的边界被定义得越精确、保护得越好,这些领域与其成员之间的关系就越密切,越是容易通过流放和驱逐内部的持不同意见者、拒绝身份不明的外来者的进入以保持学科教义的完整性。然而,在认识论上的软性知识领域,专家团体的组织关系虽然较为松散,但依然可以看到“守门人”角色在发挥作用。爱德华·希尔斯在《学术的秩序》(*The Calling of Sociology, and Other Essays on the Pursuit of Learning*)中具体分析了学术职业化背景下,学术共同体及其秩序的建构问题。在学术职业化的时代,新型的学者与科学家,基本上以供职于某所学院或大学来维持生计。少数几个中心构成的中心群的出现,促成了学术秩序发展成为一个共同体,这是确保学术界在知识秩序中占据优势地位的一个必要条件。④ 拉尔夫·特纳(Ralph Turner)在《赞助性流动、竞争性流动和学校教育》(*Sponsored and Contest Mobility and the School System*)中描述了社会精英两种理想的升迁性流动

---

① [德]马克斯·韦伯. 学术与政治[M]. 冯克利,译. 北京:生活·读书·新知三联书店,2005:24.

② [德]马克斯·韦伯. 学术与政治[M]. 冯克利,译. 北京:生活·读书·新知三联书店,2005:48.

③ [英]托尼·比彻,保罗·特罗勒尔. 学术部落及其领地:知识探索与学科文化[M]. 唐跃勤,等,译. 北京:北京大学出版社,2008:90.

④ [美]爱德华·希尔斯. 学术的秩序[M]. 李家永,译. 北京:商务印书馆,2007:26—27.

的规范模式:赞助性流动与竞争性流动。在竞争性流动中,英才的地位是依据某些公平原则在公平竞争中获得的奖品;在赞助性流动中,英才的新成员由公认的英才或其代理人挑选,英才地位是依据某些假定的德行标准而授予的,它不可能靠努力或策略来获得。① 赞助性流动与竞争性流动即是社会精英生产与控制的两种模式。华东师范大学阎光才教授结合科学社会学理论的研究成果,认为资质与资本是学术精英生成的必备项,现实中的学术精英生成很可能是特纳所谓赞助性流动和竞争性流动双重机制作用的结果。② 阎光才教授紧接着在另一篇文章中分析了那些为学术共同体所认可的学术精英,在现代学术活动以及学术、科技和教育体制运行中所扮演的角色问题,指出学术精英作为学术传统的坚守者、外部压力的调停者,扮演着神圣与世俗合体的双面角色。③

另外,在学术精英产生机制研究方面,还有一些文献从个案研究入手分析社会、学科精英产生的过程。如布迪厄在《国家精英——名牌大学与群体精神》④一书中,在实证研究的基础上,从惯习、权力、场域等核心概念入手,分析了社会结构与心智结构在知识、文化等领域的符号再生产过程。布迪厄认为,以理性自诩的社会正是通过那些圣职受任礼来造就他们的精英的。此外,布迪厄在《人:学术者》⑤一书中,对法国高等教育机构中学术职业群体进行实证分析,指出学术精英群体在行政与学术领域再生产的社会机制。周勇在《教育场域中的知识权力与精英学子》中,就精英学子的求职经历与学术生涯进行了研究,选取了福柯(Michel Foucault)、布迪厄、顾颉刚、傅斯年、钱穆、吴宓等作为研究对象,考察这些学术精英在学界取得的成就,分析学术生涯与知识权力、规训之间的关系,揭示他们在追求成功的过程中,各自接受了什么样的知识"规

① [美]拉尔夫·特纳.赞助性流动、竞争性流动和学校教育[A].张人杰.国外教育社会学基本研究选[C].上海:华东师范大学出版社,1989:91—92.

② 阎光才.学术系统的分化结构与学术精英的生成机制[J].高等教育研究,2010(3).

③ 阎光才.亚努斯的隐喻——去行政化语境下的学术精英角色与权力内涵分析[J].复旦教育论坛,2010(5).

④ [法]皮埃尔·布迪厄.国家精英——名牌大学与群体精神[M].杨亚平,译.北京:商务印书馆,2004.

⑤ [法]皮埃尔·布迪厄.人:学术者[M].王作虹,译.贵阳:贵州人民出版社,2006.

训”,以及这种规训在他们的学术发展中发挥了怎样的作用。① 方文在《学科制度精英、符号霸权和社会遗忘——社会历史学主流历史话语的建构和再生产》一文中则以社会心理学学科精英的产生过程与机制为研究对象,试图解构社会心理学主流历史话语的建构和再生产过程,揭示其制度精英和符号霸权的微观权力机制,凸现其背后所隐含的社会遗忘机制。② 学科精英的产生事实上是精英建立符号霸权,非精英被忽视或遗忘的过程。

总的来说,在有关精英群体的上述三种研究传统中,政治精英研究传统侧重精英形成的社会和心理机制;科学界精英研究传统主要关注科学界内部的分层和特征,强调社会结构对科学家职业生涯的影响;知识界和学术界精英研究传统一方面关注知识界群体与社会之间的互动,另一方面更加关注学术精英形成过程中赞助性流动机制的作用。在理论观点和立场上,精英群体研究主要有普遍主义研究与特殊主义研究两种理论观点:前者强调在学术共同体中,能力或业绩是学术精英生产机制的主导因素;后者则强调学术精英背后赞助性因素的重要性。

从教育学界精英群体研究的历史看,目前主要有两种研究趋势,一是教育思想史研究,二是教育学界精英社会学研究。

首先,对教育学界精英群体的研究,主要从思想史或教育思想史的角度展开,如格里夫斯(Frank P. Graves)的《三个世纪以来著名的教育家:他们的事业及对现代教育的影响》(*Great Educators of Three Centuries: Their Work and Its Influence on Modern Education*)③,布莱克(Hugh C. Black)的《伟大教育家:教育领导者读本》(*The Great Educators: Readings for Leaders in Education*)④,诺曼(Ann K. Nauman)的《教育传记手册:500位卓越的教育家》(A *Biographical Handbook of Education: Five Hundred*

---

① 周勇.教育场域中的知识权力与精英学子[M].北京:北京师范大学出版社,2010.

② 方文.学科制度精英、符号霸权和社会遗忘——社会历史学主流历史话语的建构和再生产[J].社会学研究,2002(5):62—70.

③ Frank Pierrepont Graves. Great Educators of Three Centuries: Their Work and Its Influence on Modern Education[M]. New York: AMS Press, 1971.

④ Hugh C. Black, Kenneth V. Lottich, and Donald S. Seckinger. The Great Educators: Readings for Leaders in Education[M]. Chicago: Nelson-Hall Co., 1972.

Contributors to the Field)①,戈登(Peter Gordon)和阿尔德里奇(Richard Aldrich)主编的《北美与欧洲教育主义者传记辞典》(*Biographical Dictionary of North American and European Educationists*)②,弗拉那根(Frank M. Flanagan)的《著名教育家》(*The Greatest Educators Ever*)③,美国学者乔伊·帕尔默(Joy A. Palmer)主编的《教育究竟是什么:100位思想家论教育》④,檀传宝主编的《世界教育思想地图:50位现代教育思想家论教育》⑤,加拿大学者许美德(Ruth Hayhoe)的《思想肖像:中国知名教育家的故事》(*Portraits of Influential Chinese Educators*)⑥。

国内研究方面,自20世纪90年代以来,陆续出版了有关外国教育家评传的汇编文献,如刘传德的《外国教育家评传精选》、赵祥麟的《外国教育家评传》、杨汉麟的《外国教育名家思想》、张人杰的《20世纪教育学名家名著》等⑦,均是集中阐述外国著名教育家的教育思想和贡献的著作。

在美国著名教育家群体研究方面,温希普(Albert E. Winship)的《美国卓越的教育家》(*Great American Educators*)⑧对早期杰出教育家的思想与贡献进行了专门的梳理和阐述。约翰·克利夫顿(John L. Clifton)的

---

① Ann K. Nauman. A Biographical Handbook of Education: Five Hundred Contributors to the Field[M]. New York: Irvington Publishers, 1985.

② Peter Gordon, and Richard Aldrich. Biographical Dictionary of North American and European Educationists[Z]. London: Woburn Press, 1997.

③ Frank M. Flanagan. The Greatest Educators Ever[M]. London: Continuum, 2006.

④ [美]乔伊·帕尔默.教育究竟是什么:100位思想家论教育[M].任钟印,诸惠芳,译.北京:北京大学出版社,2008.

⑤ 檀传宝.世界教育思想地图:50位现代教育思想家论教育[M].福州:福建教育出版社,2010.

⑥ [加]许美德.思想肖像:中国知名教育家的故事[M].周勇,译.北京:教育科学出版社,2008.

⑦ 刘传德.外国教育家评传精选[M].北京:北京师范大学出版社,1993;赵祥麟.外国教育家评传[M].上海:上海教育出版社,2003;杨汉麟.外国教育名家思想[M].武汉:华中师范大学出版社,2010;张人杰.20世纪教育学名家名著[M].广州:广东高等教育出版社,2002;

⑧ Albert E. Winship. Great American Educators[M]. Chicago: Werner School Book Company, 1901.

《10 位著名美国教育家》(*Ten Famous American Educators*)①,芬那(Mildred S. Fenner)和费舍伯恩(Eleanor C. Fishburn)的《美国教育家先驱》(*Pioneer American Educators*)②则对美国建国以来直到 19 世纪末涌现出的知名教育家生平及教育思想进行了简要的梳理和阐述。

总的来看,思想史、教育思想史视角的教育精英群体研究,主要是对杰出教育思想家文献的汇编或编纂,属于教育思想史范畴。

而美国教育学界精英群体的社会学研究,主要涉及教育学界精英群体的分类,教育学界精英群体的社会思想和价值取向,学术生产机制即学术知识传统的代际继承与冲突,不同学术职业领域之间的竞争与互动等方面。

在美国教育学界精英群体社会思想研究方面,代表作有诺曼·沃尔夫(Norman Woelfel)的《美国思想的开拓者:对美国教育中 17 位开拓者社会态度的批判性回顾》(*Molders of the American Mind: A Critical Review of the Social Attitudes of Seventeen Leaders in American Education*)③和莫尔·科蒂(Merle Curti)的《美国教育家的社会思想》(*The Social Ideas of American Educators*)④。

沃尔夫的著作对著名教育家关于学校与社会关系的思想进行了研究,他根据教育家的社会思想将 17 位教育学界精英分为三个流派:推崇

---

① John L. Clifton. Ten Famous American Educators[M]. Columbus: R. G. Adams & Co., 1933.

② Mildred Sandison Fenner, and Eleanor C. Fishburn. Pioneer American Educators[M]. Port Washington, N. Y., Kennikat Press, 1947, 1968.

③ Norman Woelfel. Molders of the American Mind: A Critical Review of the Social Attitudes of Seventeen Leaders in American Education[M]. New York: Columbia University Press, 1933.

④ Merle Curti. The Social Ideas of American Educators[M]. Report of the Commission on the Social Studies: Part X. New York and London: Charles Scribner's Sons, 1935, 1959.

传统价值论者、信仰科学研究方法论者、信奉现代实验自然主义论者。① 对上述17位美国教育开拓者社会取向开展研究时，沃尔夫主要参考了17位教育家1925年之前发表的文献，并从五个方面进行阐述：①基本观点及其与教育的关系；②教育实践建议的性质；③对当时教育实践的评估；④学习的性质；⑤对其他观点的回应。沃尔夫的研究主要分为四部分，第一部分主要进行社会背景分析；第二部分分析三个教育学术流派；第三部分阐述作者观点；第四部分为结语，强调研究转型时期教育家的重要性，并提出对未来教育发展的个人建议。作者倾向于实验自然主义研究取向，认为这种取向是重构美国文明的根本基础。

莫尔·科蒂在其著作《美国教育家的社会思想》中也对美国知名教育家的社会思想进行了历史研究，以此来探究教育家思想的社会基础。在教育家的选取方面，科蒂主要考虑教育家的代表性和影响力两方面因素，通过咨询教育学专业的学生，并参考现有的资料和美国教育协会提供的美国已过世的杰出教育家调查报告，选取了美国殖民地时期以来出现的10位杰出教育家进行专门研究。② 1959年科蒂进一步修订《美国教育家的社会思想》一书，对1935—1959年间教育家社会思想的最新变化做了补充，指出20世纪30年代后，教育家群体逐渐失去领导核心，并不像20世纪初那样聚焦于哈里斯、艾略特（Charles W. Eliot）、杜威、桑代克等，教育家群体社会思想趋于分散化。韦尔特曼（Burton David Weltman）

① 推崇传统价值的教育家（educators stressing values inherent in american historic tradition）：赫尔曼·霍恩（Herman H. Horne）、亨利·莫里森（Henry C. Morrison）、威廉·巴格莱（William C. Bagley）、克伯莱（Ellwood P. Cubberley）、托马斯·布里格斯（Thomas H. Briggs）、罗斯·芬尼（Ross L. Finney）；信仰科学研究方法的教育家（educators stressing the ultimacy of science）：查尔斯·贾德（Charles H. Judd）、大卫·斯奈登（David Snedden）、爱德华·桑代克（Edward L. Thorndike）、厄内斯特·霍恩（Erbest Horn）、威利特·查特斯（Werrett W. Charters）、弗兰克林·博比特（Franklin Bobbitt）；信奉实验自然主义的教育家（educators stressing the implications of modern experimental naturalism）：约翰·杜威（John Dewey）、乔治·康茨（George S. Counts）、威廉·克伯屈（William H. Kilpatrick）、哈罗德·拉格（Harold Rugg）、博伊德·伯德（Boyd H. Bode）。

② 科蒂根据教育家的社会哲学观，分别选取了贺拉斯·曼（Horace Mann）、巴纳德（Henry Barnard）、布克·华盛顿（Booker T. Washington）、威廉·哈里斯（William Harris）、斯波尔丁（John L. Spalding）主教、弗朗西斯·维兰德·帕克（Francis W. Parker）、斯坦利·霍尔（Stanley Hall）、威廉·詹姆斯、爱德华·桑代克、约翰·杜威等进行分类研究，分析这一群体不同的社会价值取向在教育中的体现。

在其博士论文《第二次世界大战后美国教育家社会思想：贝斯特、布鲁纳、古德曼、古德莱德、阿德勒与杜威的辩论》（*Debating Dewey the Social Ideas of American Educators since World War II: An Examination of Arthur Bestor, Jerome Bruner, Paul Goodman, John Goodlad and Mortimer Adler*）①中延续科蒂的研究思路，分析第二次世界大战后杰出教育家的社会思想及其对杜威的批判。这5位教育家虽然知识和学术背景不同，但是在第二次世界大战后至20世纪90年代，他们一直活跃于教育领域，领导教育改革运动。作者从社会和历史语境出发，分析其知识背景、职业发展以及社会和教育思想。这篇论文可以称作是科蒂《美国教育家的社会思想》的续篇，在论文中，韦尔特曼对进步主义教育家杜威、克伯屈、拉格、康茨的社会思想及其学术遗产进行了批判性分析，并以杜威为研究的基点，分析第二次世界大战后教育家的社会价值取向，即保守主义、新自由主义、无政府主义、生态主义、民主社会主义等对杜威教育思想的反思、批判乃至超越。

罗伯特·哈维格斯特（Robert J. Havighurst）主编的《美国教育界的领袖：全美教育研究学会第70份年度报告》（*Leaders in American Education: The Seventieth Yearbook of the National Society for the Study of Education*）②则对美国教育家的群体结构特征进行了专门的研究。在这份年度报告中，罗伯特·麦考尔将美国教育家大致分为三代。其中第二代的核心人物是杜威、桑代克、贾德、坎德尔（Isaac L. Kandel）、推孟（Lewis M. Terman）、克伯莱等著名教育家。他们不仅改变了传统教育学术研究方法，同时也创立了新的教育研究领域，如教育心理学、教育与人的发展等。哈维格斯特选取11位③不同领域的教育家作为研究对象。

---

① Burton D. Weltman. Debating Dewey the Social Ideas of American Educators since World War II: An Examination of Arthur Bestor, Jerome Bruner, Paul Goodman, John Goodlad and Mortimer Adler[D]. State University of New Jersey, 1995.

② Robert J. Havighurst. Leaders in American Education: The Seventieth Yearbook of the National Society for the Study of Education, Part Ⅱ[M]. Chicago: University of Chicago Press, 1971.

③ 这11位教育家分别是约翰·布鲁贝克（John S. Brubacher）、威廉·卡尔（William G. Carr）、詹姆斯·科南特（James B. Conant）、乔治·康茨（George Counts）、阿瑟·盖茨（Arthur I. Gates）、西德尼·普莱西（Sidney L. Pressey）、乔治·舒斯特（George N. Shuster）、鲁斯·斯特朗（Ruth M. Strang）、罗伯特·乌里奇（Robert Ulich）、乔治·斯托达德（George D. Stoddard）、卡顿·沃什博恩（Carleton W. Washburne）。

从代际关系上看，他们是继第二代后涌现出的一批教育家，他们继承了杜威、桑代克等第二代教育家的学术遗产，并进一步精细化，完善上一代人创立的教育思想和体系。在报告的结语部分，保罗·伍德林（Paul Woodring）在《教育领导者的出身与特点》（*On the Origins and Nature of Educational Leadership*）一文中分析道，11 位教育家大部分是白人男性（只有一位女性），都出生于乡镇，家庭出身中等。这份报告从宏观上对美国教育家的代际传承进行了归纳，并从一个小样本中对美国教育家的社会结构进行了初步的探究，但所覆盖的群体样本过小，缺乏统计意义上的代表性。与此同时，克里格·克里戴尔（Craig Kridel）等主编的《教师与导师：20 世纪杰出教育学教授传略》（*Teachers and Mentors: Profiles of Distinguished Twentieth-Century Professors of Education*）①主要采用口述的方法对 19 世纪末以来课程、教育原理、教师教育领域的教育学术知识传承进行了研究。克里戴尔围绕具有影响力的导师是如何构筑并保持核心知识共同体这一核心线索，选取那些对后来在课程、教育基础、教师教育领域的教授产生深刻影响的教育家群体，基于教学、职业与社会责任、学术互动等六种不同风格的学术传统，研究 19 世纪末涌现出的一批杰出教育家群体。克里戴尔认为，尽管代际学术冲突是非常普遍的，但是积极的学术师承关系依然贯穿在几代学术传统中。他认为，对 20 世纪初期教育家的传记研究不仅仅是为了积累历史文献，更重要的是警示现在的教育工作者，要关注那些知识传统与有影响力的个性人物所塑造的教育世界。

拉格曼在其《一门捉摸不定的科学：困扰不断的教育研究的历史》（*An Elusive Science: The Troubling History of Education Research*）一书中，从教育研究历史的角度对美国教育学界精英群体的研究取向进行了考察，分别分析了杜威实验主义取向与桑代克、贾德科学主义取向之间的竞争，揭示出教育学界精英群体之间的学术冲突与竞争。拉格曼认为，教育研究的历史是一个持续不断、充满各种各样社会价值和思想观点的过程。这些社会价值和思想观点在对教育以及教育研究的争论中最清楚地表现

① Craig Alan Kridel, Robert V. Bullough, Paul Shaker. Teachers and Mentors: Profiles of Distinguished Twentieth-Century Professors of Education[M]. New York: Garland Pub., 1996.

出来。[①] 莫里斯·贝鲁比(Maurice R. Berube)在《知名教育家:知识影响方面的研究》(*Eminent Educators: Studies in Intellectual Influence*)[②]中结合传记和访谈的方法,从知识遗产的角度,对抽象表达主义者杜威、多元智能主义者加德纳(Howard Gardner)、女性主义者和道德心理学家卡罗尔·吉利根(Carol Gilligan)、教育人类学家奥格布(John Ogbu)等4位杰出教育家进行了研究。另外,有学者对进步主义教育家群体进行了专门研究,如张斌贤教授在其博士论文《社会转型与教育变革——美国进步主义教育运动研究》[③]中,以进步主义教育运动为线索对进步主义教育家群体进行了研究。作者将进步主义教育运动分为四个时期,期间涌现出了两代进步主义教育家:一是以杜威为代表的第一代进步主义教育家,二是以克伯屈、伯德、康茨、拉格等为代表的第二代教育家。作者以进步主义教育运动的发展历程为背景,将两代教育家的教育理论体系与学术衣钵的继承、冲突与分裂历程进行了细致的分析。史泰龙(Jared R. Stallones)在《冲突与融合:进步主义教育家与宗教问题》(*Conflict and Resolution: Progressive Educators and the Question of Religion*)[④]一书中则从宗教信仰的角度出发,分析宗教信仰是如何影响进步主义教育家并塑造进步主义教育运动的。进步主义史学家将进步主义运动视为一种宗教情感的世俗化表达,是"世俗化的福音主义",许多进步主义政治、社会改革家都深受宗教信仰的影响,他们将这种宗教热忱转化为世俗热情,并投身于社会政治改革。史泰龙将这一分析视角运用于进步主义教育家,他通过对5位进步主义教育运动的先驱——范斯(Jerry Voorhis)、阿德勒(Felix Adler)、杜威、克伯屈、柴尔斯(John L. Childs)进行传记分析,揭示他们的宗教信仰如何影响其教育学术职业生涯。

另外,还有研究从教育学家与其他学术职业领域学者之间的对话与

① [美]埃伦·康德利夫·拉格曼.一门捉摸不定的科学:困扰不断的教育研究的历史[M].花海燕,等,译.北京:教育科学出版社,2006:7—8.

② John R. Shoup. Prosopography of 12 Influential Leaders: A Study on Developing Exemplary Leaders[D]. University of California, Riverside, 2002.

③ 张斌贤.社会转型与教育变革——美国进步主义教育运动研究[D].北京:北京师范大学,1995.

④ Jared R. Stallones. Conflict and Resolution: Progressive Educators and the Question of Religion[M]. North Carolina: Information Age Publishing, 2010.

竞争入手，分析教育家群体的特征。如雷·海纳（N. R. Hiner）在《职业的进程：历史学家与教育学家关系的变迁，1896—1911》（*Professions in Process: Changing Relations between Historians and Educators, 1896—1911*）和《职业的进程：社会科学家、历史学家与教育学家关系的变迁，1880—1920》（*Professions in Process: Changing Relations between Social Scientists, Historians, and Educators, 1880—1920*）中分析了学术研究职业化过程中，教育家与其他学术职业领域学者在合作与冲突中建构各自学科的学术研究领地，尤其是在中学课程改革领域的合作与竞争中，教育学家最先与历史学家展开了合作。美国历史协会（American Historical Association）与全美教育协会（National Education Association）都大力提倡学校改革，以加强各自在中学课程中的地位。但是在教育目标上，教育学家与历史学家却产生了冲突，教育学家强调课程在培养现代公民方面的重要性，而历史学家则重视培养学生的历史素养。① 教育学家对学校的社会使命和效率的推崇，使其在学校改革中更关注社会科学课程。19 世纪末 20 世纪初，教育学家与社会科学家的关系大部分是非正式、非组织化的。社会科学家比较支持教育学家关于学校改革的建议。对社会科学家来说，教育学家经常要参考社会科学家的著作，以捍卫其学术职业的地位，这在进步主义教育运动中得到了明显体现。进步主义教育家将学校和社会科学视为改革的重要工具。尽管如此，双方之间的合作关系却没有得到改善，社会科学家与教育学家在自身学术界限和职业身份认同方面的分歧，使得社会科学家逐渐对教育问题失去兴趣。政治学家与经济学家在学校课程中获得的空间相对狭小，教育学家在讨论教育问题时也逐渐减少了对社会科学家的依赖，学术职业之间的合作与对话也逐渐演变成冲突和竞争。②

近几年来，国内教育学界也已经开始关注有关教育学界精英方面的研究，如浙江大学田正平、肖朗就近代教育家群体的地域结构、科层结构和知识结构进行了细致分析。他们认为，沿海、沿江口岸地区的特殊经历，思想倡导与付诸实施的角色错位，由知识结构改变而导致的传统人才

① N. R. Hiner. Professions in Process: Changing Relations between Historians and Educators, 1896—1911[J]. History of Education Quarterly, 1972, 12(1): 34—56.

② N. R. Hiner. Professions in Process: Changing Relations between Social Scientists, Historians, and Educators, 1880—1920[J]. The History Teacher, 1973, 6(2): 201—218.

观在不同时期所经历的“通才—专才—国民—公民”的演变轨迹，是近代教育家群体所表现出来的一些基本特征。① 林良夫则从教育改革、教育救国等宏观角度分析了民国时期教育家群体的总体特质。② 另外一些研究重点就民国时期的教育学家进行了专门研究，如山西大学梁玲萍的硕士论文《20世纪上半叶中国教育学家群体现象研究》③。

与此同时，已有研究吸收了科学社会学研究传统，也开始关注教育学界精英与教育知识生产、教育学术人才培养的社会机制等问题，如《近三十年我国教育知识来源的变迁——基于〈教育研究〉杂志论文引文的研究》④《历年教育学学科全国优秀博士学位论文产出分析》⑤《全国百篇优秀博士学位论文的计量分析》⑥《中国高等师范院校校（院）长教育背景考察——以教育学者为中心》⑦《高校学术精英的群体特征及影响因素分析——以我国长江学者特聘教授为例》⑧等论文，以个案的形式就教育学界精英的社会结构以及知识生产进行了专门分析。从研究路向看，这些研究一方面侧重学术知识生产、学术精英与学科发展的关系，另一方面依循科学社会学研究的现有成果，注重分析教育学界精英中存在的“马太效应”、学术传承等现象。

总的来说，从教育学界精英群体研究的历史看，一方面，现有研究在教育家的社会思想、价值取向、知识遗产、学术保存、传承与竞争等方面都有不同程度的研究成果，为本书提供了丰富的研究；另一方面，对教育学界精英群体社会结构和学术秩序建构的整体考察较少，这也成为本书尝

---

① 田正平，肖朗. 中国近代教育家群体特征综论[J]. 教育研究，1999(11)：47—52.

② 林良夫. 民国时期教育家群体特征论析[J]. 华东师范大学学报（教育科学版），1999(4)：82—91.

③ 梁玲萍. 20世纪上半叶中国教育学家群体现象研究[D]. 太原：山西大学，2009.

④ 张斌贤，陈瑶，祝贺，罗小莲. 近三十年我国教育知识来源的变迁——基于《教育研究》杂志论文引文的研究[J]. 教育研究，2009(4)：17—25.

⑤ 姚云，周学军. 历年教育学学科全国优秀博士学位论文产出分析[J]. 高等教育研究，2007(11)：66—73.

⑥ 陈立新. 全国百篇优秀博士学位论文的计量分析[J]. 高等教育研究，2009(2)：55—60.

⑦ 黄国庭. 中国高等师范院校校（院）长教育背景考察——以教育学者为中心[J]. 宁波大学学报（教育科学版），2010(4)：11—15.

⑧ 柳飞. 高校学术精英的群体特征及影响因素分析——以我国长江学者特聘教授为例[D]. 北京：北京师范大学，2010.

试去研究的主要问题。

三、本书的思路与框架

本书性质上属于教育学界精英群体社会学研究，以默顿学派所构建的科学社会学理论作为理论基础，尝试分析 19 世纪末 20 世纪初美国教育学界精英崛起的根本原因以及教育学术研究秩序确立的社会机制。20 世纪 30 年代以来，受科学史、科学哲学以及知识社会学等理论的影响，科学社会学异军突起，并试图从社会的各个维度和社会群体、社会结构、社会分层及其发展变迁等角度分析科学知识与社会发展之间的关系。默顿学派作为科学社会学理论体系的开拓者，围绕科学知识、科学界精英及其分层等进行了富有开创性的研究。上述理论成果也为本书研究美国教育学界精英的社会世界以及学术秩序的建构过程提供了分析视角。

首先，本书假设学科精英的产生与社会结构变迁之间存在因果关系，即社会结构的变化是教育学界精英群体涌现的根本原因。在此基础上，去尝试论证社会结构变迁与教育学界精英群体形成之间的具体因果关系。像自然科学一样，人文社会科学在一定程度上也依靠凡事必有其因的假设。同样，教育研究以及理论思维的主要工作之一，就是要确定原因和结果。

每个诠释都企图获得清楚的确证。但无论如何清楚，它始终只是一种有几分确证基础的因果性假设。有限的人类精神对无限实在的所有思想认识都潜在地依赖于下面的前提：每次只是这个无限实在的一个有限部分才构成科学探讨的对象，唯有它才应在“值得认识的”意义上是“根本的”。[①] 社会学家马克斯·韦伯认为，从任何一个具体现象的整个实在出发的一种详尽无遗的因果追溯不仅在实践中是不可能的，而且简直是荒谬之举，我们只是选择了在个别情况下一个事件的本质的成分被归源的那些原因。文化科学研究所涉及的始终不是较为严密的自然科学意义上的“规律的”联系，而是在规律中表现出来的“相配的”因果联系，建立

① [德]马克斯·韦伯. 社会科学方法论[M]. 韩水法，译. 北京：中央编译出版社，1998：23.

这样的合规则性不是认识的目的，而是认识的手段。① 因此，因果关系必然是局部的，而非全面的，它的特点是可能性，而不是必然的规定性。鉴于此，韦伯指出，文化科学的因果推论，唯有在理想型②的基础上才能成立。理想型的发展结构与历史是有严格区别的两种东西，而结构在这里仅仅是一种手段，它能够从我们现有的知识出发有计划且有效地把历史事件归源于它的实在原因。因此，本书所要弄清楚的是，在各种历史因素中，社会结构以及在此基础上教育家群体的社会特质在教育学界精英崛起过程中提供了哪些线索。换句话说，在19世纪末20世纪初教育学界精英群体崛起的过程中，有哪些可以具体归因于社会结构变迁的影响。

其次，教育学界精英在构建学术传统及其秩序中同样遵循了默顿学派研究中提出的"马太效应"，即围绕教育学界精英形成了核心圈子和学术阵地。他们控制着教育研究的话语权和大部分教育学术资源，并将其制度化，这种学术等级制度一旦结构化，就会在"马太效应"的作用下，成为一种稳定的教育学术共同体互动模式。

本书尝试研究教育学界精英、社会结构、学术秩序之间的内在逻辑关系。教育学界精英的崛起，不是也不可能仅仅只是一种偶然现象或受某种利益的驱使，不过一旦结构趋势与个人意愿联合起来共同促成教育学界精英的崛起，那么其成员就会为此竭尽全力，以争取权力和相应的资源。教育学界精英群体的集中涌现在根本上依赖于社会结构特质或者说外部时机条件的成熟，而一旦获得这种时机，教育学界精英则会逐渐成为学科知识生产与学术话语体系的创建者和控制者，他们所建立的学术秩序在密集的互动中得以结构化和制度化，最终成为教育学术研究以及学

---

① [德]马克斯·韦伯. 社会科学方法论[M]. 韩水法，译. 北京：中央编译出版社，1998：29.

② 一种理想而非实在的秩序，一种思想图式，它将历史活动的某些关系和事件联结到一个自身无矛盾的世界之上，这个世界是由设想出来的各种联系组成的，这种构想在内容上包含着乌托邦的特征，这种乌托邦是通过在思想中强化实在中的某些因素而获得的。"理想型"是与评价判断毫无干系的，它只与逻辑的"完善性"相关，因此，"理想型"所阐释的是一种逻辑的"解释"，而不是"证明"社会个别之间的价值关联。以抽象化程度不同为特征，理想型有三种概念：①仅出现于特定的历史时期和特定的文化区域的现象，如西方城市、新教徒的伦理观等；②包含社会现实的抽象因素，它们可能存在于多种历史和文化的背景之下，如官僚制、封建主义等；③是一种具体行动的合理化设想，经济理论中的所有命题都属于这个范畴。

科精英成长的制度环境。(见图8)

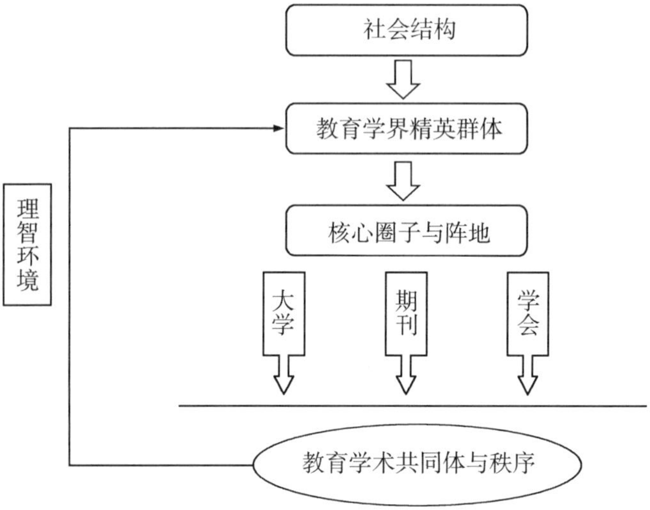

图8 本书的研究思路及结构框架

基于上述思路,本书包括七部分内容:

第一部分是导言,主要包括本书的研究对象与问题、概念界定、相关学术史回顾、研究思路与框架等内容。

第一章主要阐述学科精英与知识生产之间的关系。已有研究发现,从某种程度上来说,各学科领域的大部分知识实际上是由少数杰出人物创造的。自20世纪60年代以来,科学史、科学社会学研究发现,在学术共同体中,少数杰出的学者贡献巨大,他们创造了大部分高质量的学科知识。少数学科精英在创造大部分高质量学科知识的过程中,逐渐控制了学科知识生产以及学术研究的基本范式。

第二章集中分析、考察教育学界精英群体的社会结构图谱。本书采用集体传记法,针对《美国教育家传记辞典》中收录的1850—1925年间出生的美国教育家以及"全美大学教育学教师学会"(National Society of College Teachers of Education)1910—1922年间历年的主席及其会员的家庭出身、出生地区、宗教信仰、性别、族裔、教育背景(受教育地区、各阶段学校教育类型)、知识结构、学术工作领域、职业生涯、担任职务(或职称)等进行统计分析,以获得19世纪末20世纪初美国教育家群体社会结构的总体图谱。

集体传记法,又称“人学”研究,是指通过对历史上某一行动者群体生活的总体研究来探索其共同的背景特征。按照劳伦斯·斯通(Lawrence Stone)的定义,集体传记法是指通过对历史中某一群体生活的集体研究,挖掘其共同的特征。它采用的方法是:首先确定研究对象及其范围,然后提出一组相同的指标,如生卒时间、婚姻与家庭状况、社会出身和所继承的经济地位、居住地区、教育背景、个人财富的数量与来源、职业、宗教信仰、任职经历等,通过对这些指标中各种类型信息进行并列组合,从而就相关重要的变量进行分析考察。这种研究方法不仅要分析各个变量之间内在的关联,还要研究它们与其他行为或行动方式的关联。①

集体传记最初是作为政治历史研究的工具,后来在社会历史研究中广泛运用。对集体传记法的发展做出杰出贡献的主要有两大理论流派:一派是精英主义,这一理论流派集中在政治史研究领域,主要关注的是小群体在家庭、婚姻、经济上的互动;另一派则是以统计为主的大众学派,这一理论流派主要集中在社会史研究领域。

集体传记的研究方法取得实质性突破是在20世纪30年代前后。标志性著作有纳米亚(Lewis B. Namier)的《乔治三世时期的政治结构》(*The Structure of Politics at the Accession of George* Ⅲ)②、希姆(Ronald Syme)的《罗马革命》(*Roman Revolution*)③和默顿的《十七世纪英格兰的科学、技术与社会》④。集体传记法作为一种研究工具,在历史上主要用于两种研究:一是政治行为动机研究,二是社会结构和社会流动研究。社会结构和社会流动研究主要研究:①社会角色变迁,尤其是精英群体的角色变迁;②特定群体的家庭出身、政治或职业地位、个人地位对家庭经济状况的影响度;③思想或宗教运动与社会、地理、职业或其他因素之间的冲突关系。因此,集体传记法主要用于解释政治行为、意识形态或文化变

---

① Lawrence Stone. Prosopography[J]. Daedalus, 1971,100(1): 46—79.

② Lewis Bernstein Namier. The Structure of Politics at the Accession of George Ⅲ[M]. London: Macmillan and Co., Limited,1929.

③ Ronald Syme. Roman Revolution[M]. Oxford: The Clarendon Press, 1939.

④ Robert K. Merton. Science, Technology and Society in Seventeenth Century England[J]. Osiris, 1938(4): 360—632.

迁,甄别社会现实,描述和分析社会结构与变迁。

本书主要采用第二种研究,即采用集体传记法对《美国教育家传记辞典》中收录的1850—1925年间出生的美国教育家以及全美大学教育学教师学会1910—1922年间历年的学会主席及其会员的家庭出身、宗教信仰、父母职业背景、教育背景(受教育地区、各阶段学校教育类型)、知识结构等进行统计分析,揭示19世纪末20世纪初教育家群体的总体社会结构特征。

第三章集中探讨教育学界精英群体崛起的内在原因,通过揭示美国教育学界精英群体社会结构的总体特质,分析19世纪末20世纪初美国知名教育家集中涌现的原因,探究教育学界精英群体形成的社会过程。

第四章重点分析教育学界精英间的学术互动以及学术秩序建构的社会过程。本书以大学、期刊、专业学会作为美国教育学界精英的学术阵地,分析美国教育学界精英在有形学院和无形学院两种学术共同体中构建教育学术秩序的社会过程。基于统计结果,首先,本书选取哥伦比亚大学和芝加哥大学作为教育学界精英学术活动的核心阵地,分析这两所大学在教育学术研究取向上的共性及差异。其次,选取19世纪末20世纪初与教育科学研究和学校教育研究相关的知名期刊①,如《学校评论》(*School Review*),《教育评论》(*Educational Review*)、《教师学院纪要》(*Teachers College Record*)、《初等学校杂志》(*Elementary School Journal*)、《学校与社会》(*School and Society*)等作为分析对象,追踪教育学术共同体在教育知识生产和扩散过程中所表现出的特征。再次,重点选取两大教育专业学会——全美大学教育学教师学会和全美教育研究学会(The National Society for the Study of Education)作为分析对象,考察19世纪末20世纪初美国教育学界在研究领域或主题方面的兴趣转移和汇聚情况,探究教育家之间的互动过程对教育学术秩序形成的影响。

---

① 1931年,保罗·弗兰克(Paul R. Franke)和罗伯特·戴维斯(Robert A. Davis)在《教育研究的变化趋势》(*Changing Tendencies in Educational Research*)一文中根据教育思想和内容的代表性以及在教育家群体中的认可度等标准,对20世纪初具有代表性的期刊杂志进行了筛选。作者所筛选出的13种期刊中也包括《学校评论》《教育评论》《教师学院纪要》《初等学校杂志》《学校与社会》这五种期刊,因此,这也可以从某种程度上确证本研究所选取期刊的代表性。

第五章具体探讨教育学界精英不同研究取向之间的互动与竞争。本书根据传记、专业组织机构头衔、著名大学、学术影响力等四项指标选取杜威、桑代克、贾德等教育学界精英进行个案研究,分析教育学界精英的社会结构与其理论观点、学术阵地及学术互动之间的关系。经济学家熊彼特认为,经济科学的进步是通过经济学家的想象和技巧来推动的。想象是指经济学家的理想或者思想认识的立场、价值取向;技巧是指经济学家基于学科理想对经济现象的分析手法。基于此,本书根据教育学界精英的价值取向和教育研究分析手法的不同,分为实验主义取向和科学主义取向两个个案组,分别阐述不同教育学术取向之间的对话和竞争过程,揭示不同教育学术取向的命运与美国教育学术秩序和研究传统形成之间的内在关系。

最后一部分为结语。本书研究发现,社会结构与时代氛围在造就教育学界精英的过程中存在一种根本性的因果关系,教育学界精英群体的产生在很大程度上依赖甚至取决于总的社会结构和时势。在学术秩序确立的过程中,哥伦比亚大学、芝加哥大学成为早期教育学界精英培养以及知识生产的核心阵地。以测量、统计、调查为核心的教育学术研究传统由哥伦比亚大学教师学院和芝加哥大学开始向各类教育研究机构渗透。教育学术职业化的初期,在科学主义取向与实验主义取向论争的过程中,科学主义研究传统牢牢地掌握了在教育学术研究中的话语权,并成为规制美国教育研究整体取向的主导力量。

第一章

教育学界精英群体及其测定指标

第一节 学科精英与学科知识的生产

科学从没有逻辑上前后完全一致的结构,它是一片热带丛林,而不是依照蓝图建立起来的一座大厦。个人也好,集体也好,都是追随它们的带头人或者遵循已经开创的方法。①

——熊彼特

你必须把从父亲那里继承的遗产赚过来,才能占有它。②

——歌德

美国哲学家悉尼·胡克(Sidney Hook)在《历史中的英雄》(*Hero in History*)一书中曾说,那些相信历史上杰出人物的重要性的人,光是证实杰出人物的存在,无论如何,是远远不够的。他们必须提出证据,证明这些人不仅存在,而且在他们各自的活动范围内都具有决定性的影响。……紧接着,他又说道,在艺术和科学方面,各方纷至沓来的证据充分说明,独创的典范是由少数伟大的人物所创造的,并被许多稍有才能的

① [美]约瑟夫·熊彼特.经济分析史(第1卷)[M].朱泱,孙鸿敞,李宏,等,译.北京:商务印书馆,1996:28.

② 转引自[美]刘易斯·科瑟.社会学思想名家——历史背景与社会背景下的思想[M].石人,译.北京:中国社会科学出版社,1990(序言):5.

人所模仿着。[①] 科学哲学家迈克尔・波兰尼(Michael Polanyi)也同样肯定了杰出人物在知识传承中的巨大作用。他指出,名家的日常工作将会揭示出他选题的方式,选择技巧的方法,如何对新的线索和突如其来的困难做出反应,如何讨论其他科学家的工作等。这样,至少名家的基本风格轮廓就传递给了他的学生,这也说明了为什么一般来说都是名师出高徒。[②]

19 世纪末 20 世纪初,美国历史上涌现出了一大批杰出的教育家,无论是在阶段分布,还是在绝对数量上,这一时期都是涌现教育家人数最多的时期。这批教育学界精英在密集的学术互动中最终确立了美国教育学术研究的规范体系,并成为教育学科知识及其学术秩序实际意义上的生产者和创建者。

从更宽泛的意义上说,各学科领域的大部分知识实际上都是由少数学科精英创造的。20 世纪 60 年代,科学史学家普赖斯研究发现,在学术共同体中,少数杰出的学者贡献巨大,他们创造了大部分高质量的学科知识。[③] 早在 20 世纪 20 年代,洛特卡(A. J. Lotka)曾试图把这种分化特征和规律以定量化的方式呈现出来。洛特卡参照《化学概览》和奥尔巴赫的《物理学史料》中的数据,计算了科学家发表文章的数量,他发现列入数据库的所有科学家中,大约有 60% 的人只发表了一篇文章。因此,他得出结论:科学系统内部分化基本遵循 C / n^2 的规律(又称"洛特卡曲线")。C 代表常数(一般代表发表论文的科学家规模),n 为发表论文数。因为学科之间存在差异,C 是特定学科的一个常数,如果某学科有 10000 人都发表了 1 篇论文, 则发表 2 篇论文的为 2500 人,发表 3 篇论文的为 1111 人,发表 10 篇论文的为 100 人,而发表了 100 篇的仅为 1 人。[④] 美国学者丹尼斯(W. Dennis)的研究也发现,在有关学科中,10% 的精英科

① [美]悉尼・胡克.历史中的英雄[M].王清彬,等,译.上海:上海人民出版社,2006: 18.

② [英]迈克尔・波兰尼.科学、信仰与社会[M].王靖华,译.南京:南京大学出版社,2004: 44.

③ Bernard H. Gustin. Charisma, Recognition, and the Motivation of Scientists[J]. American Journal of Sociology, 1973,78(5): 1119—1134.

④ Hans J. Eysenck. Creativity and Personality: Suggestions for a Theory[J]. Psychological Inquiry, 1993,4(3): 153.

学家贡献了大约50%的发表作品，而最底层的50%的科学家的贡献不足15%。比如在心理学中，一个高产的心理学家贡献了相当于处于底层的80位同行的产出。① 以化学家和物理学家为例，超过50%的科学家终其一生只发表1篇或其他零散的文章，10%的科学家发表的文章数量占论文总数的30%，仅有3%的科学家是科学共同体的高产群体和主要贡献者。②

这一定律不仅适用于科学界，在其他学科领域依然具有解释力。丹尼斯抽选1898—1942年间美国国会图书馆著作③作者进行统计，结果发现，所抽取的200名作者一共发表著作621部，其中发表著作居多的作者有56人，仅发表1部的有120人，从学科知识生产比率看，发表10部著作的作者仅占3%，只发表1部著作的占53%。④（见图9）总的来说，在学术系统中，学科精英与学科知识的生产基本遵循"洛特卡曲线"规律，呈现出"J形曲线分布"（J-Shaped Distribution）形态，少数学科精英的成果之和相当于众多的普通学者成果之和，即大约一半以上的学科知识是由少数极高产的学科精英生产的，科学精英个人在功能上等价于许多不同的在才华上稍逊一筹的科学家。

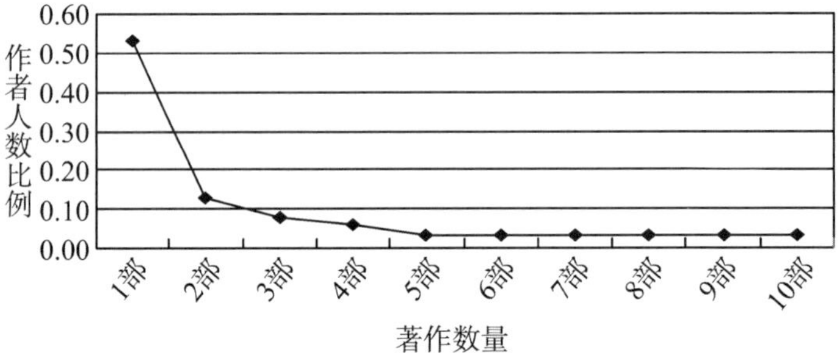

图9 洛特卡曲线（J形曲线分布）

① Hans J. Eysenck. Creativity and Personality: Suggestions for a Theory [J]. Psychological Inquiry, 1993,4(3): 147—178.

② Bernard H. Gustin. Charisma, Recognition, and the Motivation of Scientists [J]. American Journal of Sociology, 1973,78(5): 1120.

③ 可参见：Catalog of Books Represented by Library of Congress Printed Cards, issued to July 31, 1942 (Edwards, Ann Arbor, Mich., 1945), 167 Vol.

④ Wayne Dennis. Variations in Productivity Among Creative Workers [J]. The Scientific Monthly, 1955,80(4): 277—278.

默顿认为,知识的选择性增长和积累意味着,过去的天才人物或极为聪明的人所做出的杰出贡献,大都在后人的工作中才得到长足的发展,而这些后人并不像那些先驱那样具备卓绝的才能。① 可以说,杰出人物在推动科学发展过程中扮演着一种截然不同的角色,他常常会借助他的权威,使科学发展的速度加快,或延缓科学进一步的发展。② 格里菲斯和斯莫尔的研究同样发现,在偏软(人文社会科学)的学术群体里通常更容易由一两个占据主导地位的学者控制——这极少数人就像祖先的牌位一样被供奉起来。因此,无论是就个人还是就群体而言,学科精英都发挥着难以替代的功能。从个体角度而言,学科精英个人在功能上等价于学科许多其他从业人员;从群体角度而言,整个学科精英阶层对学科进步的功能也是不可替代的。

就教育学科来说,教育科学知识生产的创造性工作也很可能是为数相当少的教育学家所做的工作,即使是重要性相当小的论文,也在很大程度上会采用知名教育家的工作成果。了解像杜威和桑代克等人深刻的教育思想及其学术研究模式不仅能够帮助我们在确定一个"好"的教育学问题时,形成各种分辨和判断的标准,并且会使我们懂得,在解决教育问题时,什么才是恰当的方法。可以说,教育学科基本上是由这些思想统治的。19 世纪末 20 世纪初是美国教育学界精英集中涌现的黄金时期,这一时期所确立的教育学术研究传统,以及形成的学术研究秩序成为美国教育学界的一大遗产;这一时期知名教育家所开创的研究方法和学术秩序实际上构成了教育学科知识体系的主导力量。时至今日,19 世纪末 20 世纪初由少数杰出教育家所开创的教育学术传统与核心阵地依然影响着美国教育研究的整体样态。据统计,在最知名的教育学术期刊中,65% 左右的教育知识是由少数精英大学的教育研究者生产的。③

20 世纪初,美国教育研究是在私立大学相对"冷淡",公立大学相对

① [美]罗伯特・默顿. 论理论社会学[M]. 何凡兴,李卫红,王丽娟,等,译. 北京:华夏出版社,1990:22.

② [美]罗伯特・默顿. 科学社会学(下册)[M]. 鲁旭东,林聚任,译. 北京:商务印书馆,2003:510—511.

③ Geraldine J. Clifford, James W. Guthrie. Ed School: A Brief for Professional Education [M]. Chicago: University of Chicago Press, 1990: 55.

"热情"的文化氛围中兴起的。在两种对立的文化氛围中,教育研究裹挟在学术与专业两种压力之下,形成了一种特殊的专业"文化",这种文化经由那些高声望、高地位的教育学院的影响力传播、扩散到各个大学,少数大学教育学者成功地获得了教育职业化的领导权,并对公共教育施加影响。而这少数教育学界精英主要集中于几所私立大学和公立大学,这些大学逐渐成为那些心怀抱负的教育学家和教育管理者的核心阵地。① 20 世纪初,教育研究排名前十的大学是:哥伦比亚大学教师学院、哈佛大学、俄亥俄州立大学、斯坦福大学、加利福尼亚大学伯克利分校、芝加哥大学、爱荷华大学、密歇根大学、明尼苏达大学、耶鲁大学。② 这些教育学院培养了大部分教育领域的博士。这些精英大学培养的毕业生大部分成为师范学校或教师学院的校长,以及其他大学教育学院院长等,并深刻地影响着美国学校教育及其研究的发展。

科学社会学家马尔凯指出,如果我们要想了解科学知识是如何被社会生产出来的,那么特别关注以形成科学中学术共识为取向的经常性活动的早期阶段是有益的。同样,学科知识的发展也与学科先驱所开拓的已有思维方式之间存在密切关系,可以说,学科精英及其经典著作为学术研究提供了一个模式和有限的维度,并成为学科发展的"移山者"③,后来的学者不管是继承还是推翻早期学科精英的已有模式,事实上往往是在学科精英所开创的模式的基础上开展研究的。不管哪个学术领域,任何时期存在的问题和使用的方法都包含过去在完全不同的条件下工作的成就,而且仍然带有当时留下的痕迹。爱德华·希尔斯指出,过去的观察发现和理论不会仅仅由于被其后继者所明确运用而耗尽其价值。阶石、出发点等比喻都不足以描绘昔日的成就传递给后代的方式,或如何存在于一个科学学科之中的方式。早期著作影响了后期著作的发展方向,任

① Geraldine J. Clifford, James W. Guthrie. Ed School: A Brief for Professional Education [M]. Chicago: University of Chicago Press, 1990: 47—48.

② American Council on Education. Report of the Committee on Graduate Instruction [R]. Washington, D.C., 1934: 13—14.

③ 在古代的《塔木德经》研究院中曾有过一种有趣的习俗,靠后的长凳总是由较差的学者来坐,当他们逐渐能够显示出自己的聪明才华时,他们就移向靠前的长凳了。最前面的长凳只能由最聪明和最有创造性的学者来坐,他们被称为"移山者"。

何一代后继者的兴趣和解释取向都带有某种痕迹——早期的、现已被忘却的著作的兴趣和解释之痕迹。①

在教育学科领域,早在学科发展初期,人们就开始讨论教育是否是一门科学这一问题。1891 年《教育评论》创刊号第一篇文章即为《教育是一门科学吗?》(*Is There a Science of Education*?)②,而这个问题也成为困扰教育研究者的基本问题。几代教育学家就这一问题进行了持续的辩论,但不管是思辨式、实证式还是实验主义的解释,都没有脱离早期教育家研究的有限维度。从教育学科的发展历程来看,虽然早期教育家群体最开始提出的问题涉及面狭窄,但它常常能很快得到拓展,从而涵盖所有或大部分具有争议性的知识领域。熊彼特曾指出,科学分析不单纯是逻辑上前后一贯的一种过程,它不是单纯对一个客观实体的逐渐发现,而是与我们自己和我们前辈头脑里创造的东西的一种永无止境的搏斗,如果它有所前进的话,那是以一种纵横交叉的方式前进的,它的前进不受逻辑的支配,而是受新思想、新观察或新需要的冲击以及新一代人的偏好与气质的支配。……科学从没有逻辑上前后完全一致的结构,它是一片热带丛林,而不是依照蓝图建立起来的一座大厦。个人也好,集体也好,都是追随它们的带头人或者遵循已经开创的方法。③因此,任何特定时间里的任何科学状况都隐含着它过去的历史背景,如果不把这个隐含的历史背景揭示出来,就不能圆满地表述这种科学的状况。

教育学界精英群体的产生及其教育思想的发展往往都会受到他们个人经历和社会背景的影响。本书所说的教育学界精英群体的成员在很多方面都具有相似性,包括他们在社会、心理方面的相似性。为把握教育学界精英群体的社会基础,我们首先要弄清楚教育学界精英群体成员的出身、宗教信仰、教育背景、职业生涯等方面的内部结构特质。知识社会学在研究取向上认为,个人在社会结构中的地位与其提出、接受的思想的性质之间是有关系的,如果社会结构影响思想发展,那么这种影响是怎样发

---

① [美]爱德华·希尔斯.论传统[M].付铿,吕乐,译.上海:上海人民出版社,2009:122.

② Josiah Royce. Is There a Science of Education? [J]. Educational Review, 1891,1(1):15—59.

③ [美]约瑟夫·熊彼特.经济分析史(第1卷)[M].朱泱,孙鸿敞,李宏,等,译.北京:商务印书馆,1996:28.

生的呢？这种影响又怎样因群体社会结构特质的不同而不同呢？本书试图在此基础上对美国教育学界精英群体的社会分布特征进行考察，通过探究美国教育学界精英群体的社会结构图谱，挖掘 19 世纪末 20 世纪初美国教育学界精英集中涌现的根本原因，并重新审视杰出教育学家以及教育学术秩序得以形成的社会过程。

第二节 教育学界精英的测定指标

对教育学界精英群体的个案分析，首先涉及的是相应测定指标以及分类的问题。根据默顿学派的理论研究，在拥有权力的群体和拥有声望的群体间，实际上存在着重叠，即那些因其对知识的杰出贡献而赢得人们广泛承认的科学家往往就是那些占据关键管理位置的科学家。他们由相当少数的科学家所担任，基本控制了科学界内部的流动。① 而科学精英获得承认主要有三种形式：荣誉奖励（基金、津贴奖励或学会会员身份等荣誉）、就职于有声望的大学、同行认可（研究成果被不断引用）。这种科学精英的确证方式需要借助各种量化的指标，因此，有必要考虑这些标准在教育学术共同体中的适用性，换句话说，人文社会科学领域是否也存在等级结构，科学社会学测定学术精英的标准是否可以应用于人文社会科学。在这方面，社会学家布迪厄从社会文化资本的角度，对大学中各学科构成的学术共同体进行了研究，结果发现，大学领域内学术共同体也存在两个对立的等级原则：一方面是因继承的资本和实际拥有的政治经济资本而获得的社会等级；另一方面则是因科学能力和学术知名度而拥有的属于文化的等级。两者之间的对比是大学领域的结构所固有的特性，而大学领域其实正是两种竞争性合法化原则对阵的场所。② 基于此，布迪厄认为，划分学术精英级别的方式主要有两种，一是科学的、行政的、学术的或知识的评价尺度，二是科学威望与大学权力。简单来说，这两种方式

① ［美］乔纳森·科尔，斯蒂芬·科尔. 科学界的社会分层［M］. 赵佳苓，顾昕，黄绍林，等，译. 北京：华夏出版社，1989：91.

② ［法］布迪厄. 人：学术者［M］. 王作虹，译. 贵阳：贵州人民出版社，2006：55.

主要是基于内部承认与外部名气来划分的。实质上,这一结论与科学社会学的精英身份的确证标准基本上是一致的。

约翰·舒普(John R. Shoup)在其博士论文《12 位有影响力领袖集体传记:杰出领袖的形成研究》(*Prosopography of 12 Influential Leaders: A Study on Developing Exemplary Leaders*)①中试图从教育、政治、商业、军事、宗教等领域中选取杰出人物进行研究。但是在教育领域的 146 份有效问卷中,反馈名单的人数为 418 人。由于教育领域的先驱人物过于分散,人们对教育界的精英人物没有形成统一的看法,因此,舒普并没有对教育界的领袖进行个案分析,而只是对政治、军事、商业领域 12 位杰出领袖进行了集体传记研究。舒普虽然没有对教育领域的杰出人物进行专门研究,却提供了一份有关教育学界的杰出人物的统计数据。数据显示,在 418 名候选人中,杜威、桑代克、泰勒等教育家都排在前列。在样本抽样方面,舒普对政治、经济、军事领域杰出人物的测定指标主要是:①在相应的研究领域,其著作和论文被引证频率最高;②获得大学学者提名,其成就、品格、价值观具有影响力并被大学学者广泛认可;③至少有 1—2 本传记和 1 本自传。在研究方法上,舒普通过问卷调查和统计,将有能力的领袖与杰出的领袖进行比较研究,采用传记分析以及诠释学(hermeneutics)、扎根理论(grounded theory)分析杰出领袖的特质以及领袖产生的影响因素。

根据上述理论成果,并结合前文有关学术精英、教育学界精英等概念,本书主要从传记、专业机构头衔、著名大学、学术影响力(研究成果被引证率)等四个方面来确定研究对象。

第一,传记方面主要包括两项指标:一是教育家集体传记,二是教育家个人传记。比如,那些在《美国教育家传记辞典》《美国国民传记》中被重复收录,并有 1—2 部相关传记的教育家。

第二,专业机构头衔或会员身份。19 世纪末 20 世纪初美国教育学界的专业组织机构主要有:全美教育协会、全美大学教育学教师学会、全美教育研究学会、全美教育委员会(The United States Commissioner of Education)、美国教育研究协会(The American Educational Research

① John R. Shoup. Prosopography of 12 Influential Leaders: A Study on Developing Exemplary Leaders[D]. University of California Riverside, 2002.

Association),其中全美大学教育学教师学会和全美教育研究学会是由当时供职于大学从事教育理论研究学者组成的专业组织。另外,由于全美大学教育学教师学会和全美教育研究学会是在学科专业化还没有成熟之时成立的,当时会员身份比较复杂,不仅包括教育、历史、哲学、心理学领域的教授,还包括联邦和各州的教育总监、大学和师范学校校长、教育学院主任、师范学校教师等,其研究领域主要是历史、哲学、心理学、教育管理、教师培养、学校教育和高等教育研究等。因此,为了确保精英测定和筛选的可靠性,本书适当地选取了一些非教育专业机构,如美国国家科学院、美国大学教授协会、美国心理学协会、美国哲学协会等专业机构作为参考。美国国家科学院的成员虽然在成立之初是以自然科学领域的学者为主,但从20世纪初开始,一些社会科学领域的学者也逐渐被纳入该机构,人类学最早成为美国国家科学院会员学科,紧随其后的是心理学。20世纪初入选美国国家科学院的心理学家有卡特尔(Raymond B. Cattell, 1901年)、威廉·詹姆斯(William James, 1903年)、乔赛亚·罗伊斯(Josiah Royce,1906年)、杜威(1910年)、霍尔(Granville S. Hall, 1915年)、桑代克(1917年)。① 另外,鉴于哲学、心理学和教育学之间特殊的渊源,哲学和心理学专业机构的头衔或会员身份也将被作为测定指标。

第三,著名大学教育理论研究机构。1934年哈佛大学对20世纪初美国教育研究院以及科学研究水平排名靠前的大学进行了调查,结果显示,哥伦比亚大学教师学院排在首位,其次是芝加哥大学和俄亥俄州立大学,明尼苏达大学、密歇根大学、斯坦福大学、耶鲁大学、加州大学、威斯康星大学等紧随其后。② 1934年,美国教育理事会(American Council of Education)也做了类似的统计。结果显示,20世纪初,教育研究排名前十的大学是:哥伦比亚大学教师学院、哈佛大学、俄亥俄州立大学、斯坦福大学、加利福尼亚大学伯克利分校、芝加哥大学、爱荷华大学、密歇根大学、

① Rexmond C. Cochrane. The National Academy of Sciences: The First Hundred Years, 1863—1963[M]. Washington, D.C.: National Academy Press, 1978: 618—627.

② Jeanne E. Amster. Meritocracy Ascendant: James Bryant Conant and the Cultivation of Talent [D]. Harvard University, 1990: 128.

明尼苏达大学、耶鲁大学。① 本书主要从以上大学中选取个案。

第四，学术影响力。学者的研究成果在学术共同体中的扩散度和被引证率是测定学术精英的重要指标。本书通过引证分析来获取教育学界精英学术影响力的基本排名情况，这一结果也是本书筛选教育学界精英的参考指标之一。

基于上述指标体系，本书分别统计了相应指标体系下的教育学界精英名单，如表1所示：

表1　两种传记辞典中重复收录的教育学界精英前十五名单(1850—1925)②

序　号	教育家
1	杜威
2	萨顿(William S. Sutton)
3	巴特勒(Nicholas M. Butler)
4	克伯莱
5	孟禄(Paul Monroe)
6	克伯屈
7	博德
8	贾德
9	巴格莱
10	苏加洛(Henry Suzzallo)
11	博比特(John F. Bobbitt)
12	英格利斯(Alexander J. Inglis)
13	格里(William S. Gray)
14	拉格
15	哈努斯(Paul H. Hanus)

① American Council on Education. Report of the Committee on Graduate Instruction [R]. Washington, D. C., 1934: 13—14.

② 名单的筛选主要依据两大教育专业学会和教育研究排名前十的大学中从事教育研究的学者。1850—1925 年间两种传记辞典重复收录的105名教育学家名录请参见“附录”。

表 2 1902—1922 年全美教育研究学会和全美大学教育学教师学会常任杰出会员①

全美教育研究学会	全美大学教育学教师学会
杜威	克伯莱
德加谟(Charles DeGarmo)	迪尔伯恩(Walter F. Dearborn)
奥谢(Michael V. O'Shea)	霍曼斯(Henry W. Holmes)
克伯莱	霍恩(Herman H. Horne)
贾德	雅各布斯(Walter B. Jacobs)
桑代克	孟禄
拉塞尔(James E. Russell)	奥谢
迈克穆里(Frank M. McMurry)	帕克(Samuel C. Parker)
萨顿	拉塞尔
巴格莱	斯特里耶(George D. Strayer)
哈努斯	桑代克

结合上述四项指标,所得到的美国教育学界精英个案分析的初步名单如下:杜威、桑代克、贾德、克伯莱、巴格莱、孟禄、哈努斯、萨顿。在此基础上,根据数据库(Web of Science)提供的引文分析,从学术影响力看,杜威、桑代克、贾德等人的研究成果被引用频次都是非常高的。(见表 3)

表 3 教育家研究成果被引频次分析

序 号	被引作者	直接引用该作者的研究成果数	每项平均引用次数	h 指数(学术影响力)
1	杜威	3029	9.53	71
2	桑代克	791	35.77	67
3	贾德	156	27.84	33
4	克伯莱	409	5.33	20
5	巴格莱	16	7.75	5

① 参见:National Society for the Study of Education. Yearbook of the National Society for the Study of Education, Vol. 1—21[Z]. Chicago: The University of Chicago Press, 1902—1922; National Society of College Teachers of Education. The Yearbook of National Society of College Teachers of Education, No. 1—11[Z]. Chicago: The University of Chicago Press, 1911—1922.

续表

序　号	被引作者	直接引用该作者的研究成果数	每项平均引用次数	h指数（学术影响力）
6	孟禄	25	2.24	4
7	萨顿	18	8.22	7
8	哈努斯	—	—	—

综合分析根据上述指标所筛选出的教育学界精英名单，本书最终将杜威、桑代克、贾德作为个案研究的对象。

第二章

美国教育学界精英群体的社会结构图谱

第一节 美国教育家群体社会结构特征总体图谱

美国社会学家布劳(Peter Blau)认为,为社会结构下定义的方式大体有三种:一是将社会结构看作社会关系和社会地位的组合;二是将社会结构看作是作为全部社会生活和历史的基础的深层结构;三是将社会结构看作由社会或其他集体中的人们分化了的社会地位构成的多维空间。一般来说,社会结构是指构成社会各种要素间相对恒常的结合,包含的要素从微观到宏观主要有:角色、社会群体、制度、社会阶层、国民社会等。① 目前,学术界对社会结构的界定并未达成共识,但总的来说,社会结构是指由社会分化产生的各主要的社会地位群体之间相互联系的基本状态,它涉及社会群体在不同社会阶层中的组合方式。本书所涉及的教育学界精英群体则是社会结构中某一特定群体,包括这一群体在社会出身、宗教信仰、教育背景、知识结构、社会地位等方面的结构性特征。美国社会学家丹尼斯·吉尔伯特(Dennis Gilbert)和约瑟夫·卡尔(Joseph A. Kahl)把收入来源、职业和教育文凭等标准关联起来,结合相关符号化的过程,构建出美国阶级结构的基本构成:①资本家阶级;②上中层阶级,受过大学培养的专业人员和经理;③中层阶级,在工作上接受来自具有中层阶级

---

① [日]富永健一. 社会结构与社会变迁——现代化理论[M]. 董兴华,译. 昆明:云南人民出版社,1988: 19—21.

证书的那些人的命令，但也具有充分的职业技能，其中大部分是白领人员；④工人阶级，技术低于中层阶级，从事高度常规化的、受严密监督的体力劳动或办事员式的工作；⑤劳动—贫穷阶级，由从事低技术工作的人组成，常常在边缘性的公司工作；⑥下层阶级，很难参加或根本没有参加劳动的人。① 本书在教育家社会出身或父母职业背景方面，主要参考吉尔伯特和卡尔的这一划分标准。②

教育学术共同体不是一种乌托邦式的体制，教育家获得的认可度与其社会出身、性别、种族、宗教、教育背景等结构特质，以及他们在社会结构中的位置都存在密切关系。本书中的"结构"一词，与形成社会各阶级的各个变量间的聚合模式有关。这些模式是一种总体趋势，在任何一种情况下，这些模式都绝不可能完全对应于每个教育家。

19 世纪末 20 世纪上半期，美国知名教育家所开辟的教育研究取向和学术风格基本成为规制美国教育科学发展的主导力量，而教育家群体的社会结构特征基本构成了教育家学术职业兴趣以及学术研究传统形成的时代语境。根据《美国教育家传记辞典》（1978 年版，三卷本）③提供的教育家信息资料，本书采用集体传记法对 1850—1925 年间④出生的 905 名教育家的家庭背景或父母职业、宗教信仰、性别、族裔、婚姻状况、接受学校教育的地区和性质、接受高等教育的地区和性质、知识结构或学位结构、留学经历、工作职位或职务等方面进行统计分析，以获取美国教育学界精英群体社会结构特征的总体情况。

一、家庭出身或父母职业

《美国教育家传记辞典》所收录的 1850—1925 年间出生的 905 名教

① [美]丹尼斯・吉尔伯特，约瑟夫・A. 卡尔. 美国阶级结构[M]. 彭华民，齐善鸿，等，译. 北京：中国社会科学出版社，1992：391.

② 本研究将工人阶级、劳动—贫穷阶级和下层阶级三种类型的群体归为一类，统称"下层阶级"。

③ 基于本研究在问题提出中已确证了《美国教育家传记辞典》的可靠性，因此，在教育家社会结构统计中，只选取厄尔斯 1978 年版三卷本《美国教育家传记辞典》中收录的教育家作为分析对象，1997 年版《美国现代教育家传记辞典》中收录的 307 名教育家不在此列。

④ 考虑到教育家出生时间与学术活动之间的时间差，这里在对教育家群体结构进行统计时将研究时段的上限上溯到 1850 年。

育家中,有146名教育家的家庭出身和父母职业方面的背景信息有据可查。在这146名教育家中,家庭出身为教育界学者或管理人员、农场主和手工业者、牧师的占据较大比重,约占总数的65%。(见图10)

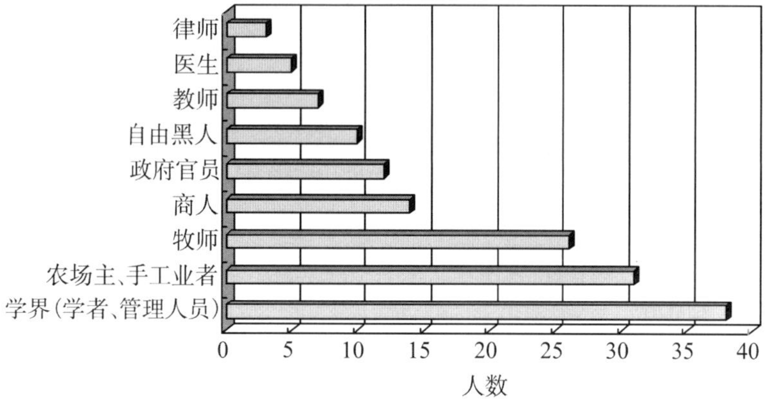

图10 美国教育家家庭出身分布状况

二、出生地区分布

《美国教育家传记辞典》所收录的1850—1925年间出生的教育家的出生地主要集中于美国东北部和中西部地区,马萨诸塞州、纽约州、伊利诺伊州、俄亥俄州、宾夕法尼亚州、康涅狄格州、威斯康星州等七个州出生的教育家人数达到371人,占总数的41%左右。其中纽约州与马萨诸塞州出生的教育家最多,分别是88人、70人。(见图11)

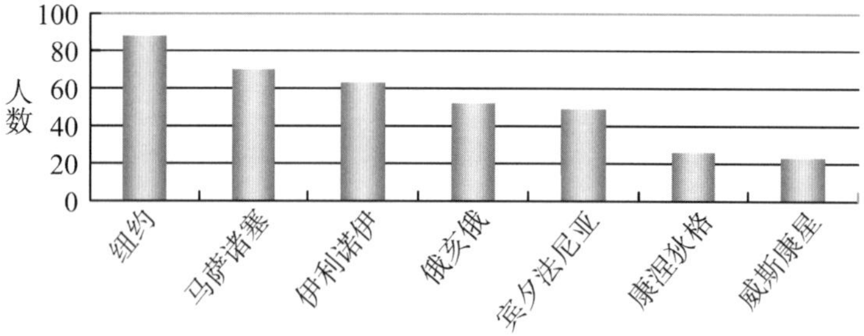

图11 美国教育家出生地集中地区人数分布

三、性别结构

在性别构成方面，1850—1925 年间出生的 905 名美国知名教育家中，男性 772 人，占总数的 85%，女性 133 人，占总数的 15%。总体上，知名教育家以男性为主。（见图 12）

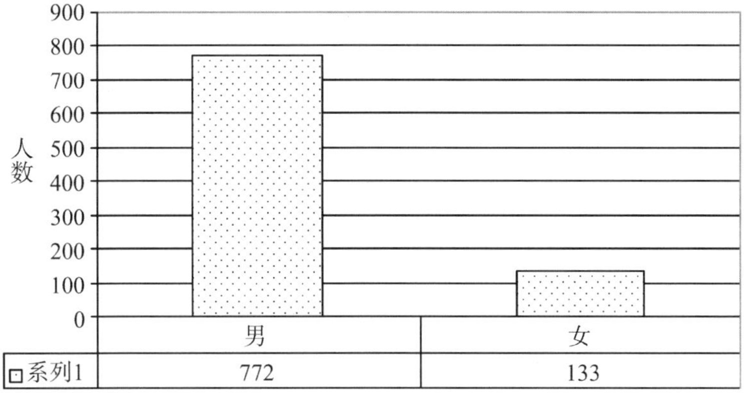

图 12　美国教育家性别结构分布

四、族裔结构

族裔结构方面，在《美国教育家传记辞典》所收录的 1850—1925 年间出生的 905 名教育家中，白人占绝对优势，约占总人数的 95%，其次是黑人，其他族裔的教育家数量非常少。（见图 13）

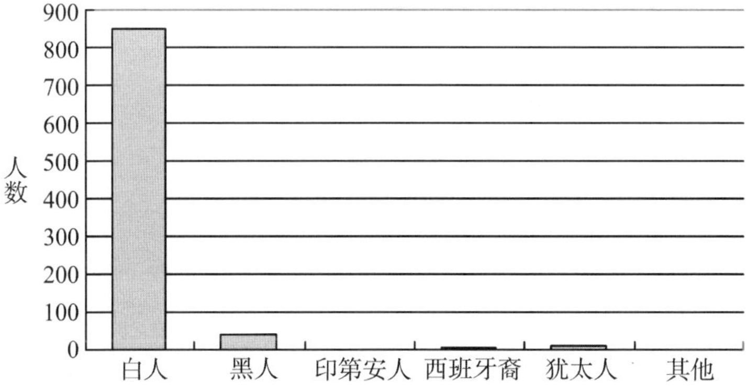

图 13　美国教育家族裔结构分布

五、婚姻状况

就婚姻状况而言,1850—1925 年间出生的 905 名教育家中,已婚教育家约占总人数的 87%,未婚者约占 13%。未婚教育家主要以女性为主,约占未婚教育家总人数的 73%。总体上,教育家群体婚姻比较美满,而女性教育家大部分以放弃家庭或婚姻为代价从事教育事业。(见图 14、图 15)

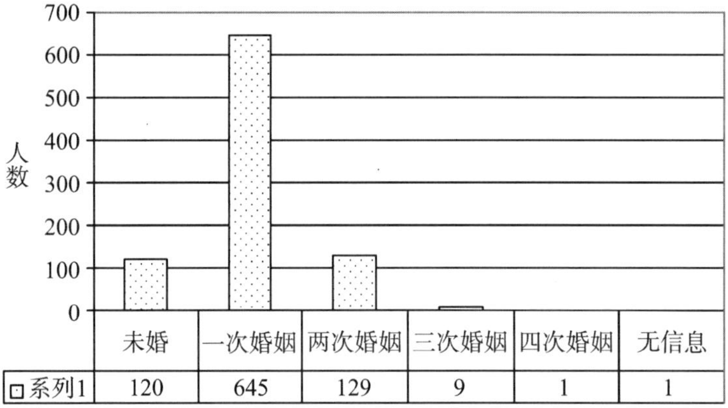

图 14 美国教育家婚姻状况

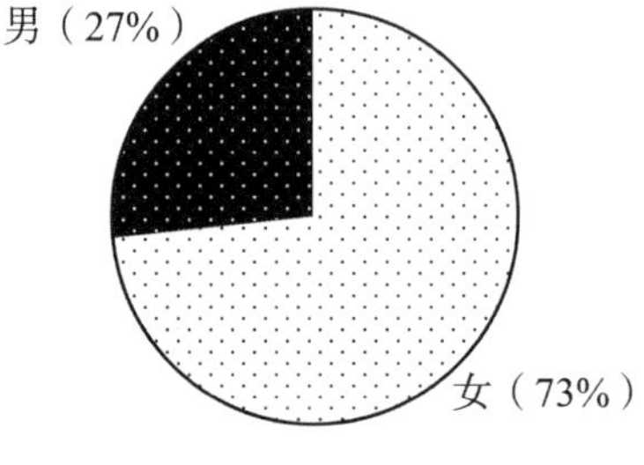

图 15 未婚美国教育家性别结构分布

六、宗教信仰

在《美国教育家传记辞典》所收录的 1850—1925 年间出生的 905 名教育家中,有 60 人宗教信仰方面的信息可考,其中新教徒最多,有 46 人,占总人数的 77%,其次是天主教和犹太教。新教徒中,公理会(Congregationalist)、长老会(Presbyterian)和浸礼会(Baptist)教徒居多,占新教徒总人数的 85%。(见图 16、图 17)

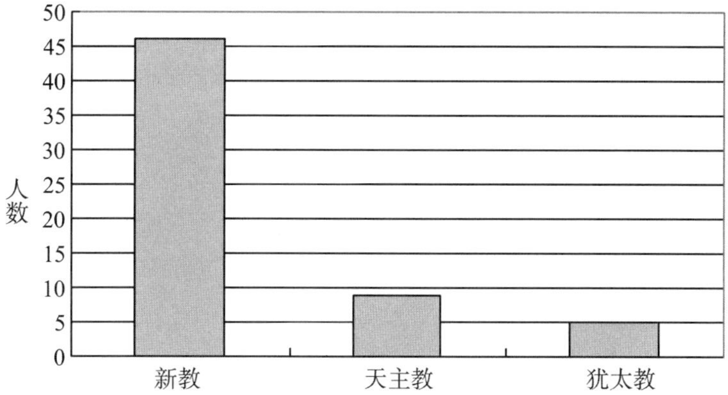

图 16　美国教育家宗教信仰状况统计

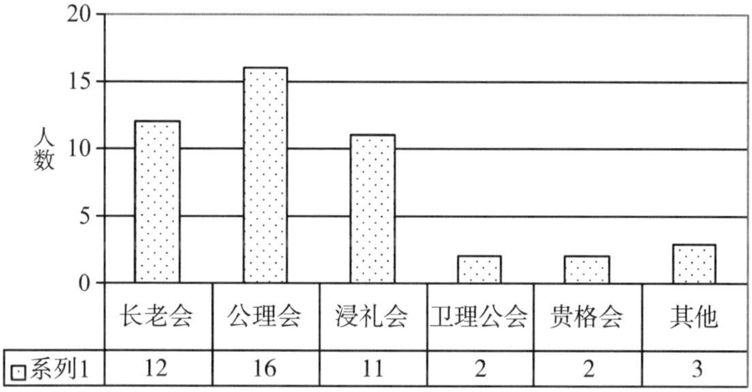

图 17　美国新教教育家教派构成情况

七、就读初等学校地区与性质

1850—1925 年间出生的美国知名教育家就读初等学校地区分布与其出生地区分布呈现出明显的相似性；在教育家群体所就读的初等学校性质方面，905 名教育家中有 268 名教育家的初等教育信息有据可考。总的来说，教育家所就读的初等学校以公立学校为主，就读公立学校的人数约占总人数的 70%，并且有一部分教育家是在乡村公立学校接受初等教育，仅有 12% 的教育家进入私立学校接受初等教育。（见图 18）

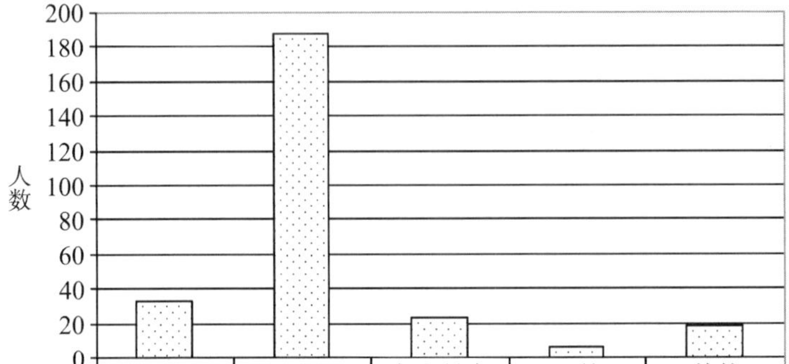

	私立学校	公立学校	家庭教育	国外	其他
□系列1	33	188	23	6	18

图 18　美国教育家就读初等学校性质分布

八、就读中等学校地区与性质

在《美国教育家传记辞典》所收录的1850—1925年间出生的905名教育家中,有453名教育家所受中等教育方面的信息有据可考。在中等学校地区分布方面,依然与出生地区分布呈现出比较明显的相似性;在所就读中等学校性质方面,依然以公立中学为主,就读公立中学的教育家约占总人数的55%。与就读初等学校的情况相比,就读中等私立学校的教育家所占比例开始明显增加,逐渐上升到34%。(见图19)

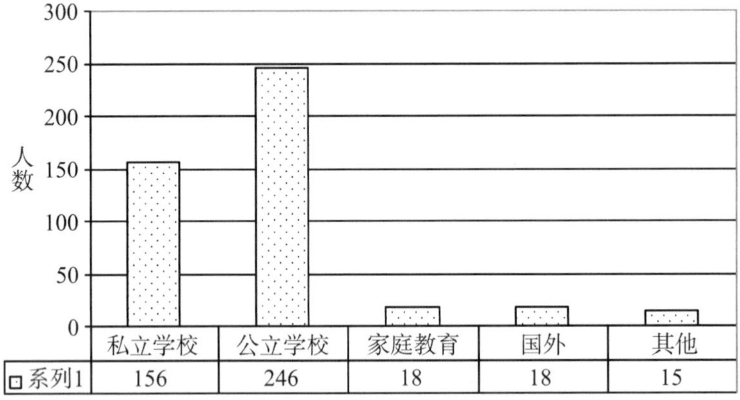

	私立学校	公立学校	家庭教育	国外	其他
□系列1	156	246	18	18	15

图 19　美国教育家就读中等学校性质分布

九、就读高等教育院校性质

在这905名教育家中，就读高等教育机构的人数为891人（占总数的98%）。这些教育家在不同高等教育机构之间的流动频率较高，平均每人就读大学的数量为3—4所。其中入读私立大学的达1152人次①，约占总数的69%；入读公立大学的达382人次，约占总数的23%；进入师范学校或者学院的达128人次，约占总数的8%。（见图20）

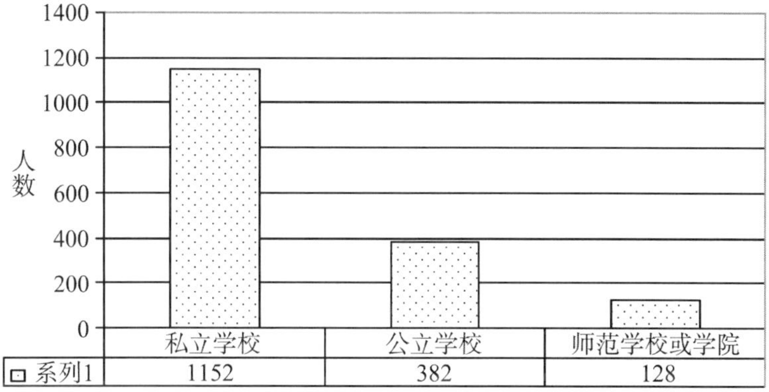

图20　美国教育家就读高等教育机构性质分布

十、留学情况

（一）留学人数阶段变化统计

《美国教育家传记辞典》所收录1850—1925年间出生的905名教育家的出国留学情况呈现出阶段分布特点，1870—1890年间出国留学人员最多，共有156人，约占总人数的64%。这表明在1870—1890年间，国外大学在美国教育家培养过程中扮演了非常重要的角色。（见图21）

---

① 主要以入读院校频次为统计口径，因此统计结果多于教育家实际人数。

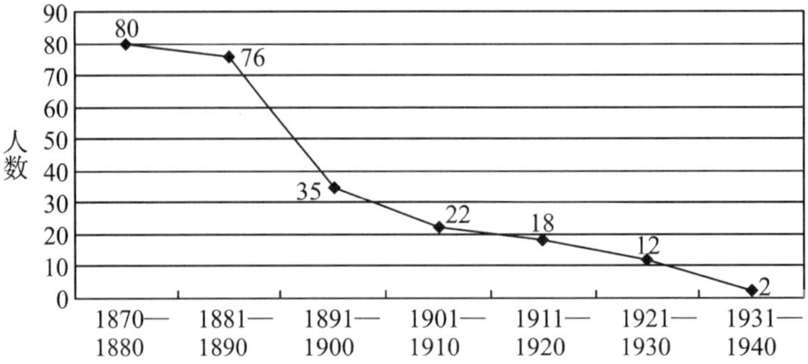

图 21　美国教育家留学人数阶段变化

（二）留学国家分布情况统计

1870—1940 年间，美国知名教育家留学国家主要以欧洲国家为主，其中留学德国的人数最多，约占总留学人数的 44%；其次为法国和英国，分别占 17%、13%。（见图 22）

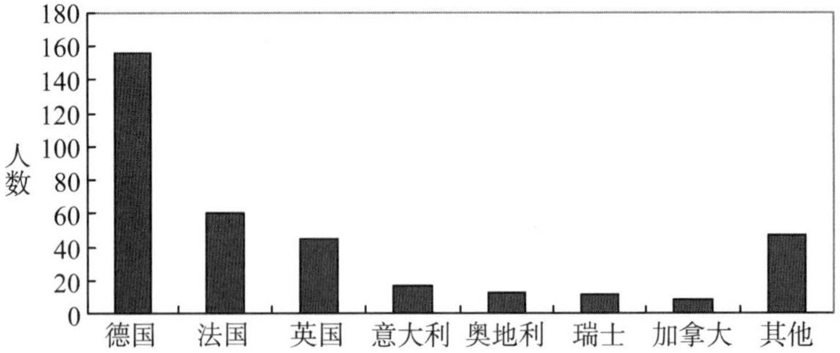

图 22　美国教育家留学或游学国家分布状况

具体来说，留学德国的美国教育家主要就读柏林大学、莱比锡大学、哥廷根大学、海德堡大学等院校。（见图 23）另外，美国知名教育家在国外大学所获得的博士学位仍然以德国高校的博士学位为主，莱比锡大学、海德堡大学和慕尼黑大学等高校培养了一批美国知名教育家。（见图 24）

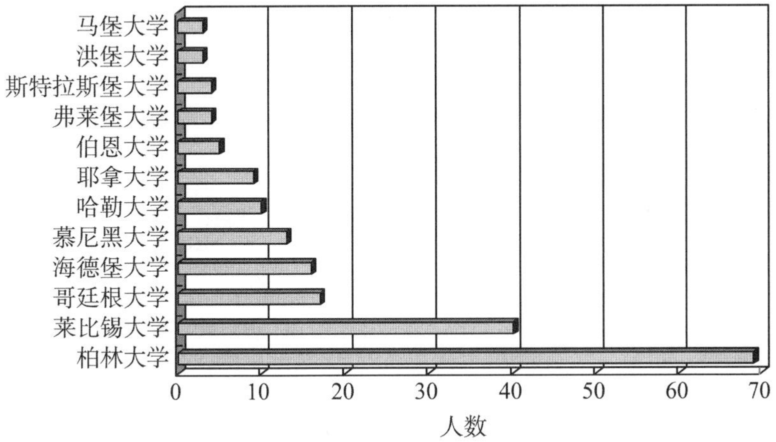

图 23 美国教育家留学德国时所就读大学情况统计

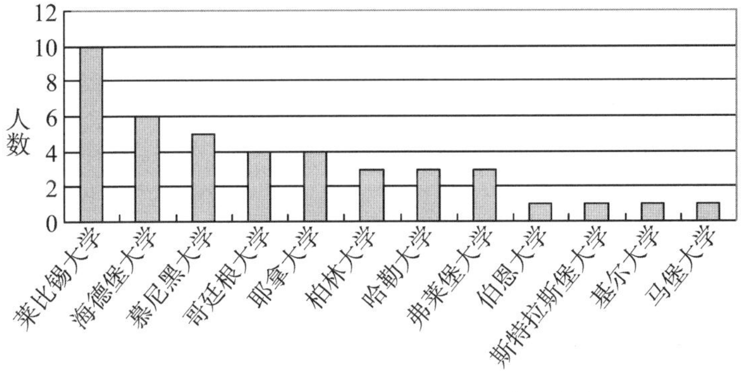

图 24 美国教育家获得德国大学博士学位院校分布

留学法国和英国大学的美国教育家流向比较集中，主要以巴黎大学和牛津大学为主。留学法国大学的教育家主要集中在巴黎大学（58%）和索邦大学（24%）。（见图 25）留学英国大学的教育家主要集中在牛津大学，在所有留学英国的美国教育家中，有近一半（约占 47%）的人就读于牛津大学。（见图 26）

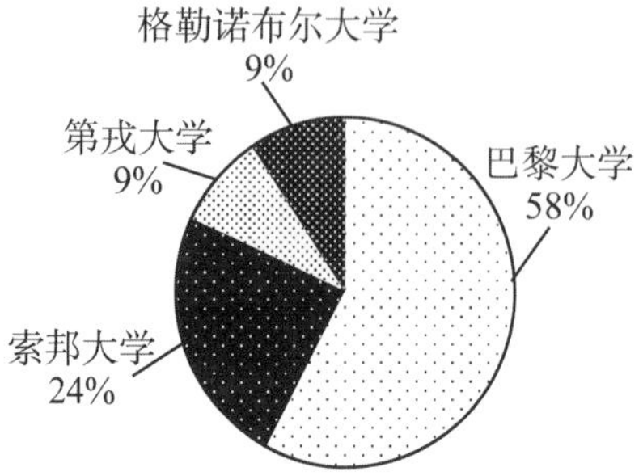

图 25 美国教育家留学法国大学分布状况

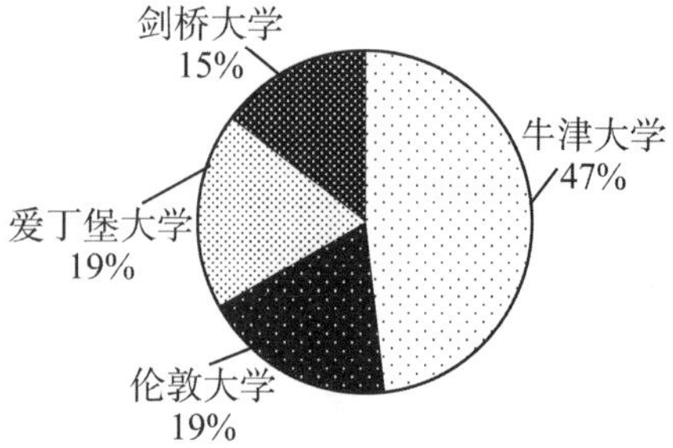

图 26 美国教育家留学英国大学分布状况

十一、学位结构及其分布情况

（一）学位构成

在《美国教育家传记辞典》所收录的1850—1925年间出生的905名教育家中，未获得学位的教育家有110人，获得学位的有795人（占总人数的88%），可见，当时绝大多数教育家都接受过高等教育。在学位构成方面，主要以人文社会科学领域的学位为主，其中文学学士学位、文学硕士学位和哲学博士学位数量在所有学位中占据非常高的比重。（见图27）

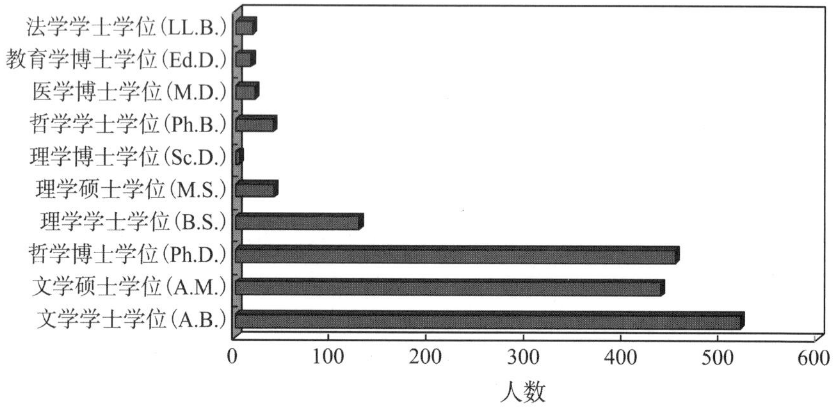

图 27 美国教育家获得学位分布统计

（二）获得学位院校性质

美国知名教育家中获得文学学士学位、文学硕士学位、哲学博士学位的人数最多，因此，本书主要围绕这三种学位来具体分析教育家获得学位院校性质分布情况：文学学士学位中，私立大学占 67%，公立大学占 33%；文学硕士学位中，私立大学占 73%，公立大学占 27%；哲学博士学位中，私立大学占 76%，公立大学占 24%。由此可见，在教育家获得学位院校性质方面，主要以私立大学为主，并且随着学位层次的提高，从私立大学获得学位的教育家比例呈逐渐增加的趋势。（见图 28）

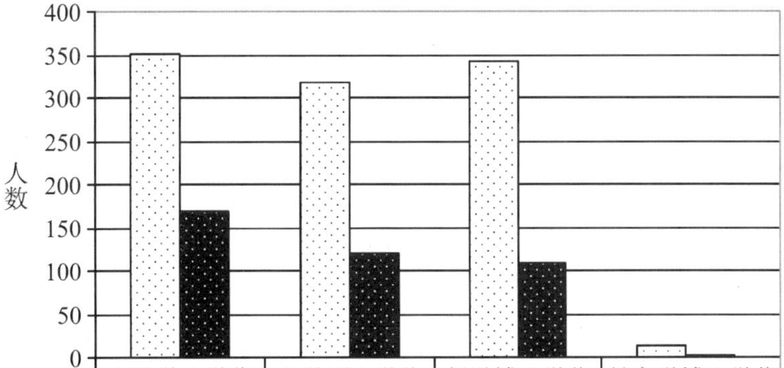

	文学学士学位 (A.B.)	文学硕士学位 (A.M.)	哲学博士学位 (Ph.D.)	教育学博士学位 (Ed.D.)
私立大学	351	318	343	13
公立大学	169	120	110	3

图 28　美国教育家获得学位院校性质分布

（三）获得学位院校地区分布

在获得学位院校地区分布方面，随着学位层次的提高，东北部地区高等院校无论在相对数量还是绝对数量上都明显多于其他地区。（见图 29）

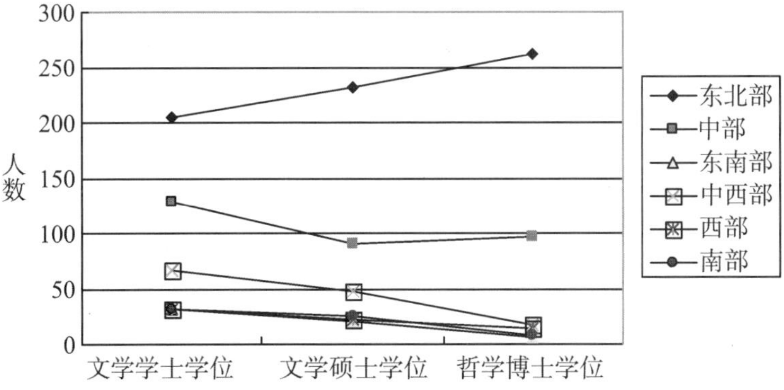

图 29　美国教育家获得学位院校地区变化状况统计

（四）博士学位结构

美国教育家获得的博士学位呈现出明显的院校分布特征，其中哥伦比亚大学、芝加哥大学、哈佛大学是培养知名教育家的核心阵地。从知名教育家获得博士学位的院校来看，哥伦比亚大学占33%，芝加哥大学占15%，哈佛大学占9%，三所大学培养了美国一半以上的知名教育家，这表明当时著名私立大学对教育研究的兴趣非常浓厚，在高校教育研究中占据主导地位。从阶段分布情况看，1870年以后，大批教育家涌入哥伦比亚大学和芝加哥大学攻读博士学位；公立院校在培养教育领域博士数量方面虽然要远远低于私立院校，但是威斯康星大学、俄亥俄州立大学以及爱荷华大学等都呈现上升势头，成为公立大学教育学术研究的主要阵地。在公立大学中，威斯康星大学、俄亥俄州立大学、爱荷华大学所培养的知名教育家分别占25%、25%和14%。（见图30）

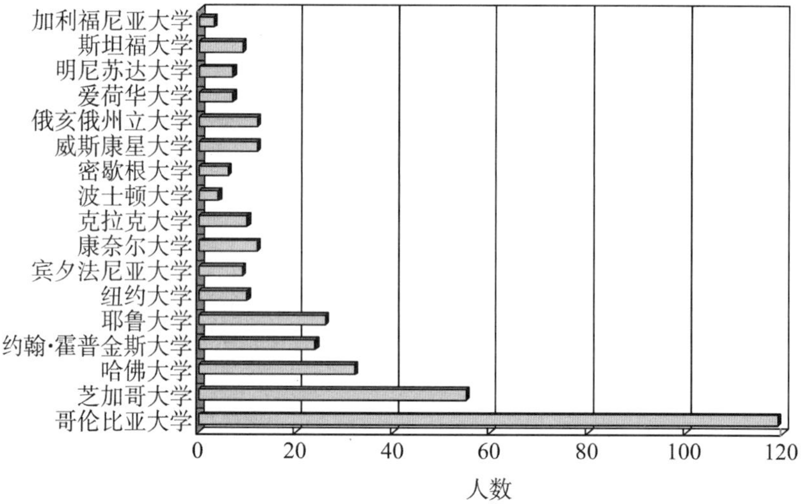

图30　美国教育家博士学位获得院校分布状况

从地区分布上看，美国教育家获得博士学位院校所在州主要是纽约州（36%）、伊利诺伊州（15%）和马萨诸塞州（13%）。（见图31）

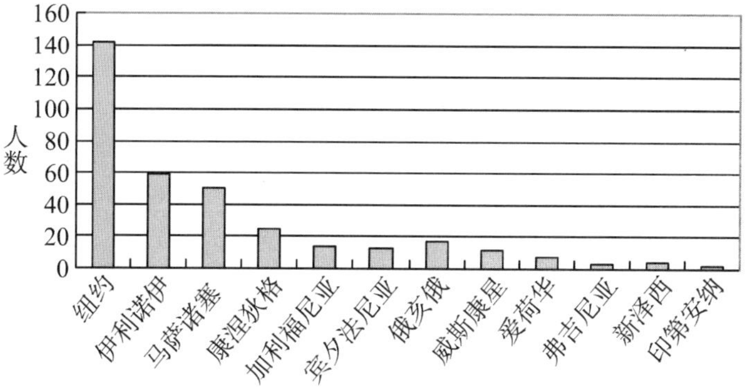

图 31　美国教育家获得博士学位院校所在州分布状况统计

十二、职位或职务结构

在《美国教育家传记辞典》所收录的1850—1925年间出生的905名教育家中,既有在大学中从事教育研究或管理的学者,也有从事中小学教育实践工作的人员。其中大学教授占26%,大学学院院长或主任占22%,大学校长占11%,中小学教师占19%,中小学校长占9%,中小学督学占2%,师范学校校长占1%。总的来说,供职于高等教育机构的教育家数量相对较多,约占总人数的60%。(见图32)另外,绝大多数供职于高等教育机构的教育家都有在中小学从事教学或管理的经历。因此,教育家在高等教育机构从事教育理论研究的过程中,早期学校教育实践活动方面的经历或经验为其理论研究提供了重要的支撑。大学教授在美国

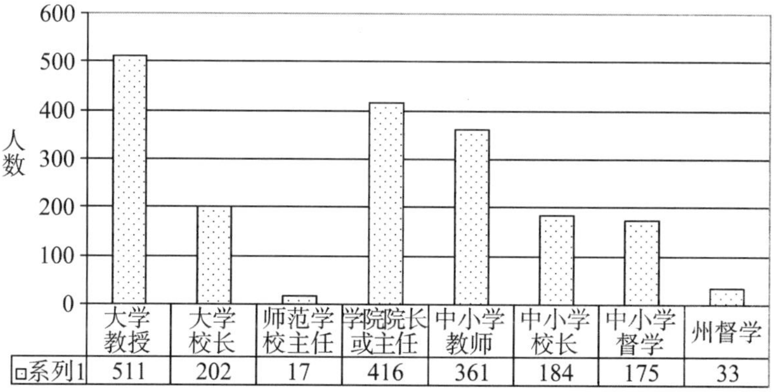

图 32　美国教育家所担任职位或职务分布状况

教育家群体中人数最多,其中教育学教授(professor of education)人数为162人(39%),其他学科领域的教授为249人(61%),(见图33)这说明教育学科领域的知名学者中,有相当数量的人是非教育专业的学者。

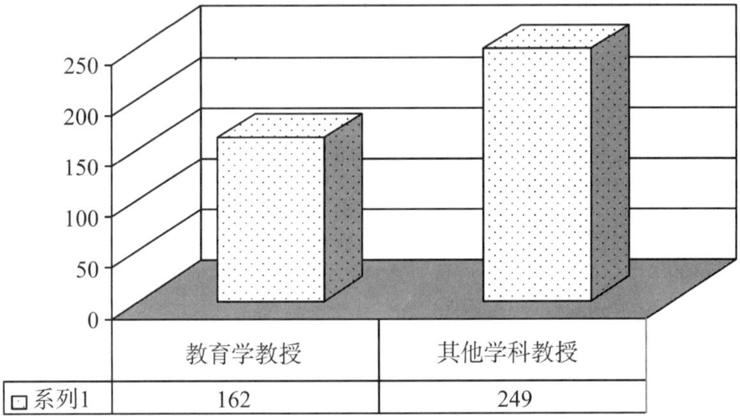

图33 大学教授中不同学科领域学者人数分布

十三、学术活动地区分布①

美国教育家学术活动密集地区主要集中在美国东北部和中部地区,其中又以纽约、马萨诸塞、伊利诺伊、宾夕法尼亚、康涅狄格五个州的人数最多,有897人,占总人数(1787人,部分教育家同时在几个地区从事学术活动,因此统计中存在重复统计的情况)的50%左右。当中纽约州和马萨诸塞州两个地区的教育家人数最多,分别是325人和247人。(见图34)进步主义教育家杜威、克伯屈、拉格等,倡导科学主义取向的教育心理学家桑代克、拉塞尔等都主要活跃于纽约州和马萨诸塞州。

① 本书中对美国教育家学术活动地区和学术工作领域两方面的统计分析主要是参考约翰·厄尔斯所做的分类。考虑到教育家学术活动的复杂性,本书并没有就1850—1925年间出生的教育家在学术活动地区和学术工作领域再做专门的统计,而是参考厄尔斯对1604—1925年间出生的所有教育家所做的分类结果进行统计,以获得教育家学术活动地区和工作领域分布的大致情况。

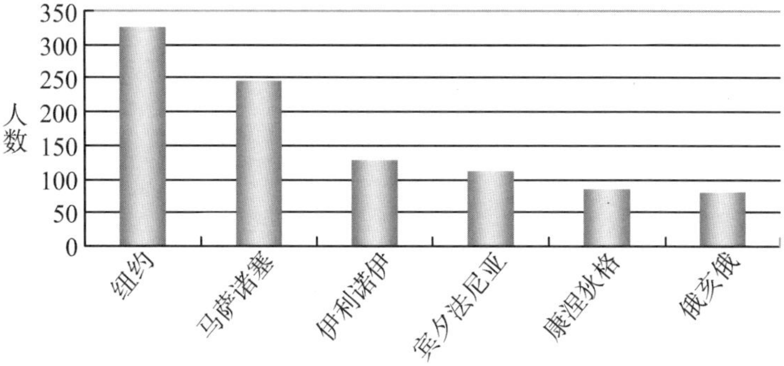

图 34 美国教育家学术活动密集地区人数分布

十四、学术工作领域分布

在《美国教育家传记辞典》所列出的36个工作领域中，教育家的学术工作领域主要集中在高等教育管理，州教育管理，公、私立学校管理，教育社会学，教师教育等五个领域，这五个领域中教育家的人数是953人，大约占总人数(2084人，部分教育家同时活跃于几个领域，因此存在重复统计的情况)的46%。(见图35)从统计中可以发现，各阶段教育的管理问题是当时教育家集中关注的领域。

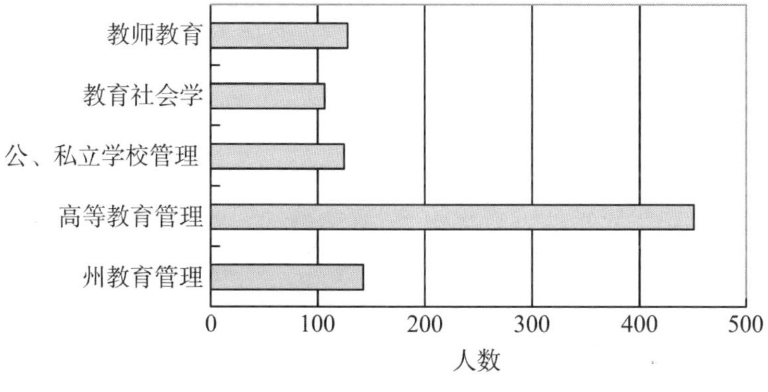

图 35 美国教育家学术工作集中领域分布状况

通过对《美国教育家传记辞典》中所收录的1850—1925年间出生的905名教育家的社会结构状况统计分析发现，美国教育家群体的家庭出身主要以牧师、教育界学者或管理人员、农场主和手工业者为主，绝大多数教育家都是白人男性，在宗教信仰方面以新教徒为主。在学校教育背景方面，大部分教育家就读于公立学校或者乡村学校，因此，比较熟悉美国公立学校教育的基本状况。在高等教育背景方面,美国教育家平均每人至少入读3—4所大学,这表明教育家在接受高等教育的过程中,流动性比较高。总体上来说,美国教育家大部分就读于私立大学,并且随着学位层次的提高,就读于私立大学的教育家比例逐渐增加。具体而言,美国教育家群体在接受高等教育的过程中,逐渐向某一地区和某些大学汇聚,呈现出明显的地区和院校分布特征,形成了以哥伦比亚大学、芝加哥大学等私立院校为主要阵地,集中培养美国知名教育家的态势。在留学经历方面,美国教育家的培养工作主要由德国大学完成。德国大学,尤其是柏林大学和莱比锡大学的学术传统对美国教育学术秩序的形成产生了巨大影响。在教育家群体的社会职务方面,半数以上的知名教育家供职于高等教育机构,并具备丰富的中小学教育教学和管理经验。

第二节 美国大学教育学界精英群体的特质及社会结构

在19世纪末20世纪初的科学和学术职业化时期,大学成功确立并保持了在学术制度体系中的优势地位。大学通过培养学术新生力量来确保自身在学术体系中的中心地位。总的来说,在19世纪末20世纪初学术研究逐步走向职业化的时期,新型的学者与科学家,基本上都以供职于某所学院或大学来维持生计。从《美国教育家传记辞典》中所获得的统计信息也表明,知名教育家群体大部分接受过高等教育,并且有一半以上的教育家供职于大学从事教育研究。《美国教育家传记辞典》中的统计结果显示,哥伦比亚大学、芝加哥大学、哈佛大学等是培养美国教育学界精英群体的核心大学,并在一定程度上主导着美国教育学术研究的基本方向。与此同时,担任教育专业组织机构主席的人员也主要来自于这些大学,并逐渐形成了典型的核心教育学术圈子。基于上述统计结果,本书以全美大学教育学教师学会为例,对那些活跃于教育专业组织机构的大学教育学界精英进行统计,分析、比较大学中教育学界精英群体在家庭背景、出生地区、学校教育(学校的性质和地区分布)、高等教育(大学的性质和地区分布)、留学经历、所获学位或知识结构、婚姻状况、工作经历和工作机构、担任职务等方面的特征,并将《美国教育家传记辞典》和全美大学教育学教师学会的两组相对独立的信息统计结果进行比较，以确证美国教育学界精英群体在社会特质方面所表现出的总体特质和趋势。

一、全美大学教育学教师学会及其会员构成

全美大学教育学教师学会 1902 年成立于芝加哥，原名“大学教育学教师学会”(Society of College Teachers of Education)，创建人是芝加哥大学约翰·杜威、哈佛大学保罗·哈努斯、布朗大学沃尔特·雅各布斯、哥伦比亚大学教师学院詹姆斯·拉塞尔和弗兰克·麦克穆里、康奈尔大学查尔斯·德加谟、威斯康星大学迈克尔·奥谢。1909 年，大学教育学教师学会更名为“全美大学教育学教师学会”，1969 年又更名为“教育学教授学会”(Society of Professor of Education, SPE)。[①] 自 1909 年更名为“全美大学教育学教师学会”后，该学会会员人数逐年增长，1916—1920 年间，会员人数增长势头明显，表明这一时期大学对教育研究以及学术互动的兴趣和积极性非常高，而到了 1922 年前后，会员人数开始出现减少的趋势。(见图 36)基于上述统计结果，本书选取 1911—1922 年这一阶段进行重点分析。[②]

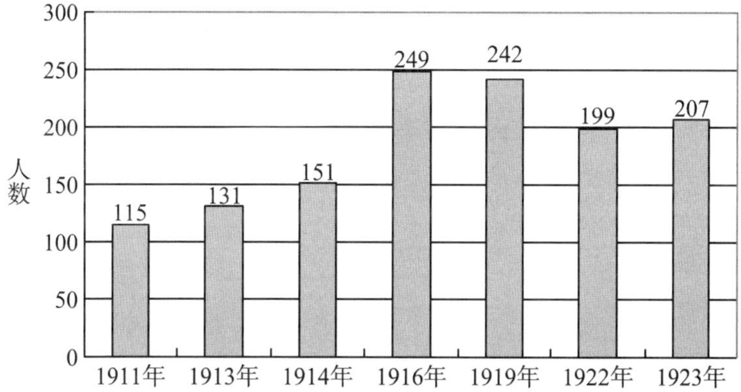

图 36　1911—1923 年全美大学教育学教师学会会员人数统计

---

① National Society of College Teachers of Education. A History of the National Society of College Teachers of Education(1902—1950)[Z]. Original Manuscript by C. Woody, 1944. Chicago: NSCTE, 1950: 4.

② 本研究的原始数据主要来源于《全美大学教育学教师学会年鉴》(*Yearbook of National Society of College Teachers of Education*)所提供的历年学会会员名单。

1911 年全美大学教育学教师学会会员中有教授 67 人，占会员总人数的 57%；1919 年有教授 117 人，占会员总人数的 49%；1922 年有教授 115 人，占会员总人数的 59%。总的来说，所有会员中，教授所占的比例是较高的。（见图 37）与此同时，会员所就职的大学也呈现出鲜明的地区分布特征。1911 年来自美国东北部和中部地区大学的会员占会员总数的 61%，1919 年这一比例为 76%，1922 年为 77%。由此可以看出，该学会中来自美国东北部和中部地区大学的会员比例越来越高。（见图 38）从会员所在大学性质情况看，1911—1922 年间，来自公立大学和私立大学会员人数各占 50% 左右，这一结果与《美国教育家传记辞典》所显示的结果呈现出一定的差异性。（见图 39）

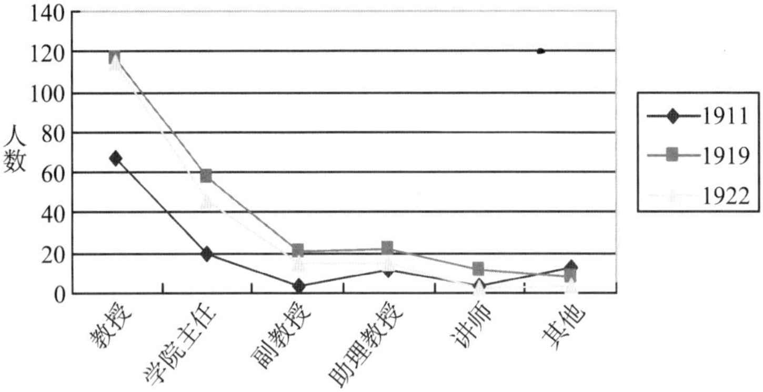

图 37　1911—1922 年全美大学教育学教师学会会员职称职位结构分布

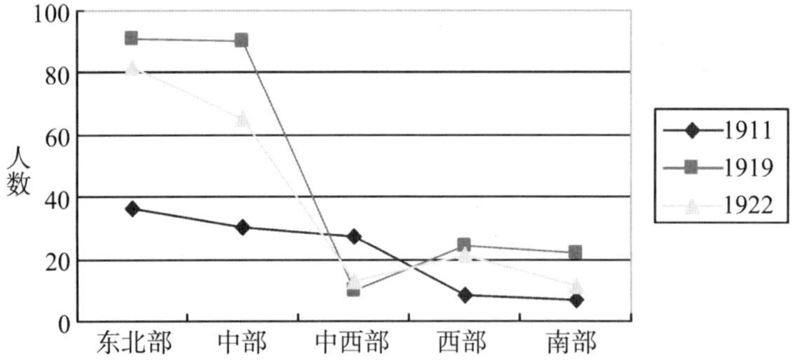

图 38　1911—1922 年全美大学教育学教师学会会员所在大学地区分布

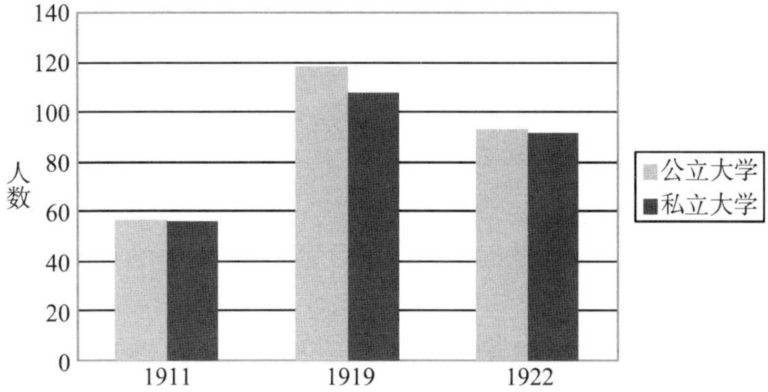

图 39　1911—1922 年全美大学教育学教师学会会员所在大学性质分布

另外,1911—1922 年间,全美大学教育学教师学会会员的流动频率较高,在此期间,常任会员只有 49 人。尽管如此,这些会员在人员构成以及所在大学地区分布方面,依然与上文的统计呈现出相似的分布特征。

通过上述统计结果发现,全美大学教育学教师学会会员主要还是来自东北部和中部地区的大学。具体来看,在 1911—1922 年间学会会员居多的前 10 所大学中,来自哥伦比亚大学和芝加哥大学的会员人数最多,哈佛大学和密歇根大学的会员人数在 1911—1922 年间基本保持稳定,而来自宾夕法尼亚大学的会员自 1919 年起飞速增长,迅速超过哈佛大学、密歇根大学和俄亥俄州立大学等高校。(见表 4、5、6)另外,该学会 1902—1922 年历任主席中,有 8 任主席来自哥伦比亚大学和芝加哥大学,约占历任主席的 38%。(见图 40)因此,从会员人数和历任主席来看,哥伦比亚大学和芝加哥大学基本上是当时美国教育学术研究的主导力量和核心圈子。

表 4　1911 年全美大学教育学教师学会会员居多的前 10 所大学

大　学	会员人数
哥伦比亚大学	12
芝加哥大学	9
密歇根大学	4
伊利诺伊大学	4
爱荷华大学	4

续表

大　学	会员人数
明尼苏达大学	4
得克萨斯大学	4
密苏里大学	4
哈佛大学	3
纽约大学	3

表 5　1919 年全美大学教育学教师学会会员居多的前 10 所大学

大　学	会员人数
哥伦比亚大学	16
芝加哥大学	9
宾夕法尼亚大学	7
得克萨斯大学	7
匹兹堡大学	7
斯坦福大学初级学院	5
哈佛大学	4
密歇根大学	4
辛辛那提大学	4
俄亥俄州立大学	4

表 6　1922 年全美大学教育学教师学会会员居多的前 10 所大学

大　学	会员人数
哥伦比亚大学	17
芝加哥大学	7
宾夕法尼亚大学	7
密歇根大学	5
伊利诺伊大学	4
匹兹堡大学	4
哈佛大学	4
康奈尔大学	4
堪萨斯大学	4
约翰·霍普金斯大学	3

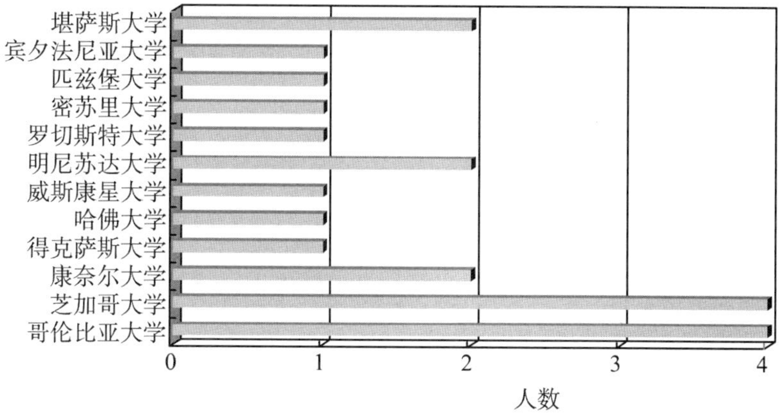

图 40　全美大学教育学教师学会历任主席所在大学分布(1902—1922)

二、全美大学教育学教师学会教授群体结构特质

哥伦比亚大学和芝加哥大学作为 20 世纪上半期美国大学教育学术研究的核心圈子,其教育研究取向形成的社会过程及其结构可以明显反映出美国教育科学研究的基本取向和思维方式。1911—1922 年间全美大学教育学教师学会会员中,来自哥伦比亚大学、芝加哥大学的会员共有 40 人(哥伦比亚大学 25 人,芝加哥大学有 15 人),其中教授 24 人,副教授、助理教授、讲师等 26 人。

表 7　两校中 24 名全美大学教育学教师学会会员统计

哥伦比亚大学(15 人)	芝加哥大学(9 人)
杜威	安吉尔(James R. Angell)
达顿(S. T. Dutton)	巴特勒(Nathaniel Butler)
约翰逊(Henry Johnson)	迪尔伯恩(Walter F. Dearborn)
迈克文纳(J. A. Mac Vannel)	贾德
迈克穆里	米德(Georger H. Mead)
孟禄	帕克(Samuel C. Parker)
拉塞尔	弗里曼
萨切斯(Julius Sachs)	格雷(William S. Gray)
斯特雷耶	拉格

续表

哥伦比亚大学(15 人)	芝加哥大学(9 人)
苏加洛	
桑代克	
巴格莱	
坎德尔	
克伯屈	
拉格	

本书选取这两所大学中的 24 名①教授,对其家庭背景与出生地区、学校教育、高等教育、获得学位、留学经历、工作经历、婚姻状况以及学术工作领域等进行统计,来具体分析美国大学教育学界精英群体的社会结构及其特征。

(一) 家庭背景与出生地区

在 22 名②教授会员中,大部分出身于社会中下层或者牧师家庭,从出生地区分布看,大部分会员来自东北部和中部地区。(见图 41)

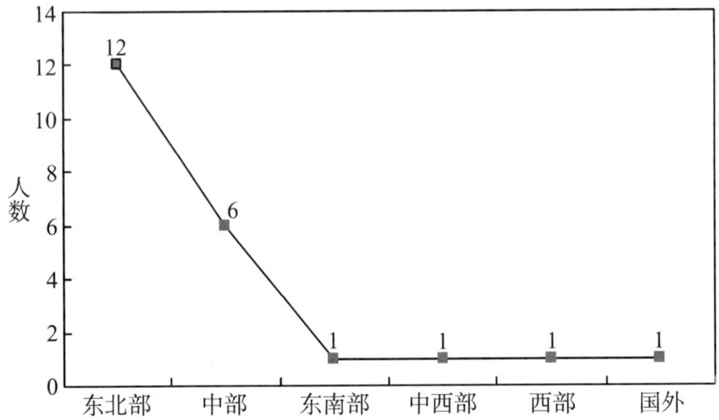

图 41 全美大学教育学教师学会教授会员出生地区分布

① 其中迈克文纳和巴特勒两人的个人信息缺失。

② 拉格于 1915—1920 年就职于哥伦比亚大学,1920—1951 年就职于芝加哥大学,本研究中将其进行重复统计。

（二）学校教育

22 名教授接受初等学校教育方面的信息大部分无法获得，因此，本书主要对其接受中等学校教育的信息①进行统计。一方面，在地区分布上，这些教授就读的中学的所在地区，与出生地区呈现出一定的一致性；（见图 42）另一方面，他们所就读的学校的性质则呈现出一个显著的特点，即大部分就读于公立中学，只有少数就读于私立中学（见图 43）。

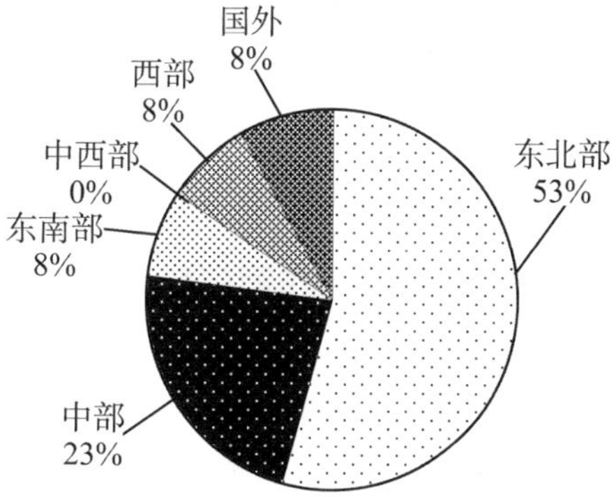

图 42　全美大学教育学教师学会教授会员所就读中学地区分布

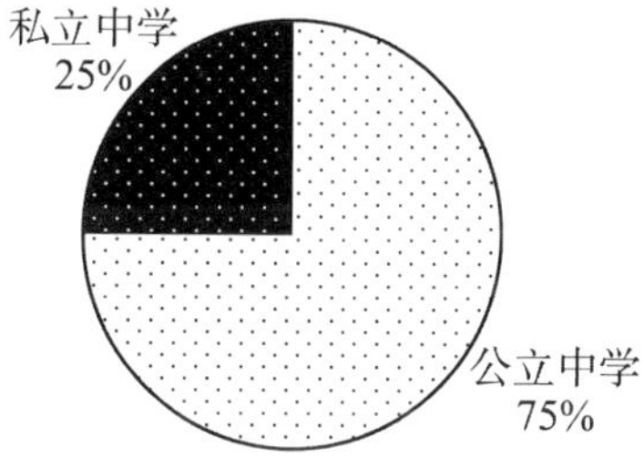

图 43　全美大学教育学教师学会教授会员就读中学性质分布

（三）高等教育

首先，从学位获得情况看，22 名教授会员中，21 人获得学士学位（16 人获文学学士学位，5 人获理学学士学位），占总数的 95%；13 人获得硕士学位（12 人获文学硕士学位，1 人获理学硕士学位），占总数的 59%；17 人获得博士学位，占总数的 77%。（见图 44）

① 22 名教授中，有 11 人的个人信息无法获得。

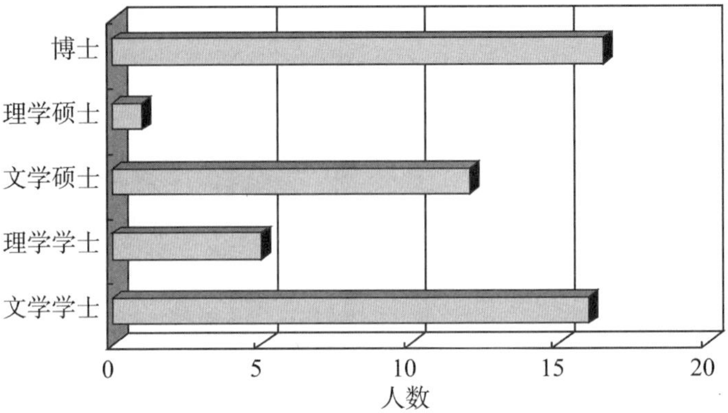

图 44　全美大学教育学教师学会教授会员所获学位分布

其次，在攻读本科、硕士、博士学位期间就读大学所在地区分布方面，主要还是集中在美国东北部和中部地区。（见图 45）另外，攻读本科和硕士学位期间就读院校的所在地在一定程度上呈现出多元化的特点，而攻读博士学位期间就读院校的所在地主要集中在美国的东北部。在获得博士学位的 17 名会员中，毕业于哥伦比亚大学的人数最多（6 人），占所有获得博士学位人数的 35%。（见图 46）

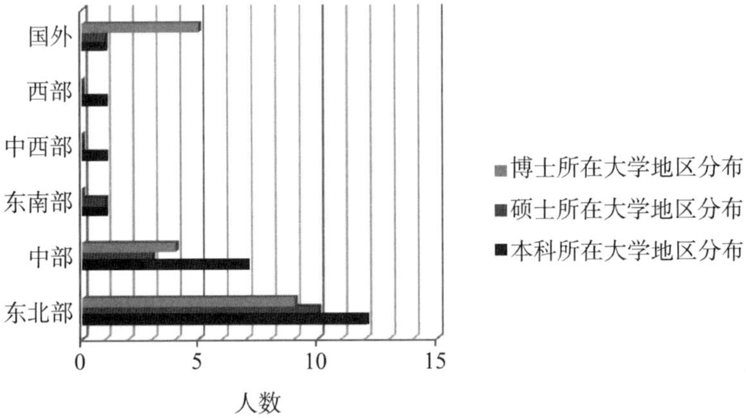

图 45　全美大学教育学教师学会教授会员就读高等教育机构地区分布

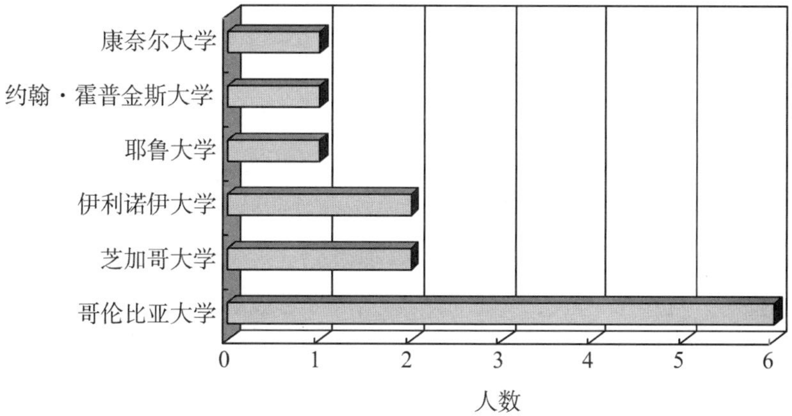

图46　全美大学教育学教师学会教授会员获得博士学位院校分布

另外,22名教授会员攻读本科、硕士和博士学位[①]期间所就读大学的性质也有所差异:本科期间就读公立大学的会员约占总人数的32%,硕士期间这一比例为18%,博士期间这一比例仅为15%。(见图47)

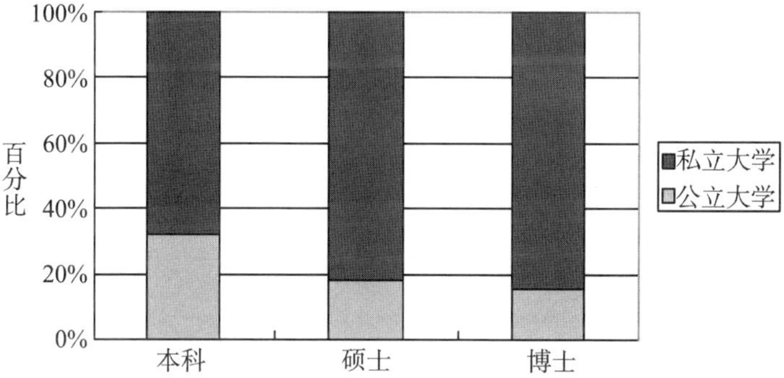

图47　全美大学教育学教师学会教授会员就读高等教育机构性质分布

(四)留学经历

22名教授会员中,近一半的学者(10人)有留学经历,主要以德国大学为主,包括莱比锡大学、耶拿大学、柏林大学、海德堡大学、洪堡大学、哥廷根大学、罗斯托大学、哈勒大学等,其中5人获得了德国大学的博士学位。(见图48)

① 不包含德国大学的博士学位。

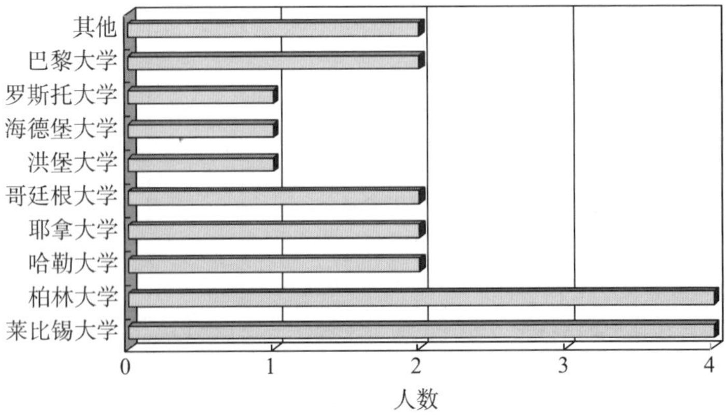

图 48　全美大学教育学教师学会教授会员留学时所在大学人数分布情况①

（五）工作经历

22 名教授会员中,10 人有中小学教学工作经历,10 人曾担任过中小学校长,3 人曾担任过学区督学,13 人曾在大学师范学院或教育研究机构担任行政职务,3 人是大学校长。总的来说,大部分(52%)教授会员都有从事中小学教学或管理工作的经历,因此,他们在从事教育学术研究工作之前,大部分都具备丰富的学校教育和管理经验。(见图 49)

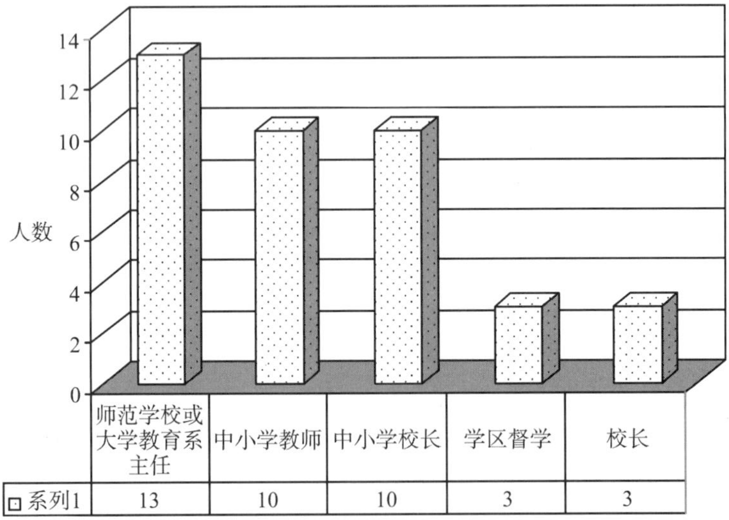

图 49　全美大学教育学教师学会教授会员工作经历分布情况

① 大部分学者在几所德国大学留学,存在重复统计的情况,因此总人数大于 10 人。

（六）婚姻状况

从婚姻状况看，22 名教授会员全部已婚，从统计结果看，大部分会员的婚姻都比较稳定。（见图 50）

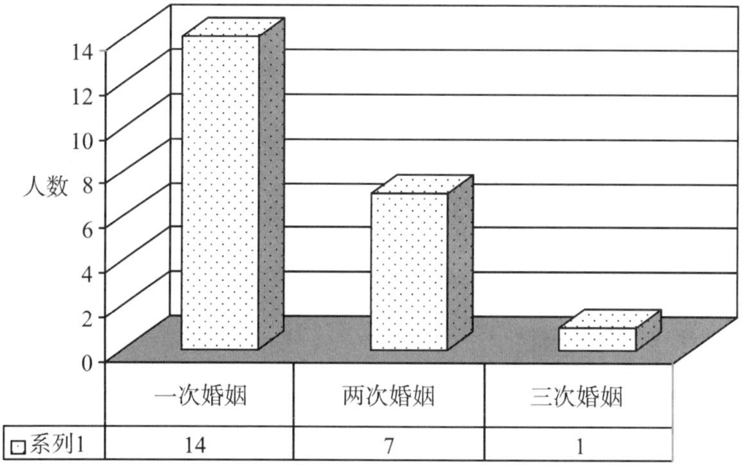

图 50 全美大学教育学教师学会教授会员婚姻状况统计

（七）学术工作领域

从教授会员的学术工作领域看，教育心理学与教育管理两个领域的会员最多，（见图 51）这表明这一时期美国大学教育学界精英群体主要通过将教育心理学研究与学校管理相结合来开展教育科学研究。

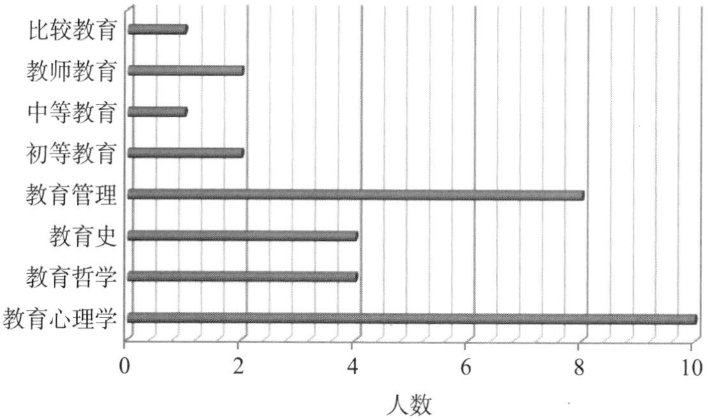

图 51 全美大学教育学教师学会教授会员学术工作领域分布

从上述统计结果看,美国大学教育学界精英群体主要来自社会中下阶层或者牧师家庭,接受教育是他们跻身社会上层的主要途径,因而通过教育科学研究来进行社会改良成为这一群体的职业理想。从接受学校教育和高等教育的情况看,这一群体接受教育的历程呈现出从公立教育机构向私立教育机构转移的趋势,在知识结构上,主要以文科为主,而且近一半会员有在德国大学留学的经历。从地区分布来看,这一群体主要活跃于美国东北部和中部地区。从工作经历看,一半以上的会员曾在中小学从事教学工作或担任行政职务,学校教育经验丰富。在学术工作领域方面,主要集中于教育心理学和教育管理研究两个领域。

总体上看,通过对《美国教育家传记辞典》中的相关信息和全美大学教育学教师学会历任主席以及会员的统计分析发现,19 世纪末 20 世纪初,美国教育学界精英群体的社会特质呈现出明显的相似性和结构性特征。教育学界精英群体独特的社会世界以及由他们组成的核心学术圈子构成了美国教育研究的社会根基和时代语境。美国教育学术核心圈子的形成过程事实上也是学术话语霸权的建立过程。比彻认为,“学术俱乐部”是一个相对封闭、自我增强的精英结构系统,庇护人是学术生涯发展的一种资源,某种程度上控制着学术人才的选拔与认可。① 在教育学术职业化的初期,以哥伦比亚大学和芝加哥大学为中心的教育学界学术精英共同体一方面在教育学科领域进行了开拓性研究,并取得了革新性成果,另一方面也在某种程度上控制着教育学术人才的培养过程,从而形成了一个相对封闭的教育学术共同体系统,最终成为规制教育科学研究思维方式的主导力量。

① [英]托尼·比彻,保罗·特罗勒尔.学术部落及其领地:知识探索与学科文化[M].唐跃勤,蒲茂华,陈洪捷,译.北京:北京大学出版社,2008:90.

第三章

以教育为业：美国教育研究的黄金时代

智力突然大进步的时代不能归因于种族的天然才能的任何改变，因为并没有造成这种改变的时间，而是由于这些才能被引导到新的、多产的渠道上。①

——弗朗西斯·高尔顿（Francis Galton）

在社会科学的研究领域中，新成员之补充的社会因素比认知因素重要得多。换言之，这类领域之所以能吸引大批新成员，是因为它们变成了一种社会时尚。②

——黛安娜·克兰（Diana Crane）

在美国教育历史上，19世纪末20世纪初可以称得上是美国教育研究的黄金时代，这一时期所涌现出的教育学界精英无论是在数量上还是在学术成果上都是惊人的。自教育学科创立以来，无论是在美国教育学界还是在国内教育学界，教育学科及其从业者的职业地位一直不高，这也直接影响了人们对教育研究的兴趣，以及教育学界精英群体的形成。反观20世纪初的美国，在学术职业化初期，却有相当数量的知名学者将职业兴趣转向教育研究领域，原因何在？

产生杰出成就的原因可能是多方面的，一个人智力超群或才艺过人，

① 转引自：[美]罗伯特·默顿．十七世纪英格兰的科学、技术与社会[M]．范岱年，吴忠，蒋效东，译．北京：商务印书馆，2000：33.

② [美]黛安娜·克兰．无形学院——知识在科学共同体的扩散[M]．刘珺珺，顾昕，王德禄，译．北京：华夏出版社，1988：79.

不一定就能做出杰出的成就，其中必定还有其他因素在起作用。对此最早做出解释的是19世纪末的英国人弗朗西斯·高尔顿，他认为，杰出成就的产生是能力、热忱与勤奋三种因素共同作用的结果。高尔顿虽然强调智力因素在个人取得成就的过程中发挥的重要作用，但他也承认，环境对杰出人物取得社会成就存在一定的限制。他在《遗传天赋》(*Hereditary Genius*)中通过研究社会和文化生活中每一方面的杰出人物——诗人、画家、作家、作曲家、神学家、法官、政治家以及科学工作者，并对传记和家谱等资料进行了统计排列，由此得出了具有普遍意义且极为惊人的结论，即对于有一些有差异的活动领域来说，遗传在相当程度上对杰出人物的成就做出说明，而环境则能更多地对出现杰出人物的领域做出说明。①

第二种解释则是罗伯特·默顿提出的"马太效应"，他指的是《新约·马太福音》中的第25章第29节："因为凡有的，还要加给他，叫他有余；没有的，连他所有的也要夺过来。"默顿所提出的解释，侧重后天优势累积或者说社会因素在杰出人物取得职业成就中的作用。他认为，个人的自我选择过程与机构的社会选择过程相互作用，影响了在既定活动领域相继获得机会的概率。当个人的表现达到了体制要求的标准，特别是当他的表现大大超过了这些标准时，就开始了优势累积的过程，在这个过程中个人获得日益增长的机会，进而更加有效地去推进他的工作。既然精英机构有比较多的资源来开展其专业领域内的工作，那么有机会进入这些机构的人才获得逐渐积累优势的潜力就增加了。②

在此，暂且抛开教育学科及其从业者的职业地位这一问题，而把目光聚焦在特定时期出现大批教育学界精英的那个时代的社会结构，即教育家之所以如此活跃，支撑其职业热情的社会基础或结构到底是怎样的。在社会结构中占据不同位置的人们对于传统观念和社会转型的感知是十分不同的，教育与大的社会环境之间的联系是通过教育家与外部人员直接的社会接触建立起来的，它也能通过教育家在一个特定时期，从特定的社会成员或一个特定社会阶层中普遍获得的文化资源的选择和解释中以

---

① 转引自：[美]罗伯特·默顿. 科学社会学散忆[M]. 鲁旭东，译. 北京：商务印书馆，2004：42.

② [美]罗伯特·默顿. 十七世纪英格兰的科学、技术与社会[M]. 范岱年，吴忠，蒋效东，译. 北京：商务印书馆，2000：9.

非常不同的方式建立起来。那么,教育学界精英群体在当时的社会转型与结构变迁中处于怎样的一个位置?他们又是如何感知并解释社会结构变迁中出现的问题的?教育家群体的社会结构特质与转型时期的社会结构之间所呈现的特殊关系是否能够解释本书所提出的问题?本书试图尝试回答这些问题。

事实上,有许多问题是无法简单地用一种内因推论来解释的。内因论并不能充分解释那些有创造性的人物的社会和时代分布状况。我们也不能把知识的几个分支领域中同时发生但又独立的变迁当作是一种巧合。一种特殊的才能在整个社会还不需要它的时候是很难充分表现出来的。因此,一些杰出人物的同时出现,并不能被轻易地归结为偶然共生,即这些人物具有某方面的天赋。更合乎情理的解释应该从各种社会状况中去寻找,它倾向于把该时代天才们的注意力聚集在一些特定的探究领域。作为特定时期出现的一种普遍现象,社会结构和时代特质的变化极可能是造就教育学科人才辈出的根本原因。

社会结构的变迁与教育家群体以及学科发展之间存在着相互影响的关系这是没什么疑问的。不过,用一般宏观的术语来论述社会结构对教育家群体的影响,显然就会产生问题,这种解释很容易陷入庸俗的唯物主义解释模式之中。默顿认为,关于社会发展与科学发展之间的关联有三种错误假设。第一种,也是其中最迷惑人的一种假设是,把科学家的个人动机等同于他们的研究的结构性因素;第二种假设认为社会经济因素有助于详尽地说明科学活动的全部复杂性;第三种假设是,在任何一种重要意义上都缺乏社会需要的地方,"社会需要"受到非难。对那些公认的见解,即认为需求促成相应的发明,并引导科学兴趣的方向的见解需要仔细地重新阐述。为了避免各种解释误区,在科学社会学领域,社会学家们特别关注两者相互影响的具体类型和这些类型被证明在不同的社会结构中有效的解释程度以及发挥作用的过程。① 因此,本书尝试去解释的问题是社会结构与教育学界精英群体崛起之间具体的因果关系。

---

① Francis Galton. F. R. S., etc. Hereditary Genius: An Inquiry into Its Laws and Consequences[M]. London: Macmillan and Co., 1892:40—49, 316—362.

第一节 时代的舆论气候:教育研究兴趣的增长

科学家们通常总是选择那些与当时占主导地位的价值和兴趣密切相关的问题作为研究课题。①

——马克斯·韦伯

接受某种概念还是反对某种概念并不仅仅是由它们的客观有效性决定的,还取决于它们是否与其他普遍流行的信念相一致。②

——涂尔干(Emile Durkheim)

如同人们时常所注意的情况那样,在对有着非常多的智力巨人出现的时期进行思考时,待解释的现象也许并不是超凡的自然才能的倍增,而是超凡才能在有关的几种职业上的集中。③ 通过对《美国国民传记》中所收录的各学科学者的统计发现,一方面,与其他学科领域的杰出学者相比,19 世纪末 20 世纪初,教育职业领域明显集中了数量众多的知名人士。1851—1900 年间出生的教育家人数达到 409 人,是同时期其他人文社会学科学者的几倍,甚至十几倍之多,(见图 52)足见这一时期人们对教育领域的兴趣之大。与此同时,与其他学科相比,教育学术职业本身的特殊性也十分明显,即教育家的绝对数量虽然非常多,但人数增加和减少的幅度都比较大,这表明教育家群体并不是一个稳定的职业群体。另一方面,19 世纪末 20 世纪初,各个学科领域的知名学者都明显出现了一个增长高峰,(见图 53)这一时期成为各学科知名学者集中涌现的时期,这说明这

① 转引自:[美]罗伯特·默顿. 十七世纪英格兰的科学、技术与社会[M]. 范岱年,吴忠,蒋效东,译. 北京:商务印书馆,2000: 88.

② Emile Durkheim. The Elementary Forms of the Religious Life[M]. Translated by Joseph Ward Swain, London: George, Allen & Unwin Ltd, 1976: 433—439.

③ Theodore de Laguna. The Factors of Social Evolution[M]. New York: F. S. Crofts & Co., 1926: 131.

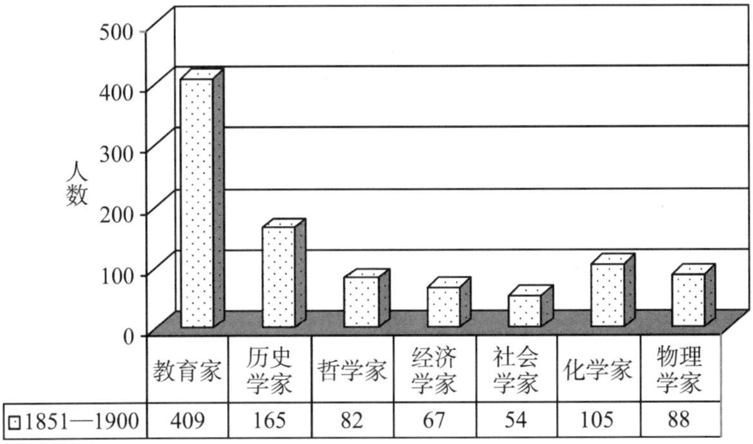

图 52　《美国国民传记》1851—1900 年间各学科知名学者出生人数统计

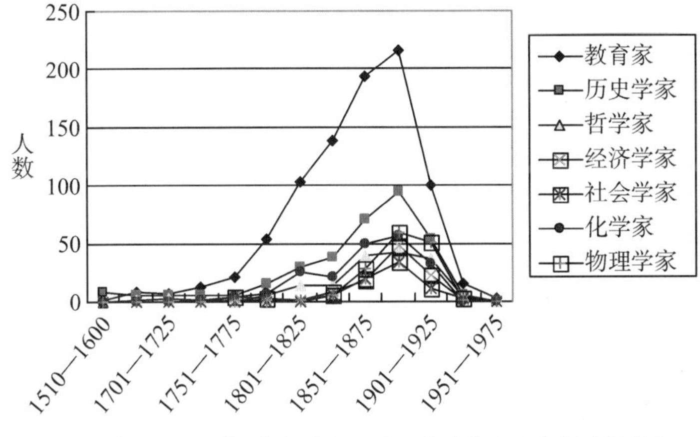

图 53　《美国国民传记》各学科领域知名学者出生人数阶段分布

一时期杰出人物的同时出现并不是偶然现象,也不是个别现象,而是一个普遍的社会现象。基于此,我们有必要对教育学界精英群体所生活的时代的社会舆论气候进行探究。而要了解一个时代产生大批杰出人物的社会根源,就必须了解维持这种现象的舆论气候的性质。卡尔 · 贝克尔(Carl L. Becker)在研究启蒙时代所涌现的一批哲学家和思想家时也提出:“论据左右着人们同意与否要取决于表达它们的逻辑如何,远不如要取决于在维持着它们的那种舆论气候如何。使得但丁的论据或托马斯 · 阿奎那的界说对于我们成了毫无意义的,并非是由于逻辑欠通或者是缺乏明智，而是由于中世纪舆论的气候……强加给了但丁和托马斯·阿奎那的一种对智性的特殊运用和一种特殊形态的逻辑。"①一切具体思想都发生在某一确定的历史空间，并且唯有参照这个空间才能得到充分把握。社会学研究的首要工作就是要弄清这种历史生活空间的特点。② 因此，任何言说必然是特定时刻特定意图的反映，它旨在回应特定的问题，是特定语境下的产物，任何试图超越这种语境的做法都必然是天真的。③ 同样，作为思想或观念的生产者，教育家群体之所以将职业兴趣转向教育领域，或者说有大批学者关注教育问题并从事教育研究，也是在某种程度上受到了时代氛围和社会舆论气候的影响。

19 世纪末 20 世纪初是美国社会结构调整和大转折的时期，是具有转折意义的重要时期。这一时期美国基本实现了工业化和城市化，从一个以乡村为中心的农业国家发展成为以城市为中心的工业国，并最终迈进了现代社会的大门。大都市社会是人类历史上的一个新现象，无论是在规模、范围，还是在特点上都是史无前例的。这一时期，在农业社会向城市社会转变，科学与宗教交织，人口流动与社会阶层重构的过程中，美国也面临着前所未有的社会危机和文化失调。对这些问题的回应，在社会各界引起了千差万别的反应，其中有企业家的盲目乐观主义，也有学界的悲观主义，这些学者看到的是大都市生活中个性的泯灭。而杜威却坚持认为，大都市社会的多样性和丰富多彩为人类个性的最充分发展提供了机会，真正的问题不是抨击都市社会，而是如何把"大社会"变成"大社区"。在转型与危机中，在千差万别的评论中，最突出之处在于它们均把教育描述为一种全能的力量，并对教育产生了极大的兴趣。在这种社会舆论气候中，美国教育研究活动和教育学科迎来了发展的黄金时期。据统计，1905—1930 年间，美国期刊中关于教育问题的讨论成倍增长，大众对教育兴趣的急剧高涨成为 20 世纪上半叶美国社会的主要趋向之一。

1933 年，由美国总统主持的《当前美国的社会趋势：社会趋势研究委

---

① [美]卡尔·贝克尔. 启蒙时代哲学家的天城[M]. 何兆武，译. 南京：江苏教育出版社，2004：5.

② [德]卡尔·曼海姆. 保守主义[M]. 李朝晖，牟建君，译. 南京：译林出版社，2002：115.

③ 复旦大学思想史研究中心. 什么是思想史[A]. 思想史研究（第一辑）[C]. 上海：上海人民出版社，2006：133.

员会报告》(*Recent Social Trend in the United States: Report of the President's Research Committee on Social Trends*)中指出,20 世纪上半叶,在各类期刊中关于教育的讨论在 1905—1930 年间成倍增长,人们对教育问题的兴趣在这 25 年间持续高涨。报告作者以全美当时三十年所发行的各类期刊为统计基础,以《期刊文献读者指南》(*The Readers' Guide to Periodical Literature*)①作为数据源,统计分析了 20 世纪上半叶社会发展的总体趋向。《期刊文献读者指南》所提供的文献资料显示,与其他话题相比,社会对教育的兴趣指数出现了惊人的增长势头,(见表 8 和图 54)其中对教育研究与实验、教学与方法、课程、职业教育等话题的兴趣指数都非常高。

表 8　1905—1928 年美国《期刊文献读者指南》中所讨论的学科领域兴趣指数统计②

学科领域	每千篇文章索引(articles per thousand indexed)③					
	1905—1909 年	1910—1914 年	1915—1918 年	1919—1921 年	1922—1924 年	1925—1928 年
哲学	9.0	7.9	5.2	3.9	4.7	7.1
理论科学	12.7	10.5	7.9	6.7	7.0	8.9
科学管理	4.2	7.9	13.2	13.6	12.9	11.3
劳动关系	10.7	13.6	15.8	25.9	18.8	15.7
应用科学	0.9	1.7	5.2	4.8	7.2	7.8
普通科学	1.6	1.9	2.6	1.8	2.5	2.8
宗教	22.0	18.5	16.3	12.2	11.4	15.7
教育	29.7	29.4	38.8	31.4	45.5	54.9

① 《期刊文献读者指南》由威尔逊公司(H. W. Wilson Company)自 1901 年以来每两年出版一册,该指南是对最近发表的杂志和学术期刊所做的参考文献指导手册,是目前美国公众和学术界广泛采用的基本工具书。

② Hornell Hart. Changing Social Attitudes and Interests [A]. Recent Social Trends in the United States: Report of the President's Research Committee on Social Trends(Vol. I)[C]. New York: McGraw-Hill Book Co., 1933: 440.

③ 《期刊文献读者指南》中的各篇文章都按主题划入它主要涉及的那个领域。为了使各学科领域的数据具有可比性,给定年份各领域中的文章数目都被该年份所有领域里的文章总数(1000)所除,从而获得各个领域的兴趣指数。

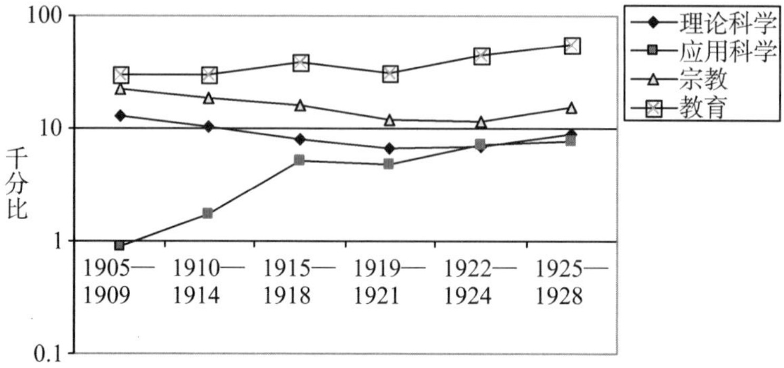

图 54 《期刊文献读者指南》中显示的 1905—1928 年教育与其他领域兴趣指数变化图

具体来看,自 1905 年起,关于教育方面的话题在美国各类期刊版面中所占的比例逐年上涨,与哲学、科学、宗教等其他领域相比,当时社会对教育问题的兴趣非常高。美国各类期刊版面中与教育有关的讨论主题所占比例从 1905 年的 29.7‰上涨到 1928 年前后的 54.9‰。与此同时,有关宗教话题的讨论却在逐年减少,其在期刊版面中所占的比例从 1905 年的 22‰下降到 1928 年前后的 15.7‰;有关科学的讨论话题虽然在美国各类期刊版面中所占的绝对比例不高,但是其增长势头却很明显,尤其是有关应用科学的文献出现了极快的增长势头。另外,从发行量看,大众科学类期刊的发行量逐年增长,宗教类期刊的发行量虽保持相对稳定,但在期刊总发行量中所占的比例中却呈现下降趋势。(见图 55)

从期刊中各学科领域兴趣指数的分布情况可以大致判断,20 世纪初社会对教育问题的兴趣是在科学类文献,尤其是应用科学类文献快速增长,宗教方面的相关文献出现下降趋势的情况下高涨起来的。从中可以看出,科学正在改变人类对知识的原有认识,成为各个学科领域知识建构的基本方向和标准。面对这种新的社会情势,有学者甚至说:“往昔之火,古老的优美情调,你不会在任何地方找到它们。今天我们呼吸的是一种平凡的、争辩的、科学的空气。”①

① [美]亨利·斯蒂尔·康马杰.美国精神[M].杨静予,南木,等,译.北京:光明日报出版社,1988:85.

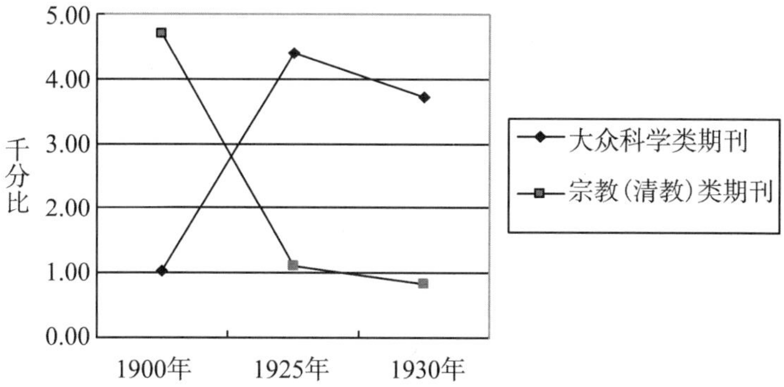

图 55　《报纸与期刊杂志目录》中显示的
1900—1930 年宗教类期刊和科学类期刊发行量千分比变化①

宗教在公共生活中的影响力不断下降,教堂对年轻一代的吸引力逐渐减弱,知识界开始获得越来越多的自由,文化与社会亟需重建。在这一过渡阶段,美国人处于一种困惑、迷茫的状态,美国社会需要新的文化中心来重新整合社会结构的变化,而科学技术所带来的革新力量,使美国人对未来社会改革表现出非常乐观的态度。

在科学与宗教的交替变化中,教育研究也在经历相应的变化。自 19 世纪 90 年代以来,社会对以科学的态度研究教育的兴趣不断增长,但同时也有学者对教育能否称为科学表示怀疑。有趣的是,1900 年前,许多学者往往都是以一种非常肯定的态度回答这个问题的。② 到了 1918 年前后,教育科学研究的观念开始牢固地确立下来。标准化教育测量开始广泛使用,公共学校系统和教师培训机构也建立起教育研究部门,美国当

① Hornell Hart. Changing Social Attitudes and Interests[A]. Recent Social Trends in the United States: Report of the President's Research Committee on Social Trends(Vol. I)[C]. New York: McGraw-Hill Book Co., 1933: 391.

② 当时与此相关的文献中,除了罗伊斯(J. Royce)在《教育是一门科学吗?》中持否定态度外,其他学者都对教育科学持肯定态度,如:J. Payne. Science of Education[J]. Barnard's American Journal of Education, 1876, 26:465—468; Jerome Alan. Have We a Science of Education? [J] Education, 1882, 1(2): 284—290; A. Bain. Education as a Science[M]. New York: Appleton Company, 1884; W. H. Payne. Contributions to the Science of Education[M]. New York: American Book Company, 1886; E. W. Scripture. Education as a Science[J]. Pedagogical Seminary, 1892, 2: 111—114; J. J. Findlay. The Scope of a Science of Education[J]. Educational Review, 1897, 10(14): 236—247.

前所使用的大部分教育设备和技术在这一时期基本建成，许多重大的教育研究工作得以完成，教育系开始开设统计和其他研究技术类课程。同时，教育研究的经费开始大幅度的增长，1926 年，美国投到教育研究方面的捐赠经费达到300 万美元（不包括城市和大学日常行政支出）。保守估算，每年教育研究方面的捐赠经费大约为 500 万美元。①

教育研究观念的确立，教育研究经费的增加，也为那些以教育学术为业的学者提供了强大的支撑。1905—1930 年间，有关教育理论与实验研究的文献始终保持较高的增长率，有关教育方面的期刊文献中，教育研究与实验、教育管理与经济、教学与方法、课程和职业教育等方面的主题所占的比例最高。截至 1930 年前后，教育研究与实验方面的文献在有关教育方面的期刊文献中所占比例达到 3.89‰，教育管理与商业活动占 5.52‰，教学与方法占 2.45‰，课程占 2.74‰，职业教育占 6.59‰（主要包括手工训练、职业指导与培训、工业教育、农业教育等）。（见表 9）

表 9 1905—1930 年有关教育话题的讨论中相关主题兴趣指数统计②

主 题	每千篇文章索引（articles per thousand indexed）						
	1905—1909 年	1910—1914 年	1915—1918 年	1919—1921 年	1922—1924 年	1925—1928 年	1929—1930 年
教育研究与实验	0.21	0.62	2.90	1.68	2.77	3.47	3.89
教学与方法	1.36	1.65	1.18	1.83	3.13	3.05	2.45
课程	2.26	2.71	2.83	2.64	3.90	3.59	2.74
教育史与文献学	0.22	0.24	0.41	0.16	0.40	0.25	0.67
师范学校	0.19	0.27	0.23	0.21	0.35	0.31	0.39
初级高中	0.00	0.01	0.13	0.39	0.61	0.56	0.44
乡村学校	0.35	0.87	1.11	0.98	1.27	0.91	0.72
暑期学校	0.19	0.20	0.30	0.11	0.28	0.73	0.80

① Walter Scott Monroe, et al. Ten Years of Educational Research[M]. Urbana: University of Illinois, 1928: 50.

② Hornell Hart. Changing Social Attitudes and Interests[A]. Recent Social Trends in the United States: Report of the President's Research Committee on Social Trends(Vol. I)[C]. New York: McGraw-Hill Book Co., 1933: 390.

续表

主　题	每千篇文章索引(articles per thousand indexed)						
	1905—1909 年	1910—1914 年	1915—1918 年	1919—1921 年	1922—1924 年	1925—1928 年	1929—1930 年
幼儿园与保育学校	0.22	0.23	0.19	0.11	0.48	0.63	0.47
成人教育	0.20	0.58	1.09	1.37	1.54	2.48	1.84
职业教育	4.24	5.16	8.75	5.75	6.18	7.43	6.59
残障学校	0.58	0.46	0.57	0.70	1.60	1.13	1.00
入学率	0.45	0.28	0.44	0.26	0.32	0.35	0.49
宗教教育	0.59	0.57	0.21	0.31	0.55	0.61	0.31
大学学生及其生活	2.31	2.47	2.33	1.18	2.46	3.65	3.39
大学普通教育	2.24	1.97	1.28	1.21	1.73	3.04	1.96
广播教育	0.00	0.00	0.00	0.00	0.32	0.21	0.62
教育管理与商业活动	1.73	2.44	4.54	3.46	5.93	6.20	5.52
学校和教育其他方面	12.33	8.70	10.32	9.06	11.71	16.33	13.88
总计	29.67	29.43	38.81	31.41	45.53	54.93	48.17

社会对教育话题的兴趣增长的高峰时期,也正是理论科学和应用科学发展的高峰时期。19 世纪末 20 世纪初,理论科学领域的研究取得了长足进展,同时,应用科学领域的相关研究也开始获得越来越多的关注。德国大学专注于纯理论科学研究,但进入 20 世纪后,已经有很多大学教授开始涉足应用科学研究,其中教育科学研究即是其中一个领域。第一次世界大战后,纯理论研究和应用研究之间的界限也越来越模糊。《当前美国的社会趋势:社会趋势研究委员会报告》将“教育研究与实验”列入应用科学领域进行统计,与其他应用科学,如应用心理学、工业研究、农业研究、医学研究等相比,“教育研究与实验”方面的研究文献所占比例最高。(见图 56 和表 10)

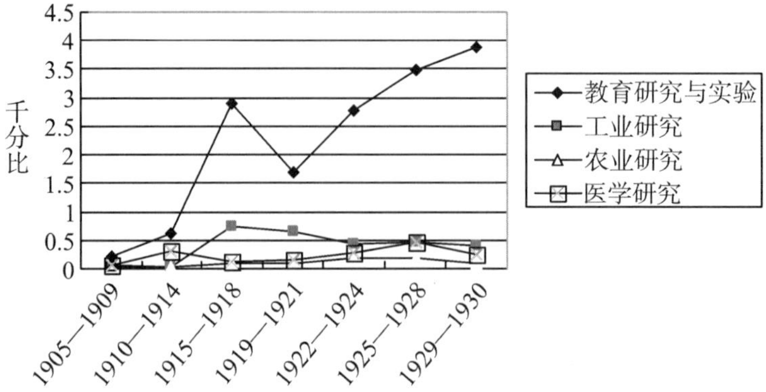

图 56 1905—1930 年社会对应用科学领域兴趣指数变化

表 10 1905—1930 年理论科学与应用科学研究兴趣指数变化统计①

主　题	每千篇文章索引(articles per thousand indexed)						
	1905—1909 年	1910—1914 年	1915—1918 年	1919—1921 年	1922—1924 年	1925—1928 年	1929—1930 年
理论科学							
人类学	0.27	0.24	0.26	0.28	0.20	0.42	0.23
天文学	0.77	0.52	0.23	0.24	0.21	0.30	0.26
植物学	0.71	0.46	0.60	0.46	0.52	0.76	0.52
化学	0.65	0.52	0.39	0.28	0.51	0.42	0.20
电力学	4.57	3.81	3.18	2.74	2.78	2.81	2.44
文化人类学	0.40	0.41	0.13	0.05	0.08	0.22	0.08
几何学	0.87	0.64	0.40	0.33	0.49	0.68	0.97
数学	0.58	0.74	0.80	0.56	0.43	0.48	0.56
古生物学	0.73	0.73	0.45	0.36	0.20	0.73	0.39
物理学	0.66	0.65	0.21	0.23	0.29	0.35	0.65
实验心理学	2.07	0.99	0.54	0.44	0.57	0.63	0.52
动物学	0.41	0.70	0.51	0.29	0.29	0.46	0.28

① Hornell Hart. Changing Social Attitudes and Interests[A]. Recent Social Trends in the United States: Report of the President's Research Committee on Social Trends(Vol. I)[C]. New York: McGraw-Hill Book Co., 1933: 393.

续表

主　题	每千篇文章索引(articles per thousand indexed)						
	1905—1909 年	1910—1914 年	1915—1918 年	1919—1921 年	1922—1924 年	1925—1928 年	1929—1930 年
应用科学							
教育研究与实验	0.21	0.62	2.90	1.68	2.77	3.47	3.89
教育心理学	0.14	0.19	0.19	0.11	0.15	0.35	0.28
智力测量	0.00	0.24	0.84	1.90	2.94	1.93	0.96
心理学其他应用	0.35	0.18	0.27	0.08	0.28	0.48	0.78
工业研究	0.03	0.03	0.74	0.64	0.44	0.46	0.41
农业研究	0.06	0.04	0.08	0.08	0.17	0.20	0.10
医学研究	0.06	0.32	0.11	0.14	0.28	0.46	0.26

显然,20 世纪上半叶,在美国教育学界精英群体所处的时代氛围和社会舆论气候中,“教育”是当时非常热门的话题。这一时期,教育承载着非常重要的社会使命,期刊中有关教育的大量文章也说明,当时社会对教育所承载的使命抱有一种相当积极、乐观的心态。

总的来说,在人们对科学的兴趣不断增长,对宗教的兴趣逐渐下降的背景下,社会对教育的兴趣也不断高涨。其中,教育研究与实验、职业教育、教育管理等是当时教育类文献中讨论最多的主题。与此同时,与工业研究、农业研究、医学类研究等应用科学相比,“教育研究与实验”作为一个研究领域在这一时期的发展速度是最快的。那么,接下来需要解释的问题是,在科学倡行、宗教式微的情势下,美国社会结构发生了怎样的变化?与此相应,美国学校体系正在经历怎样的变革?面对社会结构转型与学校变革,哪些社会群体或阶层更倾向于投身教育研究,并最终成为教育学科知识生产的“移山者”?

第二节　大转折时代:美国社会结构转型与学校变革

19 世纪 90 年代是美国历史的分水岭,分水岭的一边是一个农业的美国,另一边是现代的美国,一个城市化的工业国家,它在人口、社会组织、经济和技术各方面都经历着深刻的变化,而且也在试图改变传统的组织机构和旧观念,以适应新变化。①

——亨利·斯蒂尔·康马杰(Henry Steele Commager)

默顿认为,只有某些社会问题是由学科内部的发展提出的,其他许多问题都是由学科外部的影响而产生的。但不能说,所有的社会和文化变迁都会自主并立刻引出或强化人们对一个特定领域的兴趣。通常,只有当社会中的变迁成为一种"社会问题"或成为产生尖锐的社会冲突的原因时,才会引起人们的兴趣。② 19 世纪末 20 世纪初是美国社会结构转型的重要时期,在社会结构转型的过程中,产生了一批乡村—城市过渡性群体,伴随着工业化和学校体制结构的变革,这批过渡性群体成为适应乃至变革美国社会的新职业群体。上述结构性因素综合在一起,为美国教育学界精英的集中涌现提供了社会基础和动力。

一、大转折时代的美国社会结构

19 世纪末 20 世纪初,是美国向现代工业社会转变的过渡时期。19 世纪松散的乡村孤岛式共同体迅速向大都市共同体转型,个体的成长不再是社区不成文习俗的传承,而更多地受到政府、企业、正式组织的规范和政策的管制。对此,1913 年美国总统威尔逊在题为"新自由"(*New Freedom*)的演说中指出,我们已经遇上了一个前所未有的非常时代,我们已经遭遇了这样一个时代。在这个时代里,我们不再以传统的方式从事商业活动,我们不再以人们过去一贯的方式去经营制造、销售、运输或通信中的任何一项。今天,人们有一种感觉,就是个体已经被淹没了。在这一个国家的大部分地区,人们既不是为自己工作,也不是作为传统工作习惯中的合作人去工作,而是作为雇员或多或少地为大公司工作。③ 美国

① [美]亨利·斯蒂尔·康马杰. 美国精神[M]. 杨静予,南木,等,译. 北京:光明日报出版社,1988:63.

② [美]罗伯特·默顿. 社会研究与社会政策[M]. 林聚任,等,译. 北京:生活·读书·新知三联书店,2001:41.

③ [美]史蒂文·迪纳. 非常时代:进步主义时期的美国人[M]. 萧易,译. 上海:上海人民出版社,2008:扉页.

著名历史学家康马杰认为,19 世纪 90 年代是美国历史的分水岭,分水岭的一边是一个农业的美国,另一边是现代的美国,一个城市化的工业国家,它在人口、社会组织、经济和技术各方面都经历着深刻的变化,而且也在试图改变传统的组织机构和旧观念,以适应新变化。① 19 世纪 90 年代既是一个旧时代的结束,也是一个新时代的开始。在这一时期,确定了之后两代美国人所遵循的模式,提出了他们所需要解决的问题。步入城市工业文明的美国社会,也为大批杰出人才的涌现创造了物质条件。在农业社会向城市工业文明转型的过程中,杰出人才获得了施展才能的舞台。美国学者查尔斯·默里(Charles Murray)认为,人类成就的溪流因城市的存在而潺潺不断。城市是人力资本的中心,为艺术和科学提供了观众和赞助者。②

人口统计显示,1890 年美国 6300 万总人口中城市人口约占 35%,1920 年 1.06 亿人口中城市人口约占一半以上。(见表 11)到 1910 年前后,城市已经取代乡村,成为经济和社会生活的中心。

表 11　1870—1930 年美国城市和农村人口比例变化③

年　份	城　市		农　村	
	总数(单位:千)	占总人口比例(%)	总数(单位:千)	占总人口比例(%)
1870	9902	25.7	28656	74.3
1880	14129	28.2	36026	71.8
1890	22106	35.1	40841	64.9
1900	30159	39.7	45834	60.3
1910	41998	45.7	49973	54.3
1920	54157	51.2	51552	48.8
1930	68954	56.2	53820	43.8

① [美]亨利·斯蒂尔·康马杰. 美国精神[M]. 杨静予,南木,等,译. 北京:光明日报出版社,1988:63.

② [美]查尔斯·默里. 文明的解析:人类的艺术与科学成就(公元前 800—1950 年)[M]. 胡利平,译. 上海:上海人民出版社,2007:311.

③ [美]塞缪尔·埃利奥特·莫里森,亨利·斯蒂尔·康马杰,威廉·爱德华·洛伊希滕堡. 美利坚合众国的成长(下卷)[M]. 南开大学历史系美国史研究室,译. 天津:天津人民出版社,1980:1101.

19 世纪 90 年代到 20 世纪 20 年代对于美国城镇的意义是深远的。① 沃伦·威尔逊 1916 年在美国社会学学会会议上做了一个题为“农村与城市的挑战”的报告。他认为,美国城市和农村差别的基础在于人,美国农村主要由老移民构成,城市中却有大量的新移民,因而城市社会反映了这些新移民的特点和活动。新移民主要来自东欧国家,老移民大多定居在农业区,而新移民主要分布在纽约、芝加哥、底特律等大工业城市,大多从事社会底层的职业。移民的大量涌入,对美国社会产生了重要影响。

1890—1920 年间美国迎来了内战后的第二次移民潮。(见图 57)1900 年美国外来移民总数的约三分之二是城市人口,1920 年城市人口已扩大到四分之三。新移民集中在工业城市成了美国当时社会的一大特点。1910 年,移民和他们在美国出生的子女构成了纽约、芝加哥、波士顿、克利夫兰、底特律和密尔沃基人口的 70%。②

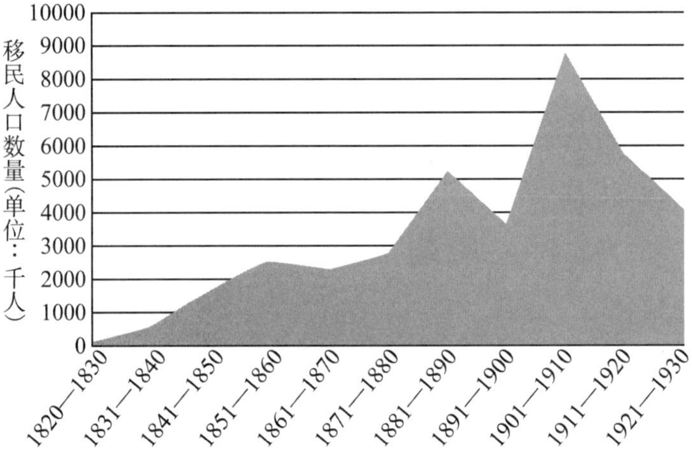

图 57　1820—1930 年美国移民人口变化趋势③

① 美国早期城市化的结果表现为中心城市与其周围郊区和远郊乡村间建立的复杂关系,随后产生了各种高度专门化的城区市郊混合体,这些混合体相互联系形成一个个有机的整体,这样,传统的“城市”“郊区”“乡村”的区别逐渐模糊直至消失。其结果便是形成了规模和面积大且容易辨识的大都市。

② 刘绪贻,杨生茂总主编. 余志森主编. 美国通史(第 4 卷)——崛起和扩张的年代(1898—1929)[M]. 北京:人民出版社,2002: 205.

③ 数据来源:美国人口普查局(U. S. Bureau of the Census, 2007)。

表 12　1880—1930 年欧洲移民来源变化①

年　份	来自西欧和北欧移民比例	来自南欧和东欧移民比例
1881—1890	72.0%	18.3%
1891—1900	44.6%	51.9%
1901—1910	21.7%	70.8%
1911—1920	17.4%	58.9%
1921—1930	31.3%	29.0%

然而，美国城市化过程涉及的不仅仅是单纯的人口统计所显示的事实，它还导致了 19 世纪末 20 世纪初美国社会结构的调整与变迁。19 世纪末期，面对科学技术的冲击，过去的经济、社会结构都在土崩瓦解。在经济和政治重心向城市转移的过程中，制造业、交通运输业和银行业变得高度集中，全部为垄断组织所控制，大规模的商业兴起，促使社会财富急剧增长。1920 年，美国国民财富达到近 2000 亿美元。② 这一时期，也有部分富翁将个人财富捐赠，用于慈善事业，如洛克菲勒将 3 亿美元的个人财产投入公共事业。在高等教育领域，截至 1919 年，卡内基在公共慈善领域的捐赠金额超过了 3 亿美元。③

城市工业文明使美国的社会结构日趋复杂化，一般的社会学理论都倾向于认为，在前工业社会，社会结构相对简单，因为相对应的社会地位和角色极为简单，也罕有发展完善的机构与制度。在小村镇时代，美国社会处于分散零碎、闭塞隔绝的状态，地方自治、社区利益至上，推崇个人奋斗乃是这种社会的主要特征。在新英格兰，一个小城镇就是一个中心、一个独立的世界，人们组织城镇会议，选举官员，自己管理自己的事情。人们生活在一个相对狭小、封闭的天地里，享受着这难得的安宁与和谐。而工业化彻底打破了这种宁静与封闭。在工业时代，社会结构变得复杂起

① [美]塞缪尔·埃利奥特·莫里森，亨利·斯蒂尔·康马杰，威廉·爱德华·洛伊希滕堡. 美利坚合众国的成长(下卷)[M]. 南开大学历史系美国史研究室，译. 天津：天津人民出版社，1980：134.

② Paul L. Haworth. The United States in Our Own Times, 1865—1920[M]. New York: Chicago etc. C. Scribner's sons, 1920: 499.

③ Paul L. Haworth. The United States in Our Own Times, 1865—1920[M]. New York: Chicago etc. C. Scribner's sons, 1920: 500.

来，社会角色众多，发达、完善的组织与制度无处不在。19 世纪末 20 世纪初的美国社会，社会流动十分活跃，可供选择的职业越来越多，在频繁的职业流动中，美国人口的职业结构也发生了巨大的变化。这一时期，农业人口数量急剧减少，大量人口向城市集中，城市商业、制造业以及专职人员的人口比例逐渐上升。1870 年，超过一半以上的美国人口从事农业、伐木业和渔业；到 1880 年前后，农业、伐木业和渔业从业人口的比例下降到 48%，1900 年下降到 36%，1930 年减少到 21%。① （见图 58）

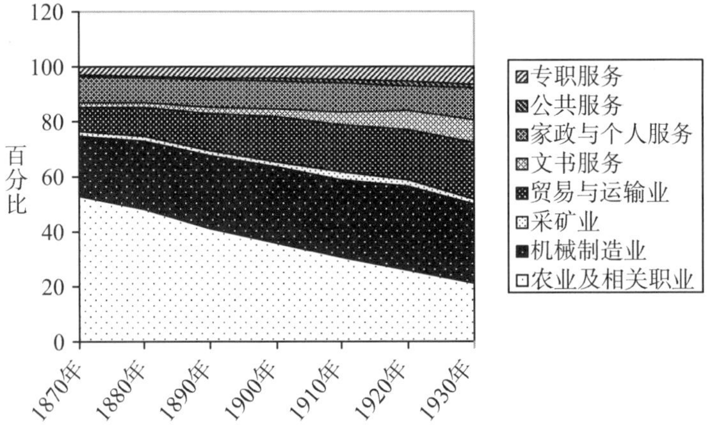

图 58 美国 16 岁以上人口职业分布变化情况（1870—1930 年）

工业化、城市化带来的社会职业结构的变化，还有一个明显的过程是人口的普遍“升级”，最明显的是在教育和职业地位方面。这意味着，受过高级训练和教育的人数在劳动力中的比例增长非常快。在与此相应的社会职业的变化中，教育和研究成为新兴的职业。② 1870—1930 年间，随着社会专职服务人员的增多，以教育为业的人数从 1870 年的 127000 人增长到 1930 年的 1125000 人，是所有专职服务人员中数量最多的群体。（见表 13）随着职业结构的变迁，美国的社会阶层结构也出现了明显的变化。随着工业化和城市化的推进，农民、手工业者以及小企业主的数量都

① Ralph G. Hurlin. Shifting Occupational Patterns[A]. Recent Social Trends in the United States: Report of the President's Research Committee on Social Trends, Vol. I[C]. New York: McGraw-Hill Book Co., 1933: 282—284.

② [美]塔尔科特·帕森斯. 现代社会的结构与过程[M]. 梁向阳，译. 北京：光明日报出版社，1988: 234.

大大缩减,传统中产阶级也面临着和农民、小企业主一样的命运,明显在衰落。而新型中产阶级的兴起与大公司的成功有密切的关系,大公司经济的发展给管理机构增加了新的工作。随着专职服务人员的增多,原来以农场主、商人等为主的传统中产阶级逐渐让位于以专业人员、经理等为主的新兴中产阶级。(见表14)

表13　1870—1930年间部分专职服务群体人数分布(16岁以上)①

单位:千人

专业服务人员总数	338	543	880	1196	1727	2203	3110
内外科、整骨医生	63	86	105	132	157	163	188
牙医	8	12	17	30	40	56	71
专业护士	0	0	0	12	82	149	294
兽医	1	2	6	8	12	13	12
律师、法官	41	64	90	114	122	133	172
牧师、宗教及社会救济人员	44	65	88	112	134	168	211
中小学教师和大学教授	127	225	347	446	615	795	1125
图书馆员及助手	0	0	0	4	11	16	31
音乐家及音乐教师	16	30	62	91	138	130	165

表14　美国中产阶级结构变化(1870—1940年)②

中产阶级③	1870	1940
传统中产阶级	85%	44%
农场主	62%	23%
商人	21%	19%

① Ralph G. Hurlin. Shifting Occupational Patterns[A]. Recent Social Trends in the United States: Report of the President's Research Committee on Social Trends, Vol. I[C]. New York: McGraw-Hill Book Co., 1933: 281.

② [美]赖特·米尔斯. 白领——美国的中产阶级[M]. 杨小东,等,译. 杭州:浙江人民出版社,1987: 85.

③ 米尔斯将他所称的"老式中产阶级"和新式中产阶级两个群体区分开来,前者是由小企业主组成,主要是农场主、店主、独立经营者等,该阶级的标志是他们的独立性。他们依赖自己借以谋生的财产所有权独立经营。新式中产阶级由领取薪酬的白领职员构成,是一个构成极为复杂的群体,主要包括经理、拿薪酬的专业人员、推销员、办公人员等。

续表

中产阶级	1870	1940
自由职业者	2%	2%
新兴中产阶级	15%	56%
经理	2%	6%
拿薪酬的专业人员	4%	14%
推销员	7%	14%
办公人员	2%	22%

在社会职业结构的变化与调整中,正规教育成了社会和经济成功的中心环节,受过更好教育的子女比起他们的父辈,更有可能占据更高的职位。招生规模的巨大变化强化了地位的平等感,在小城市里尤其如此。教育的发展极大地支持了外国移民的美国化进程,普遍强化了传统中产阶级的观念意识(道德观),因为教师所教授和强化的内容就是中产阶级的立场、价值观。尽管教育强化的是传统中产阶级的道德观,但是大众教育也是新兴中产阶级职业兴起的一个主要社会条件,因为这些职业需要教育系统所提供的技能。①

19 世纪中后期,作为工业化与城市化的一部分,一个以研究为业的职业阶层开始出现,并逐渐为社会所认可,获得了一种专业身份。这种专业身份同时强调事业、地位、成功、向上流动以及与现代精英相关的所有品质。② 另外,19 世纪的美国社会在转型过程中出现的各种不确定和不安感,也是引起组织化和专业化的原因之一,不同行业试图通过专业化来重新确定秩序、标准和组织,并为从业者提供身份认可和社会地位。③ 在社会生活中,各种职业群体都纷纷成立组织以维护自身的利益,美国律师协会(American Bar Association)、美国经济学协会(American Economic Association)、美国历史学协会(American Historical Association)、美国政治

① [美]赖特·米尔斯. 白领——美国的中产阶级[M]. 杨小东,等,译. 杭州:浙江人民出版社,1987:302.

② 阎光才. 精神的放牧与规训:学术活动的制度化与学术人的生态[M]. 北京:教育科学出版社,2011:21.

③ N. Ray Hiner. Professions in Process: Changing Relations among Social Scientists, Historians and Educators, 1880—1920[J]. The History Teacher,1973, 6(2): 202.

学协会（American Political Science Association）、美国社会学协会（American Sociological Association）、美国教育协会（National Education Association）等专业团体都是在这一时期成立的。城市工业文明高度组织化的社会结构，使得社会成员之间的联系变得更为紧密，相互依存、共同发展的趋势不断加强。

美国工业化在引起社会和职业结构调整的同时，也带来了一系列社会问题，如自有土地的消失、大规模制造工业的兴起、城市与贫民窟的扩大、佃农和流离失所劳动者的大量增长等，在一种社会形态向另一种社会形态过渡的过程中产生了各种问题。国民财富的增长并不意味着所有美国人的富有，这一时期美国社会最显著的特点是财富集中在少数人手中。在美国，乃至任何国家，财富都不是平等分配的，但是这一时期美国社会财富的分化现象却是最极端的。（见表15）

表15　19世纪末美国的财富分配情况①

阶　层	家庭数目	百分比	平均占有财富（美元）	总财富（亿美元）	百分比
富有者	125000	1.0%	263040	328.8	54.8%
中间阶层	1362500	10.9%	14181	193.2	32.2%
贫困者	4762500	38.1%	1639	18	13.2%
极贫者	6250000	50.1%			
总计	12500000	100.0%	4800	600	100.0%

现代工业的兴起不断改造着过去传统的社会结构和生活方式，深刻地改变了美国建国初期社会流动的模式。在工业化和城市化进程中，组成新社会的每个个体同样经历了一个在物质和精神上充满痛苦的缓慢调适过程。大多数美国人适应工业化的过程是缓慢而痛苦的，无论是大城市还是小城镇，城市社会的生活条件和生活方式与农村大相径庭。巨大的社会变动必然引起社会结构的震荡和重新组合，从而导致社会利益的重组和再分配，促使不同阶级、阶层和经济利益集团间关系的调整。

社会的动荡和失衡势必会引发社会不同群体的改革运动。实际上，

① 李剑鸣.大转折的年代：美国进步主义运动研究[M].天津：天津教育出版社，1992：28.

这场运动是美国人在整体上对工业化做出的强烈反应，它既是工业化引发的结果，又是为了更好地适应工业化，实现社会新的平衡和平稳转化而采取的措施。[①] 社会改革运动是对社会结构变革中出现的各种变化和不适所做出的回应，美国人试图调整他们的生活方式和政府管理方式。改革运动也获得了大量的社会支持，如拉塞尔·塞奇基金会（Russell Sage Foundation）资助社会调查。基金会在数年内资助了许多次社会调查与研究活动，花费了200万美元，出版了近50卷的报告与研究成果。可以说，这场社会改革运动是美国历史上一场以中等阶层为主、社会各阶级广泛参与的社会改革运动。改革的目的是在资本主义已取得的巨大物质进步的基础上，推动社会的全面改善，创造出与物质繁荣相适应的精神文化条件，重建遭到工业文明摧毁和破坏的社会价值体系，从而推动社会的顺利发展。进步主义改革者相信，人类可以运用理性的力量追求社会正义，从而推动社会的进步。从文化的层面看，社会改革运动体现了一种乐观主义精神。改革者批判资本主义发展中的弊病，但并未从根本上否认其合理性，而是力图通过人的自觉努力来消除弊病，改造社会，使之变得更为完善。在美国历史上，进步主义时代是一个少见的人们对自己的能力与前途充满信心的时代，人们相信，只要能够预见并控制自己生活的进程，那么一个规划周全、确实可靠的进步时代就会到来。[②]

在社会转型过程中，知识界也开始经历剧烈的动荡。美国历史学家亨利·斯蒂尔·康马杰将19世纪90年代视为美国历史的分水岭。这十年美国出现了迅猛的发展势头，并造就了美国历史上群星闪耀的时代。这一时期，美国知识界的兴趣极为广泛，各个知识领域都产生了卓著的成果。学者们热切地进行各种试验，社会科学采用自然科学的归纳法进行研究，到处都在进行调查研究，人们试图通过搜集大量一手资料，来对社会结构的急剧变化做出经验主义的判断。在不到十年的时间就产生了大量的经典作品，如凡勃伦（Thorstein Veblen）的《论有闲阶级》（*The Theory of the Leisure Class*）、特纳（Frederick J. Turner）的《美国历史上的边疆》

① 刘绪贻，杨生茂总主编．余志森主编．美国通史（第4卷）——崛起和扩张的年代（1898—1929）[M]．北京：人民出版社，2002：172.

② 李剑鸣．大转折的年代：美国进步主义运动研究[M]．天津：天津教育出版社，1992：218.

(*The Frontier in American History*)、霍尔的《青春期》(*Adolescence*)、杜威的《学校与社会》等。这些经典作品对美国社会与经济结构的变化进行了深刻、透彻的剖析，认为美国人对新时代的到来既无经验也无精神准备，他们在尽最大的努力去适应新的经济和社会秩序。这一转折关头给人留下的最深刻的印象不仅仅是辉煌的物质成就，还有对社会结构各种变化产生的新奇感和困惑。康马杰认为，过渡时期这一代人所遇到的问题已不再是那些老问题，这些问题也不可能用那些老办法去解决。至少从哲学意义上来说，绝大部分是新问题，其新奇性引起了人们的混乱和惊恐。很多根本性的问题迫切需要得到解决，各种不同性质的问题使民主秩序的基础受到威胁，个人在社会中的地位受到考验，传统的道德观念遭到挑战。长期以来鼓舞人们行动，激励人们进取的那种乐观主义情绪被一种科学的怀疑态度所取代，它所造成的是混乱和疑虑。[①] 1890 年以后的两代人目睹了从确定到不确定、从信仰到怀疑、从安全到不安全、从看上去很有秩序到表面上混乱不堪的变迁过程。首先是进化论，然后是科学决定论，都在深刻地改变着美国知识界的观念和思维方式。

这一时期，几乎所有的知识领域都受到科学，尤其是达尔文主义的影响，心理学、社会学和哲学理论深受物理学、化学和生物学的影响，新的人性和社会概念应运而生。教育学不可避免地也受到这种潮流的影响，19 世纪 90 年代相关的经典著作纷纷问世，如威廉·詹姆斯的《心理学原理》(*Principles of Psychology*)、弗朗西斯·帕克(Francis W. Parker)的《教学论》(*Talks on Pedagogy*)、桑代克的《动物智力》(*Animal Intelligence*)等。教育领域尤其受到斯宾塞的社会达尔文主义的影响，将教育视为为生活做准备的过程。例如，杜威在 1897 年接受《学校杂志》(*The School Journal*)主编采访时，申明他的教育信条，认为教育是社会进步与改革的基本方法，教师不仅仅在参与个体的训练，同时也在塑造一种适宜的社会生活。[②]

---

① [美]亨利·斯蒂尔·康马杰. 美国精神[M]. 杨静予，南木，等，译. 北京：光明日报出版社，1988：74.

② Lawrence A. Cremin. The Transformation of the School: Progressivism in American Education, 1876—1957[M]. New York: Vintage Books, 1961: 99—100.

二、教育家的使命:公立学校改革

由于经济、人口和社会的迅速发展,具有小城镇特色的美国生活正在发生着巨大的变革,公立学校的现代化成为许多公民面临的一个紧要课题。哈里斯、杜威等教育家都意识到,为了应对这些现代化的力量,学校的功能正在发生变化。当乡村模式融入作为一种生活方式的都市生活中,工作场所与家庭开始分离开来,组织中非个人的和系统化的角色结构关系取代了人们所熟悉的乡村中扩散性和私人的角色关系,科学开始成为一种普遍的权威之源,公共学校也以各种方式反映并重新塑造着这些变化。19 世纪末 20 世纪初,美国全国范围内的学校改革主要涉及以下四个领域:在课程中引进职业教育,把学校变成社会的中心,使学校教育与政治分离,学校教育科学化。①

把学校变成社会中心的努力始于 19 世纪 80 年代至 90 年代的城市改革运动,最初的代表是由牧师威廉·雷恩斯福德(William S. Rainsford)在纽约市圣乔治教会教学时采用的教育项目和后来由劳拉·简·亚当斯(Laura J. Addams)和埃伦·盖茨·斯塔尔(Ellen G. Starr)在芝加哥的赫尔馆(Hull House)采用的教育项目。学校教育科学化的运动,主要是运用来自哲学、心理学和教育学的最新权威知识发展更人性化、更有效的教学方法和高效、经济的管理技术。这一时期威廉·冯特(Wilhelm M. Wundt)、赫伯特·斯宾塞、赫尔巴特(Johann F. Herbart)等欧洲学者的新发现和新成果被大批引入,并得到美国学者如威廉·哈里斯、威廉·詹姆斯、斯坦利·霍尔、查尔斯·贾德和约翰·杜威等心理学家和哲学家的引用以及进一步发展。这些新的理论成果在州立师范学校和大学的教育系里得到传播,与强调教育的社会功能的美国传统信念相辅相成,并使教师和学校管理者相信,他们可以运用新兴的教育科学解决日益增多的教育问题,从而为将来的儿童带来巨大的益处。

19 世纪 90 年代,社会改革运动开始席卷美国学校教育领域。改革派在揭露和批判美国政治、经济、社会各个领域的黑暗面的同时,也触及

① [美]劳伦斯·克雷明. 美国教育史:城市化时期的历程,1876—1980[M]. 朱旭东,等,译. 北京:北京师范大学出版社,2002:253.

了学校教育的弊病。如《论坛》(*Forum*)杂志在1892年发表了约瑟夫·赖斯(Joseph Rice)的文章,号召人们以弗朗西斯·帕克为榜样开展学校改革。学校改革的呼声高涨,一部分是由于各类公共团体的政治呼吁,一部分是由于进步主义教育理论的影响,还有一部分是由于学校自身权力的增长,如5—17岁人口的入学率逐渐增长,1920年达到78%以上。与此同时,公立学校财政支出也明显增长,1870年至1920年间,增长了16%以上。(见表16)另外,童工在美国人口中的比例也逐年下降,1870年童工占美国总人口的比例是10.7%,1920年下降到2.9%。公立学校学生规模的这一变化,不仅使学校自身的权力有所增长,而且其在社会中所扮演的角色也变得越来越重要。(见表17)

表16　1870—1920年公立学校学生、教师人数及开支总数统计(单位:千人)①

	1870年	1880年	1890年	1900年	1910年	1920年
全国居民总数	39818	50156	62948	75995	90492	104512
5—17岁居民总数	12005	15006	18543	21523	24009	27556
公立学校注册学生总数	6872	9867	12723	15503	17814	21578
5—17岁居民入学比率	57.0%	65.0%	68.6%	71.9%	74.2%	78.3%
教师总数	201	287	364	423	523	657
公立学校开支总数	63397	78095	140507	214965	426250	1036151

表17　1870—1930年5—15岁在学儿童与非在学儿童在美国人口中的百分比统计②

群　体	所占人口百分比(%)						
	1870年	1880年	1890年	1900年	1910年	1920年	1930年
5—15岁非在学儿童	10.7	6.8	6.8	6.7	3.8	3.7	2.9
5—15岁在学儿童	16.6	19.8	18.6	17.7	19.6	20.6	22.7

① [美]塞缪尔·埃利奥特·莫里森,亨利·斯蒂尔·康马杰,威廉·爱德华·洛伊希滕堡.美利坚合众国的成长(下卷)[M].南开大学历史系美国史研究室,译.天津:天津人民出版社,1980:1123.

② Ralph G. Hurlin. Shifting Occupational Patterns[A]. Recent Social Trends in the United States: Report of the President's Research Committee on Social Trends, Vol. I[C]. New York: McGraw-Hill Book Co., 1933: 274.

由于学校改革的盛行，美国人对教育的意义日益感到困惑，而这种困惑本身又易于促使美国人给教育倾注一种宗教气息。在美国公立学校改革的过程中，两种互补的观点直接推进了改革的进程。一种观点认为，普及教育是建立共和政府必不可少的条件，是美国民主的体现。另一种则是更为微妙和典型的美国化观点——认为某些长期的社会变革最好是由教育而不是由政治来实现，即教育在改变个人和群体的传统关系方面是一种政治形式。① 由于教育越来越被当作是"意在发展的"社会的主要动力，尽管众多利益集团对社会的发展有不同的见解，但都把希望寄托在教育上。

正是在上述因素的影响下，美国的公立学校，尤其是中学，在 1890 年后发展非常迅速。1890 年时，全美 14—17 岁的少年进中学的还不到 7%，可是到了 1920 年，这一比例已超过 30%。教育这种美国新"宗教"正在全面普及，中学成了每个公民顶礼膜拜的地方。②

这一时期，高等教育界开始涉足学校教育及其管理问题。例如，大学校长们非常关注并推动学校改革和发展，如芝加哥大学校长哈珀（William Ramey Harper）、哥伦比亚大学校长尼可拉斯·穆里·巴特勒（Nicholas Murray Butler）、哈佛大学校长艾略特（Charles William Eliot）等。艾略特协助全美教育协会先后创办了三个委员会，即中等学校研究十人委员会（Committee of Ten on Secondary School Studies）、初等教育十五人委员会（Committee of Fifteen on Elementary Education）、大学入学章程委员会（Committee on College Entrance Requirements）。艾略特通过这三个委员会，尤其是通过担任中等学校研究十人委员会主席，在中等教育改革中发挥了强有力的影响。哥伦比亚大学校长巴特勒创建了纽约教师培训学院（New York College for the Training of Teachers），后来该学院附属于哥伦比亚大学，成为著名的教师学院。巴特勒还通过许多教育理事会、委员会等专业组织积极推动公共教育的改革和发展。19 世纪 90 年代，巴特勒试图通过新泽西教育理事会（New Jersey Board of Education）与艾略特合作

① [美]劳伦斯·克雷明. 美国教育史：城市化时期的历程，1876—1980[M]. 朱旭东，等，译. 北京：北京师范大学出版社，2002：171.

② [美]丹尼尔·布尔斯廷. 美国人——民主历程[M]. 中国对外翻译出版公司，译. 北京：美国驻华大使馆新闻文化处出版，1988：566.

统一大学入学章程。以艾略特、巴特勒等为代表的大学校长,开启了高等教育界参与美国学校改革实践的先河。

公立学校的发展和适龄入学人口在总人口中比例的增长,吸引了大批教育学者开始从事学校教育问题研究,并开展各种实验。19 世纪末 20 世纪初,美国历史上首次出现了基于发展智力、培养正确态度和良好习惯以服务于社会的教育改革潮流。课程、教学与学习方法、学校经验和社会生活的关系,课程对不同阶层儿童社会和经济生活的适应性,教师培训等方面的科学研究不断涌现,教育研究和学校教育以不断提高效率来满足社会发展的要求。[①] 这一时期,教育心理学家和实验主义者开始着手改革传统的教学法理论,并重新看待儿童和教育科学研究。在第一次世界大战前后,这种新的教育理论在杜威成为教育界的领军人物后,得到广泛发展,并获得社会认可。杜威将实现美国民主的理想寄托在学校教育上,认为美国公立学校制度是民主政治的基础。他摒弃了那种强调正规而文雅的学问的古典传统,提倡一种适应城市时代需要,并为儿童在民主社会生活打下基础的课程。

在公立学校不断扩张的过程中,城市学校系统在学校改革和学校体制化发展进程中,开始逐渐占据主导地位。乡村学校仍以"单间教室"为主要教育场所,在建立完整的教学年级和制度化方面则显得相对落后。"单间教室"中,一名教师负责教育年龄在 6 岁至 12 岁的所有孩子。

面对乡村学校在设备以及制度化方面存在的诸多问题,改革人士对此提出了批评,认为乡村学校存在众多弊病,如课程陈腐、教师任免不规范、学生入学缺乏制度管理、学校建筑和设备参差不齐等。19 世纪 90 年代,公立学校改革者们则认为,这些只不过是更深层次问题的一些表象而已,乡村教育的根本性错误在于:乡民想要管理他们的学校,但又无法认清在社会变革中教育带给他们的各种益处,并缺乏有效管理学校的制度模式。克伯莱在 1914 年写道,不要低估教育改革工作的难度,"因为乡村学校在今天处于一种被抑制发展的状态,大体上被乡民所控制,而这些乡

---

① Isaac L. Kandel(Ed.). Twenty-Five Years of American Education: Collected Essays[M]. New York: Books for Libraries Press, 1924: 23.

民常常是既认识不到他们自己的需要，也不了解乡村教育的可能性，而施行教育的教师，一般来说，对乡村生活问题只有很少的理解……重新组织和重新定位乡村教育的任务是艰难的，而且必然会是缓慢的”①。在他们做出的诊断和开出的“药方”中，乡村学校改革者将社会现实主义与怀旧之情、有效的专业主义与福音派的救赎精神混合在一起，试图在传统与现代之间搭建一座沟通桥梁。

尽管城市学校的领导者们并没有完全放弃关于个人救赎和道德复兴的福音派言辞（这样的辞藻在当时美国公立学校改革运动期间相当丰富），但是，他们开始逐渐将其注意力转向学校体制的完善过程，并将其与经济和社会目标结合在一起。② 有些教育家将学校教育管理的专业化、科层化视为教育对社会变迁的一种反应。

除了乡村学校管理中存在的问题外，不难看出，从整体上说，乡村教师由于缺乏系统的专业培训，对城市学校系统改革的认识也是非常有限的，他们亟需适应城市化学校系统对教师资格的新要求。1860—1920 年间，从当时美国学校教师的社会出身状况看，一方面，大部分学校教师出生在乡村地区，成长和生活于乡村的经历在教师的职业生涯中发挥着重要的作用；另一方面，1860—1940 年间，在美国教师的性别构成中，男性占 25.14%，女性则高达 74.86%。（见图 59、图 60）美国学校教育理论研究者在学校师资培养方面所面对的正是具有乡村教育背景的教师群体，这一群体的专业化培训以及管理也是教育家教育理论研究的学校背景之一。

---

① [美]戴维·泰亚克.一种最佳体制：美国城市教育史[M].赵立玮，译.上海：上海人民出版社，2010：20.

② [美]戴维·泰亚克.一种最佳体制：美国城市教育史[M].赵立玮，译.上海：上海人民出版社，2010：30.

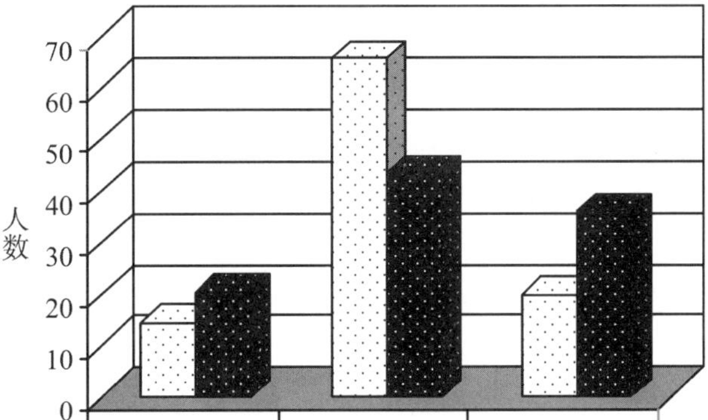

	中等阶层	农场主	下层
□男性教师	14.52%	65.6%	19.88%
■女性教师	20.36%	43.49%	36.15%

图 59　美国白人学校教师社会出身①分布情况(1860—1920 年)②

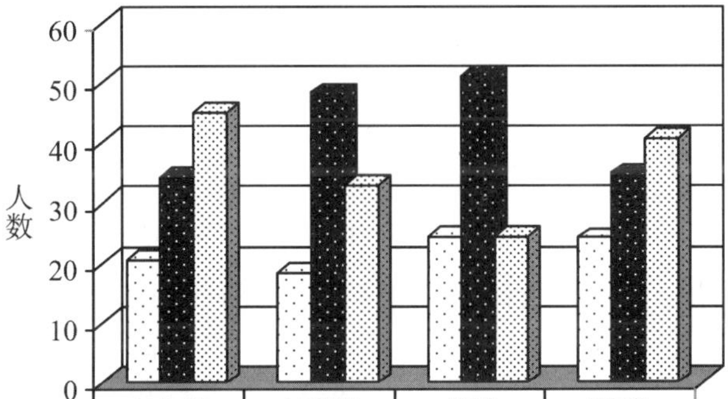

	东北部	中西部	南部	西部
□中等阶层	20.54%	18.46%	24.42%	24.15%
■农场主	34.21%	48.38%	51.19%	34.97%
⊡下层	45.25%	33.16%	24.39%	40.87%

图 60　美国白人女性教师社会出身区域分布(1860—1940 年)③

综上所述，一方面，在工业化和城市化进程中，当时整个美国社会对

① 中等阶层主要包括专业人士、技术人员、管理人员、政府官员、个体经营者、牧师及其亲属。下层主要包括销售人员、手工业者、操作员、服务人员、农场劳动者等。

② Kitae Sohn. The Social Class Origins of U. S. Teachers, 1860—1920[J]. Journal of Social History, 2012, 45(4): 908—935.

③ Kitae Sohn. The Social Class Origins of U. S. Teachers, 1860—1920[J]. Journal of Social History, 2012, 45(4): 908—935.

教育改革以及教育本身所蕴藏的社会改革潜力持非常乐观的态度，这也从某种程度上为那些在大学中从事教育学术研究的人提供了非常宽松的学术环境。与此同时，也正是由于整个社会对教育所持的乐观态度，很多大学校长也投身于学校改革，甚至教育研究，他们为大学中一大批教育学界精英的崛起提供了良好的工作环境。另外，由于乡村学校体制向城市学校体制转型，教育适龄人口急剧增长，使得公立学校成为专业人士，乃至大学争夺发言权的巨大市场。其中，城市学校系统中包括教师、督学、校长在内的庞大群体的专业培训，亟需大学专业人士的指导。

另一方面，19 世纪末社会结构的巨大变化，使得白手起家创造美国梦想的传奇逐渐由巨型公司和垄断资本所取代，资本逐渐集中在少数人手中，单凭个人技能和志向来获取成功的时代逐渐式微。随着巨型垄断企业的出现，个人必须依赖某种组织才有可能逐步实现其理想。通过教育创造新的社会升迁机会，成为实现美国式理想的重要途径。19 世纪末 20 世纪初，正值经济和社会转型从根本上危及美国传统信仰的时期，将教育作为升迁的阶梯也为美国崇尚机会、平等的理想注入了新的生机。适应城市化进程，建立新的教育管理模式，重建城市—工业文明体系的社会文化系统，开始成为教育面临的主要问题，美国教育学界精英的学术工作领域集中于各阶段教育的管理即是这一问题的体现。

第三节 教育家群体的社会特质与教育学界精英的崛起

人们在研究和探讨那些关键的教育问题时，总是囿于几个世纪以来业已形成的环境和架构中。与其他学科的发展历史一样，教育学术传统是由那些对自身所处时代的重要问题做出反应的杰出教育学家所构建的。反过来，教育家群体的社会结构，包括社会出身、宗教信仰、教育背景、知识结构、工作经历等构成的这一特殊的社会特质也会直接影响他们对社会问题共有的集体思维方式。本书在第一章中围绕知名教育家的社会特质进行了统计分析，并获得了教育家群体的社会结构图谱。在此，本书将特定群体的社会结构作为具体的分析和解释框架，即将社会转型过程中教育家群体的社会结构特质，作为分析其职业兴趣转移以及教育学界精英集中涌现的内在维度。本书借鉴知识社会学关于精神生产与存在的基本关系的理论，在此基础上，将其延伸为学术精英群体的生产与社会存在或结构之间的基本关系。知识社会学认为，要使精神生产与存在基础产生关联主要有三种建构方向：一是因果关系或功能关系，如决定、原因、对应、必要条件、制约、功能上的相互依存、互动、依赖性等；二是符号关系、有机关系或意义关系，如一致性、和谐性、首尾一贯性、统一性、相符、相容，表达、实现、符号表示、结构关系、结构认同、内部联系、风格类比、逻辑意义上的整合、意义认同等；三是指称关系的模糊词汇，如对应、反映、反馈、密切关系等。上述关联的建立，可以提供精神生产与存在之间的各种具体关系，如维护权力、促进稳定、确定取向、剥削、掩盖现实的社会关系、提供动力、引导行为、回避批评、转移敌意、提供保险、控制性格、协调社会关系等。① 尽管知识与存在基础的关系这一问题显而易见是知识社会学中每一理论的核心内容，但是学者对它的处理仍然是含蓄的，而不是直接的。当前在该领域中普遍流行的理论主要涉及下列几种重要关系：因果关系或功能关系，象征关系、有机关系或意义关系。

曼海姆认为，实现一个充分的社会学归因，要经历两个阶段：揭示这种归因在意义层面的对应物；证明这种归因在经验因果性的水平上是充分的。② 从根本上来说，要刻画和确定一种生活空间需要以下几个步骤：首先，研究新近兴起的精神和心理世界的社会承担者（社会阶层）；然后，考察从较早时期存活下来的各种传统；最后，探究正在考察的这个特殊生活空间在这一时期所从属的事件的确定过程。③ 曼海姆始终强调社会学因果分析中特定社会阶层结构与其思想类型之间的对应关系，认为这是弄清特定社会群体观念世界的逻辑前提。同时他也意识到，社会结构与思想类型之间的决定关系很容易陷入一种机械的决定论，因此他曾写道："在这里，我们不要把'决定'看作一种机械的因果关系：我们并不准备把'决定'的含义完全固定下来，只有经验研究能够告诉我们生活环境与思

① ［美］罗伯特·默顿. 社会理论与社会结构［M］. 唐少杰，齐心，译. 南京：译林出版社，2006：689.

② ［德］卡尔·曼海姆. 保守主义［M］. 李朝晖，牟建君，译. 南京：译林出版社，2002：11—12.

③ ［德］卡尔·曼海姆. 保守主义［M］. 李朝晖，牟建君，译. 南京：译林出版社，2002：115.

想过程之间相互关系的紧密程度，告知在什么范围里存在着这种关系的不同变化。”①

本书认为，社会结构对教育家的思维方式的影响可以归结为一种本质上的渗透。“思维方式”表示一个人观察事物的方式，他所观察到的东西以及他怎样在思想中构建这种东西，所以，思维方式不仅仅是思想的外在形式，也是思想结构中质的成分。即使是在阐述概念时，观察视角仍然受到观察者兴趣的指导，就是说，思想是受特殊社会阶层的意愿所指导的。人的视角和观点在绝大多数情况下，是他的社会地位的产物。曼海姆指出，社会地位决定“观点”，即社会地位决定人们认识事物、感知事物和形成思维的方式。环境决定思想本身并不意味着思想是无效的，但是，这种决定却划定了研究的范围和其有效性的界限。②

在学术职业化的背景下，学者们或多或少地都会把自己归于某个特定的学术圈子，并使自己的利益、态度和目标适应这个学术圈子。同样，教育科学的持续发展只会发生在某种特定的社会结构秩序中，它受一组特定的隐含性预设和制度因素的制约。要保持教育科学的连续性，就需要那些对科学研究事业有兴趣和能力的人积极参与，但是对教育科学的这种支持只能靠适宜的社会文化条件来保证。因而，考察促进教育职业生涯发展，选择和赋予某些科学学科声望而拒绝或贬损其他学科等影响因素，是非常重要的。教育学界精英的崛起与其群体社会特质之间存在某种程度的互惠关系，教育学界精英作为一个群体，会不同程度地吸收社会思想中保守、自由、激进等观念，并将其作为教育学术研究的社会思想基础。这些社会哲学观受到许多因素的影响，如教育家所生活的时代和地区，所从属的社会阶层，引起个人兴趣和情感的社会以及经济上的时代气候。以上这些因素，与个人的气质、秉性融合在一起，共同塑造着教育家群体的社会特质和学术研究风格。他们的立场、取向、出身与受教育情况，以及他们的职业与联系等错综复杂的心理事实以及结构上的一致，使

① [德]卡尔·曼海姆. 意识形态与乌托邦[M]. 黎明，等，译. 北京：商务印书馆，2000：272.

② Karl Mannheim. Ideology and Utopia: An Introduction to the Sociology of Knowledge[M]. Translated from German by Louis and Edward Shils. New York: Harcourt, Brace, London: Routlage & Kegan Paul, 1954: 264.

得他们在心理上产生共鸣成为可能。

一、教育学界精英的社会出身与职业兴趣

本书第一章的统计结果显示,从社会出身或家庭背景看,农场主或手工业者、牧师、高等教育机构学者出身的人(约占教育家总数的65%)更倾向于从事教育研究。从教育家群体社会出身结构中可以看出,他们基本来自于社会中下层,其社会出身与地位对其职业选择是具有很大影响的。19世纪末,在美国的社会结构向大都市共同体转型的过程中,人口不断从乡村向城市流动,城市—工业文明对传统教育体系提出了挑战,乡村教育系统开始向城市教育系统过渡。相当一部分教育家的父辈是农场主或手工业者,这些教育家的中小学教育基本上是在乡镇公立学校完成的,他们在接受学校教育的过程中也见证了公立学校变革的过程。教育家群体的社会出身与教育背景会直接影响他们看待和解释社会现象和问题的方式。作为乡民与市民之间的过渡群体,他们的数量是非常庞大的,并亲身经历了从乡村生活方式到城市生活方式的适应过程,这一过程本身会反过来激发教育家对社会结构以及相应问题的集体反思。许多教育学界的精英把社会进化观运用到教育领域,将教育视为乡村向城市转化的核心和决定性的工具。将教育视为社会适应的有效工具这种观念尤其受到社会慈善家的关注。如,1907年,哈佛大学教育学家哈努斯成功获得一笔校外慈善捐赠,并将其用于资助新的教育职位。①

从宗教信仰看,大部分教育学界精英是新教徒,其中主要是公理会、长老会、浸礼会、卫理公会的教徒,占新教徒总人数的85%。19世纪末20世纪初正是上述几种新教教派在工业化过程中开始转向宗教现实主义的时期,他们积极投身社会活动,承担了大量社会救助和学校教育的工作。贾里德·斯塔洛尼斯(Jared R. Stallones)认为,大部分进步主义教育家都有很深的宗教信仰背景,他们将这种宗教情感以一种传教士般的热情转化到教育事业中。② 可以说,他们青年时期的宗教信仰深刻影响着他们

① Arthur G. Powell. The Uncertain Profession: Harvard and the Search for Educational Authority [M]. Cambridge, Mass: Harvard University Press, 1980: 178.

② Jared R. Stallones. Conflict and Resolution: Progressive Educators and the Question of Religion[M]. North Carolina: Information Age Publishing, 2010: 2.

对教育的观点及其具体实践活动。教育家投身教育研究本身是一种宗教情感的世俗化表达,是“世俗化的福音主义”。

新教徒在职业活动中强调提升现世的价值,在职业选择上,他们更倾向于选择那些对公共福利最有贡献和最能为公众服务的职业。各种职业按可取程度排序分别是:学识型职业、农业、商业、手工业。学识型职业的这种突出地位是与新教徒崇尚教育的理念相一致的。[①] 与此同时,美国新教在城市化过程中遭遇了非常严峻的挑战,并出现了相应的变化。在知识层面上,它必须与新兴起的科学技术和平共处;在社会层面上,它必须面对由工业化和城市化而产生的阶级不平等问题,并明确自身的立场。当然,也有成功地避开这两个问题的新教徒,他们仍旧对传统信念的解释力和确定性十分满意。但是,当大城区的中心与乡村间的交往逐渐增多时,人们要想置身于由知识更新和社会变革引起的争论之外变得越来越困难。[②] 在整个19世纪和20世纪初,宗教虽然逐渐式微,但教会的财富却依然保持增长,社会活动频繁。1916年进行宗教普查以前的年代是所有宗教团体在人数、势力和财富方面日益增长的时期。1916年,新教总计有教徒26205039人,1906年为20857330人。[③] 而在新教各教派中,浸礼会和卫理公会的人数最多,而且也是最强大的。受到科学革命和社会进化论的影响,新教内部开始出现分歧,产生了传统主义者和现代主义者。传统主义者坚持古老教义和忏悔仪式,现代主义者强调教会的社会使命。1900年到1920年之间,现代主义者日益占据优势,这一时期,卫理公会教徒、浸礼会教徒和公理会教徒大部分成为现代主义的信徒。

在新教各教派不断被现代主义者牧师征服的同时,新教本身也承认已稳步走向世俗化。因为随着教会深入社会和经济领域,他们开始退出学术思想领域。新教徒所从事的宗教活动逐步从灵性交流向社会活动转变。有学者谈到新英格兰地区宗教世俗化的情况时说:“那里的宗教,大

① [美]罗伯特·默顿. 十七世纪英格兰的科学、技术与社会[M]. 范岱年,等,译. 北京:商务印书馆,2000:101.

② [美]劳伦斯·克雷明. 美国教育史:城市化时期的历程,1876—1980[M]. 朱旭东,等,译. 北京:北京师范大学出版社,2002:23.

③ [美]阿瑟·林克,威廉·卡顿. 1900年以来的美国史[M]. 刘绪贻,等,译. 北京:中国社会科学出版社,1983:24.

部分都不再是一种灵性交流，教会兴旺的条件就是满足本教区的社会需求。从实际的观点看，拯救人们的灵魂已不再被认为是急迫的事了，也可以说，年轻人对此毫不关心。严格遵守教义的教授也对世间的罪人采取顺应的态度，做一些帮助他们在现世过得愉快的事，以此来争取他们前往天国。教会拥抱并从属于现实世界。"①新教徒积极投身社会救治工作，继续承担社会教化的任务，尽可能消弭工业化、城市化带来的各种社会弊病。大致可以说，1870 到 1900 年间，是一个新教社会意识觉醒的时代，越来越多的牧师开始用基督教的标准来衡量当时竞争、剥削的时代精神，用以批评工业社会的各种弊病。因此，19 世纪末 20 世纪初，在新教的变化中，来世观念更为淡薄，转而开始从社会和道德的教育来看待灵魂的拯救。18 世纪卫理公会出现以来，美国基督教中一直存在一个关心社会的强大的新教左翼。1870—1890 年是美国新教社会意识觉醒的时代，其间开展了内容广泛的讨论。于是，教会日渐成为宗教活动和社会改进的中心，他们通过创建公共会堂来帮助穷人。19 世纪 80 年代，第一批公共会堂在纽约市和芝加哥市建立，分别被称为"邻居互助会"和赫尔馆。世纪之交时，这样的机构超过 100 家，到 1910 年时则多达 400 多家。1900 年以后，日益壮大的"社会工作者"阶层逐渐成为美国社会中一支颇有影响的力量。

面对工业—城市文明中出现的社会变革，科学、宗教慈善等社会力量逐渐向教育汇流，社会结构转型过程中教育家人数的倍增，与科学的崛起、宗教的式微存在非常密切的关系。在这种双重变化中，教育研究及其从业者也承担了发展科学与社会救赎的双重使命，并获得了成就其职业生涯的社会契机。虽然科学在人们社会生活中的地位越来越高，大学对科学的热情也不断高涨，但是，当时追寻科学理想的学者仍然认为理性和道德是不可分的。那时，美国人在某种意义上开始掌握科学，但还没有失去理性、道德、美学的信念，他们对知识发展和社会进步有着现代人难以想象的乐观。要知道，最具有这种自信的社会群体当属美国乡村开明的

① [美]亨利·斯蒂尔·康马杰. 美国精神[M]. 杨静予，南木，等，译. 北京：光明日报出版社，1988：254—255.

英国新教徒的男性后裔，他们中许多人成为大学里第一代教育家。①与同时代的许多人一样，教育家们把对新教教派的宗教热忱融入他们所生活的那个时代。19 世纪后期，慈善事业开始复兴。工业化引发了严重的社会贫困问题，同时也为公共福利提供了大量资金，达尔文进化论对基督教信仰产生了巨大的冲击，很多基督教徒在遭遇信仰危机的情况下，走向基督教现实主义，投身社会服务和改革活动，希望以宗教的热情增进社会福祉。② 哥伦比亚大学教师学院的成立得到了纽约财政和政治团体的资助。正是依靠这些资助和尼可拉斯·巴特勒的个人努力以及哥伦比亚学院向大学转型这一过程，1898 年教师学院与哥伦比亚大学成功合并。③1909—1936 年间，知名慈善家对教育领域的捐赠无论是捐赠项目数，还是捐赠金额都占据很大比例，在大约价值 10 亿美元的捐赠资金中，有将近 38% 的赠款是针对教育以及相关研究的。(见表 18)

表 18　1909—1936 年各领域慈善捐赠情况统计④

领　域	捐赠项目数占比⑤	捐赠总额占比
教育	43.8%	37.8%
慈善	23.4%	17.0%
艺术	6.5%	17.6%
科学与公共服务	11.0%	14.1%
宗教	6.2%	5.5%
其他	9.2%	7.9%

① [美]埃伦·康德利夫·拉格曼. 一门捉摸不定的科学：困扰不断的教育研究的历史[M]. 花海燕，等，译. 北京：教育科学出版社，2006：20.

② Lawrence Cremin, David Shannon, Mary Townsend. A History of Teachers College, Columbia University[M]. New York: Columbia University Press, 1954: 9.

③ Lawrence Cremin, David Shannon, Mary Townsend. A History of Teachers College, Columbia University[M]. New York: Columbia University Press, 1954: 1—82.

④ Burnham P. Beckwith. Philanthropic Gifts and Givers[J]. Social Forces, 1938, 16(4): 510.

⑤ 贝克威斯的这项研究是在爱德华·桑代克的指导下完成的，作者对《世界年鉴》(*World Almana*)上收录的知名慈善家捐赠数据进行统计，时间段主要是 1909—1917 年和 1921—1936 年。作者选取了 522 名慈善家一共 1087 项捐赠，其中有 133 项捐赠由 14 位慈善家贡献，每位捐赠者的捐赠金额都超过 2500 万美元，其他 954 项捐赠价值约 5.88 亿美元。

其中著名的洛克菲勒基金会在20世纪初向教育领域捐赠了大量资金,洛克菲勒向教育领域的捐赠大部分是通过浸礼会组织实现的。1902年,洛克菲勒资助创立普通教育委员会(General Education Board),首期捐赠100万美元。1905—1921年间,洛克菲勒先后12次追加捐赠,赠款达到12800万美元。截至1937年洛克菲勒去世,他向普通教育委员会的捐赠总额达到129209117.10美元。[①] 毫无疑问,教育是基金会投入精力和资金最多的领域,因此,许多学者投身教育工作也就不足为奇了。

二、教育学界精英的知识结构与学术趣味

在美国教育学界精英群体兴起的过程中,德国的大学扮演了非常重要的角色。1870—1940年间美国教育家出国留学呈现出阶段分布特点,1870—1890年间出国留学人员最多,共有156人,约占70年间出国留学总人数的64%。这表明在1870—1890年间,国外大学在美国教育家培养过程中起了十分重要的作用。留德学生将欧洲的教育思想逐渐带入美国,为美国教育理论研究的本土化提供了思想基础和前提。裴斯泰洛齐(Johann H. Pestalozzi)、赫尔巴特(Johann F. Herbart)、福禄贝尔(Friedrich W. Frobel)、斯宾塞(Herbert Spencer)等的教育思想开始影响工业化进程中的美国。许多留学德国的年轻学者将欧洲的教育思想带到美国,如查尔斯·德加谟、麦克穆里兄弟在美国积极宣传赫尔巴特教育思想;威廉·哈里斯曾一度是福禄贝尔运动的领导者;弗朗西斯·帕克于19世纪70年代留学德国,返回美国后,在昆西、马萨诸塞、库克郡等地实践其新的教育理想。1870年以后,大批学生涌入哥伦比亚大学和芝加哥大学攻读博士学位。19世纪70—90年代是美国教育学界精英获得博士学位或接受学术训练最集中的阶段,这两所大学也成为后来那些知名教育家的学术故乡。爱德华·希尔斯写道:“年轻的‘德归派’美国科学家和学者不是回到一片贫瘠的荒原。即使是阻碍他们进步的因素也处在不断变化中。他们意识到他们的志同道合者及其处境,并因此振作起来。他们知道还有其他人面临着相似的问题,具有相似的决心要在学术世界

① Abraham Flexner, Esther S. Bailey. Funds and Foundations: Their Policies, Past and Present [M]. New York: Arno Press, 1976: 125.

中证明自己,并要使学术对社会中的缺陷产生影响。他们被吸引到有这样雄心壮志的校长和学者的大学中。”①可以判断,当时大批教育学界的精英在知识背景方面,受到德国大学哲学以及心理学学科的理论训练,归国后他们以巨大的热情投入教育学术研究工作中,并迅速成为美国大学及其研究机构的主力。

另外,19 世纪末学术职业化初期,受自然科学研究范式革命以及达尔文进化论的影响,包括教育学科在内的人文社会学科思维方式和研究范式产生了深刻的变化,学科专业化过程中出现了知识增长的“非常规”时期。学科知识增长的这一特殊时期也为教育学界精英的形成提供了契机。克兰认为,科学知识增长的模式有四个阶段:第一阶段,出现了具有创新意义的研究,亦即出现了新的范式,并且开始吸引新的科学家,知识平缓地增长;第二阶段,由于少数高产作者的努力,新范式得到认可,一个常规科学时期开始出现,同时他们吸引了大量科学家,形成合作者群体和无形学院,进而造就了知识呈指数增长的局面;第三阶段,在大量问题得到解决的同时出现了反常,学科的社会组织出现了日益专门化的趋势,社会互动减弱,学科的“危机”时期出现了,知识的增长速度也下降了;第四阶段,学科最终衰落,可解决的问题耗尽,社会组织的成员减少。② 从历史上看,学科知识增长的初始阶段,杰出学者密集互动是学科制度化的典型标志。几乎所有的知识范畴都有这样一些领域,都会在某些阶段引起人们的兴趣,受到高度关注,有时,引人注目的地方可能源于一些表面上看似很新颖又极具暗示性的视角,或者说基于新生范式的革命。③一般来说,学科发展的“非常规”时期,研究人员和研究问题的数量都会突然激增,从而容易催生数量众多的杰出学者。学术职业化的“非常规”时期,各学科之间的界限正处于从模糊到逐渐明晰的过渡时期,教育家与其他学术职业领域的学者在建构各自学科学术研究领地的过程中,也会吸纳一大批其他学科领域的优秀人才。19 世纪末 20 世纪初,《美国教育家传

① [美]爱德华·希尔斯. 学术的秩序[M]. 李家永,译. 北京:商务印书馆,2007:24—25.

② [美]黛安娜·克兰. 无形学院——知识在科学共同体的扩散[M]. 刘珺珺,等,译. 北京:华夏出版社,1988:5(前言).

③ [英]托尼·比彻,保罗·特罗勒尔. 学术部落及其领地:知识探索与学科文化[M]. 唐跃勤,等,译. 北京:北京大学出版社,2008:111.

记辞典》中所收录的教育家,其学科或知识背景复杂多样,包括哲学、心理学、自然科学、历史学、社会学、医学、宗教、管理、建筑、艺术、文学、工程等各个学科领域,其中教育学教授 162 人(占 39%),其他学科领域的教授 249 人(占 61%),这说明教育学科领域的知名学者中有相当数量的人是非教育专业的学者。在专业组织中,如全美大学教育学教师学会,其会员的专业背景也比较复杂,包括教育学、历史学、哲学、心理学等各学科领域的人士。

第四章

美国教育学界精英群体的学术阵地

学术部落和学术研究活动是不能截然分开的,忽视学术活动中的学术部落与忽视学术部落中的学术实践一样都是片面的。①

——卡琳·诺尔·赛廷纳(Karin Knorr Cetina)

科学和学术活动有某些更大程度上的集中点,某些交流的发源地和接收点。某些地方结果就在认知版图上突显出来。……一个学科的发展,有赖于它有一个或者更多的中心,在这里杰出的个人工作及其成就成为被学习和仿效的对象。②

——爱德华·希尔斯

本书第一章提出假设:学科知识实际上是由少数学科精英生产的,学科精英与学科知识生产基本遵循"洛特卡曲线"规律,呈现出J形曲线分布形态。那么教育学界精英知识生产中存在的"洛特卡曲线"是如何在大学、期刊和学会中得到体现的?教育学术共同体在有形学院和无形学院学术秩序构建的社会过程中是怎样的?科尔兄弟认为,个人获得科学上的承认主要有三种形式。第一种形式是授予荣誉奖励和学会的会员身份。第二种形式是处在有声望的职位上。这种形式的承认也许在象征意义上比获得正式奖励要小,但是,从实际的观点来看,它是最重要的。绝

---

① 转引自:[英]托尼·比彻,保罗·特罗勒尔.学术部落及其领地:知识探索与学科文化[M].唐跃勤,等,译.北京:北京大学出版社,2008:45.

② [美]爱德华·希尔斯.学术的秩序[M].李家永,译.北京:商务印书馆,2007:25—26.

大多数科学界精英都是通过在有声望的大学中任职而得到承认的。第三种形式是别人引用他的研究成果,或者由于他在自己所处的领域中做出的贡献而获得高知名度。但对于一位学者来说,这有一个前提,即他首先要经常发表科学成果,然后使这种工作得到同行的良好评价。① 基于科尔兄弟的解释,本书主要从著名大学、核心期刊、专业学会等三个方面分析教育学界精英生产教育知识和建构教育学术秩序的社会过程。

第一节　教育学界精英的有形学院与无形学院

学术共同体可以看成是由正式的和非正式的社会组织所组成,这些社会组织相互交织、相互作用,形成十分复杂的社会结构。正式的社会组织可以称作"有形学院",非正式的社会组织可以称为"无形学院"。"有形学院"主要是指大学中的学科和专业,由于学科和专业有日趋扩大的趋势,因此在其中就自然而然出现了形形色色的研究网络或社会群体,如期刊、专业学会等,它们构成了所谓的无形学院。与学术共同体的结构相对应,现代学术职业可以区分为三个相互关联的维度:第一,学科职业维度,即指所有互动都与学科以及学科目标而不是具体的工作相关;第二,专业机构职业维度,指所有活动都与在特定的机构中学术成员的雇佣和升迁相关;第三,外部职业维度,利用学科专业知识承担机构之外的所有活动。②

一个特定的学术共同体中的成员们在特定时期有其特定的共同关心的研究主题。这个主题可以是一个问题,也可以是一系列问题群,它们构成了一个认识中心,并涵盖这个专业团体中绝大多数成员的研究内容,这种相对稳定的研究活动,代表了该研究领域总体上的研究兴趣和发展方向。学者的个体研究取向,都会自觉或不自觉地服从该领域的整体研究取向。这一方面可以使他们的研究成果最大限度地得到关注以及认可,

---

① [美]乔纳森·科尔,斯蒂芬·科尔.科学界的社会分层[M].赵佳苓,等,译.北京:华夏出版社,1989:51—65.

② Martin J. Finkelstein. The American Academic Profession: A Synthesis of Social Scientific Inquiry since World War II[M]. Columbus: Ohio State University Press, 1984: 8.

另一方面也可以提高他们在特定社会结构中的社会地位。①

在教育学科发展的不同时期,教育学者们都拥有自己确定的兴趣中心和研究主题,围绕这一兴趣中心所形成的整体研究取向,会逐渐成为其他成员进行学术研究的有限空间,这一空间会在整体上规定教育家学科思维的范围。因此,教育学术共同体的整体研究取向不仅最大限度地规范研究视角,而且也会成为引导教育学科观察、研究社会问题和教育的维度。与此同时,在整体研究取向的基础上,围绕几个核心学术群形成共同体,从而影响教育学术精英群体的地区分布。整体研究取向及其兴趣的存在成为教育学术精英群体学术互动的外部环境,直接影响其新成员的吸纳和培养,在此基础上,形成以某些核心大学、期刊以及学会为中心的精英圈子,从而导引整个教育学科的发展。兹纳涅茨基(Florian Znaniecki)指出,至少在异质社会中,思想家不可能对整个社会发表言论,而是倾向于只对经过选择的部分公众发表言论。社会圈子要求思想家不辜负圈子的期望。② 研究群体中拥有最广泛的社会和科学发展知识的那些人,往往是该群体的领导或其他资深的成员。因此,这些人是特别重要的信息源泉,当参与者的解释与他们不一致时,人们就会非常倾向于认为他们的观点更权威。③ 然而,他们也往往是最注重维持群体声望的,也因此会尽力避免出现对群体不利的信息传播。不仅如此,群体领导也是学科的杰出成员,比其他研究者拥有更高的学术地位。因此,要扫除支持群体领导者的、按他们的意愿展现有利的群体活动形象的社会障碍是非常困难的。

从历史发展来看,精英社会圈子主要有三种类型:一是主要关涉政治价值趋向的,二是主要关涉文化生活方式价值趋向的,三是两者兼而有之的。政治价值趋向造就了古典革命理论,文化价值趋向催生了波西米亚式的群体,而第三种类型则催生了古典文化—政治沙龙。第三种类型由

① 郑慧子. 科学共同体的整体研究取向及其转换问题[J]. 科学学与科学技术管理,1990(3):3—9.

② [波兰]弗·兹纳涅茨基. 知识人的社会角色[M]. 郏斌祥,译. 南京:译林出版社,2000:15.

③ [英]迈克尔·马尔凯. 科学社会学理论与方法[M]. 林聚任,译. 北京:商务印书馆,2006:122.

于专门化程度最低，因此声望最高。三种类型的社会圈子也有交叉现象。总体上，社会圈子的规模一般都比较小，因而内部成员之间的联系比较紧密。社会圈子早期主要以沙龙为基本组织形式。沙龙源自法国，但是却在英国得以现代化，在英国知识分子圈子中逐渐以杂志等作为组织介质，如早期的《爱丁堡评论》(*Edinburgh Review*)。① 卡杜什认为，知识界精英群体在结构上主要包括三方面的要素：知识界精英群体、知名刊物、主导圈子。其基本运行规则是知名人物为知名刊物撰写文章，并主导相应的知识圈。②

现代知识分子精英的组织开始借助期刊等刊物作为基本组织形式和活动平台，期刊等也成为造就知识分子精英的主平台。学术期刊的出现，不仅为学者提供了交流研究成果的阵地，更主要的是它提供了评价学者学术水平和声望的指标，使学者的研究工作得到外在的客观评价。③

除了大学和期刊之外，某些商业或专业组织也参与精英的选拔工作。19 世纪后出现的专业学会，在很大程度上成为学术职业和学术人认可资源的掌控者，它以专业水准和专业伦理规范着学术人的行为，在维系学科的发展、维护学术人利益方面发挥了重要作用。而专业学会所建立起来的期刊系统，个体在专业学会中的地位、等级和由学会所建立的奖励制度，都体现了学会在学术共同体中所具有的独特功能。④ 在美国，是否在专业性学术组织，如学会或学术期刊，担任一定的职务，往往是大学教师在所属学术领域地位高低的一个重要标志。如果说专业化塑造了学者的权威，从而使之或多或少地摆脱了过去传奇式"英雄"主导——以校长为核心的行政控制的话，那么，进入 20 世纪后，学者本身至少成为体制的参与者，他们不仅在学系、学院和学派群起的专业化学术部落中游刃有余，甚至与机构之外的各种学会和专业组织结成复杂的学术网络。⑤ 与早期

① Charles Kadushin. The American Intellectual Elite[M]. Boston: Little, Brown, 1974: 10—14.

② Charles Kadushin. The American Intellectual Elite[M]. Boston: Little, Brown, 1974: Ⅶ.

③ 张斌贤. 学术职业化与美国高等教育的发展[J]. 北京大学教育评论,2004(2):92—96.

④ 阎光才. 美国的学术体制:历史、结构与运行特征[M]. 北京:教育科学出版社,2011: 40.

⑤ 阎光才. 精神的放牧与规训:学术活动的制度化与学术人的生态[M]. 北京:教育科学出版社,2011: 46—47.

的沙龙松散的内部结构不同,以大学、期刊和专业学会构筑的学术共同体或者说精英圈子内部是存在等级的。一般来说,学术共同体是由精英控制的相对封闭的系统,它与宗教共同体相仿,其共同点都在于推崇内部的克里斯玛权威,即信奉权威的人格魅力。宗教内部存在一系列确立权威的仪式,学术共同体内部也存在这种现象,如每个学科领域的创立者如同宗教的领导者,出版、奖励、职位选拔、大型学术会议如同一系列程序化的仪式,这些仪式赋予少数精英及其话语以合法性和特殊的象征性权力,进而确立和巩固其在系统中的精神领袖地位,并强化其影响。①

对学者工作的价值给予充分认可,是对共同体的成员主要的奖励形式。一个学者所获认可的多少主要取决于其研究公认的质量,但是,很明显,学者成果的质量或重要性,是依据现有的一套科学假定和期望来判断的。因此,做出与已确立的观点相一致的创新性贡献会很快获得奖励;反之,在通常情况下,成果若完全背离充分确立起来的学术框架就很难获得认可。这种奖励模式很快成为一种优势,不断累积,导致学术共同体内部出现明显的分层。科学社会学家哈里特·朱克曼认为,科学家共同体优势累积可以有两种方式:相加的累积或相乘的累积。相加的方式是,那些在开始他们的事业时即具有某些天赋优势的人们继续处于有利地位,根据一些与专业无关的理由继续获得有利条件和奖励。相乘的累积是,按照与专业有关的标准来衡量,那些似乎最能有效地运用有利条件的人,也就是那些最有可能得到这些条件的人。② 在教育学术共同体中,同样存在类似的学术优势累积效应,《美国教育家传记辞典》中收录的教育家,毕业于哥伦比亚大学和芝加哥大学的人数是非常惊人的。以这两所大学为核心的学术圈子,汇聚了美国教育学界大部分学术精英。这些学术精英不仅控制了教育学术研究的主导话语权,同时也成为众多追随者的“精神导师”。

---

① Bernard H. Gustin. Charisma, Recognition and the Motivation of Scientists[J]. American Journal of Sociology, 1973, 78(5): 1119—1134.

② [美]朱克曼. 科学界的精英:诺贝尔奖获得者[M]. 周叶谦,冯世则,译. 北京:商务印书馆,1987: 86.

第二节　教育学界精英的孵化地：哥伦比亚大学与芝加哥大学

一、大学教育研究的肇始

19 世纪 70 年代以后，随着研究型大学的建立，作为大学校长管理的一部分，许多大学纷纷建立教育学院或教育系，这些教育学院和教育系成为培养教育学界精英的摇篮。1873 年，爱荷华大学成立了师范教育系，并设立了全美第一个“教学论终身教授席位”（permanent professorship in education）。之后十几年中，加利福尼亚、印第安纳、密歇根、明尼苏达、威斯康星等大学紧随其后，纷纷设置教育学系或教育学教授席位。19 世纪 90 年代早期，哥伦比亚大学、芝加哥大学、俄亥俄州立大学、哈佛大学、斯坦福大学、耶鲁大学等也相继开设教师培训课程。① 根据全美教育总监（U. S. Commissioner of Education）威廉 · 托里 · 哈里斯（William Torrey Harris）提供的数据，1894 年到 1895 年间，全美共有 200 多所学院和大学提供教师培训，其中有 27 所建立了教育学系或教育学院。②

教育研究之所以能够成为大学研究的组成部分，一方面是与 19 世纪公立学校数量的急剧增长有关。公立学校数量的增长使得学校对中学教师和管理者的需求量逐渐增大，但师范学校却无法及时满足这一需求。因此，知名教育家开始向大学施压，要求大学对教师和学校管理者进行某种程度上的专业培训。教育家希望通过依靠大学的专业培训来提高教学的地位，随着社会对学校需求的增长，教育研究最终被纳入大学课程体系中。当时许多大学的教育理论家热衷于创立一种能够获得尊重的教育知识体系，认为在教育获得广泛的社会尊重时，可以通过科学方法确立教育的科学地位。

除此之外，教育研究之所以能够入驻大学，与大学校长的努力是分不

---

① Geraldine J. Clifford, James W. Guthrie. Ed School: A Brief for Professional Education [M]. Chicago: University of Chicago Press, 1990: 62.

② [美]埃伦 · 康德利夫 · 拉格曼. 一门捉摸不定的科学：困扰不断的教育研究的历史[M]. 花海燕，等，译. 北京：教育科学出版社，2006: 11.

开的。1871年,密歇根大学校长詹姆斯·安吉尔(James Angell)派遣一批大学教师帮助密歇根州的高中进行课程改革,希望以此对密歇根公立学校施加影响。19世纪90年代,当时还是青年教授的杜威正是大学教授团队的成员之一,在此过程中他对学校改革产生了浓厚的兴趣。安吉尔尝试将教师培训作为大学课程项目的一部分,这一尝试获得了很好的效果。师范学校的教师培训更多依靠实践经验,而大学的教师培训则开始转向依靠教育理论的系统培训。威廉·佩恩(William Payne)就曾反对在密歇根大学创立实践教学课程,他认为,这类课程是倒退回师范学校,并不适合在大学中开设。1900年,拉塞尔写道:"大学教育系在教育基础的调查、教育思想的理解、教育方法的发明以及教育原理的应用方面有其独特的功能,……需要发展教育科学,并使其适应现代社会的局势。"①

在教育专业化和学术职业化的推动下,教育研究很快在全国逐渐增多的学院和大学中传播开来。大学中有关教育的课程数量也逐渐增多。1915年,600所美国大学中有300所开设教育课程。② 例如,芝加哥地区大学中的教育类课程1900年有45门,1910年有134门,1920年有217门,1930年达到432门。③ 同时,大学中攻读教育专业的学生数量,尤其是博士生数量,出现了前所未有的增长势头。第一代的教育学家们带着传教士般的热情成功奠定了培养未来教育领导人所需要的教育科学的知识基础。在此过程中,他们创建了教育哲学、教育心理学、教育测量、教育管理、教育史、学校教育、教育社会学以及教学方法等专业领域。除此之外,这些学者在给校董事会和校级管理人员担任顾问的过程中,还创办了新的学术刊物和专业组织,开始进入相关的全国性教育机构、政府部门和慈善基金会。如同医生和工程师所做的那样,从事创业的教育家们在一

① Isaac L. Kandel(Ed.). Twenty-Five Years of American Education: Collected Essays[M]. New York: Books for Libraries Press, 1924: 30.

② Geraldine J. Clifford, James W. Guthrie. Ed School: A Brief for Professional Education [M]. Chicago: University of Chicago Press, 1990: 63.

③ Hornell Hart. Changing Social Attitudes and Interests[A]. Recent Social Trends in the United States: Report of the President's Research Committee on Social Trends, Vol. I[C]. New York: McGraw-Hill Book Co., 1933: 339.

个原本地方化而又没有规范化的公共领域中成功地建立了新的秩序和标准。①

1900 年之前，大学中的教育学课程主要以教育史和教育哲学为主，并以传授教学和学校管理方法为目的，（见表 19）如威斯康星大学 1884—1885 年开设的三门教育类课程是“教育艺术”“教学理论”“美国教育理论与实践史”；哈佛大学的哈努斯在 1891 年开设的教育类课程有“教学和教育理论的历史”“教学理论”“教学艺术”。②

表 19　1890—1900 年大学③中教育类课程以及学时分布④

课程类别	课程数量	学时	学时所占比例
教育历史	252	994	49%
教育理论	129	412	20.6%
督导管理	100	292	14.1%
教学方法	99	301	16%
总计	580	1999	99.6%

1905 年后，大学教育系出现了明显的变化，许多人开始将教育学视为一个专业学术领域，新的教育学原理、测量技术、调查方法开始取代原来的课程体系。如，1904 年，桑代克在《认知理论与社会测量》（*An Introduction to the Theory of Mental and Social Measurement*）一书中，尝试将统计方法系统化，以供教育家应用。1905 年，克伯莱、乔治·斯特里耶等

① ［美］埃伦·康德利夫·拉格曼. 一门捉摸不定的科学：困扰不断的教育研究的历史［M］. 花海燕，等，译. 北京：教育科学出版社，2006：20—21.

② Paul Hanus. Adventuring in Education［M］. Cambridge, Massachusetts: Harvard University Press, 1937: 124—125.

③ 作者鲁茨科伊（Dr. Luckey）选取了 20 所大学进行统计分析。这 20 所大学分别是：爱荷华大学、印第安纳大学、密歇根大学、威斯康星大学、密苏里大学、得克萨斯大学、加利福尼亚大学、明尼苏达大学、堪萨斯大学、北卡来罗纳大学、宾夕法尼亚大学、内布拉斯加大学、俄亥俄州立大学、哥伦比亚大学（包括教师学院）、克拉克大学、斯坦福大学、哈佛大学、康奈尔大学、布朗大学、纽约大学。

④ G. M. Wilson. Titles of College Courses in Education［A］. The Yearbook of National Society for College Teachers of Education, No. 8［Z］. Marshalltown: Marshall Printing Company, 1919: 12.

教育家先后出版学校财政、教师资格认可等方面的著作①。这些有关学校财务、预算、管理以及教师地位等方面的调查工作为1910年后城市学校管理和教材标准化等的科学研究做了铺垫。

1910年后,以桑代克、贾德、柯蒂斯(S. A. Curtis)等一批心理学家的测量技术为先导,兴起了学校调查运动②。该运动一方面试图收集有关学校督导与管理的大量重要数据,另一方面也希图展现标准化量表作为测量工具的重要性。

另外在教育哲学领域,以杜威为代表的一批哲学家、教育家试图用实用主义哲学和机能主义心理学来重新阐释教育科学的内涵。1909年杜威出版了《我们怎样思维》(*How We Think*),1916年出版了《民主与教育》(*Democracy and Education*);1924年奇普曼与康茨出版了《教育原理》(*Principles of Education*),这三本著作成为新教育哲学的代表作。1900—1920年间,教育史课程出现了明显的变化,这一时期出现的教育史著作

① George D. Strayer. City School Expenses, 1905; E. G. Elliott. Some Fiscal Aspects of Public Education in American Cities, 1905; Ellwood P. Cubberley. School Funds and their Apportionment, 1906; Ellwood P. Cubberley. The Certification of Teachers: Fifth Yearbook of the National Society for the Scientific Study of Education, Part II, 1906; F. H. Swift. History of Permanent Common School Funds in the United States, 1910.

② 1910—1920年间开展的学校调查主要有:爱达荷州的博伊西学校调查(Boise, Idaho, 1910)、新泽西州蒙特卡莱尔学校调查(Montclair, New Jersey, 1911)、马里兰州巴尔的摩学校调查(Baltimore, Maryland, 1911)、纽约市学校调查(New York City, 1911, 10 Vols)、新泽西州东奥兰治市学校调查(East Orange, New Jersey,1912)、俄勒冈州波特兰学校调查(Portland, Oregon, 1913)、蒙大拿州巴特学校调查(Butte, Montana, 1914)、盐湖城学校调查(Salt Lake City, 1915)、俄亥俄州克利夫兰学校调查(Cleveland, Ohio, 1916, 25 Small Volumes)、密歇根州大急流城学校调查(Grand Rapids, Michigan, 1917)等。其中蒙大拿州巴特学校调查、盐湖城学校调查、俄亥俄州克利夫兰学校调查、密歇根州大急流城学校调查为早期学校测量提供了比较好的典范。随着学校调查运动的不断深入,开始出现专门的学校调查管理机构,如1911年纽约成立了专门的教育财政和会计的调查机构,随后这类调查研究机构的数量不断增长,1915年有17所,1920年有53所,1926年增长到108所。

为美国教育科学研究奠定了坚实的基础。①

总的来看，1900 年之前，美国大学教育类课程主要以教育史和教育理论课程为主。1910 年以后，大学中教育类课程的数量以及学时比例都出现了明显的变化。（见表 20）首先，教育史和教育理论类的课程的数量和学时所占比例呈现下降的趋势，包括教育督导与管理在内的教育实践类课程呈上升趋势；另外，教育心理学类课程出现明显的增长势头。大学教育系课程的这种变化，也折射出美国教育研究风格的变化趋势。19 世纪 90 年代之前的美国知名教育家，其研究风格是集体的、合作的，并着眼于传播教育实际信息，巴纳德、伊顿、哈里斯似乎都满足于传播教育方面的事实信息，认为这本身就能实现学校管理，课程改革者则致力于普及源自欧洲的新教育观念。到了 19 世纪末，美国教育家开始争论有关学校变革的各种观点，在此基础上出现的系统分析与测量成为教育研究的新模式。在这个过程中，新聘任的教育教授开始积极撰写教育学教科书，创立教育原理和理论，通过引介各种教育方法来"科学地"研究教育。大约在 1890 年到 1920 年之间，教育研究逐渐成为建立在行为主义心理学和实证测量的技术与思想基础上的学术研究领域。1895—1938 年可以说是这种经验主义研究模式的全盛时期。② 有统计显示，1918—1927 年间，在全美教育领域的博士论文中，超过 35% 的博士论文主题都是关于教育测量与管理的。（见表 21、表 22）

---

① 这一时期出版的教育史著作有：Ellwood P. Cubberley. Syllabus of Lectures on the History of Education, 1902, 1904; E. G. Dexter. History of Education in the United States, 1904; Paul Monroe. History of Education, 1905; F. P. Graves. History of Education, 1909; C. Parker. History of Modern Elementary Education, 1912; F. P. Graves. Student's History of Education, 1915; Ellwood P. Cubberley. Public Education in the United States, 1919; Ellwood P. Cubberley. History of Education, 1920; Ellwood P. Cubberley. Readings in the History of Education, 1920.

② Office of Education. Educational Research and Development in the United States [Z]. Prepared by the Bureau of Research, Office of Education for the Orgnization for the Economic Cooperation and Development, 1969: 46—55.

表 20 1913—1914 年大学①中教育学课程变化情况②

课程类别	课程数量	学 时	学时百分比
教育历史	97	254	17.2%
教育理论	101	242	17.1%
教育实践③	137	343	24.3%
教育心理学	84	215	15.7%
专门教学方法④	98	217	15.3%
其他	61	141	10%
总计	578	1414	99.6%

表 21 1918—1927 年教育研究类博士学位论文和调查研究报告数量统计⑤

年 份	博士论文	调查报告	总 计
1918	53	165	218
1919	50	170	220
1920	61	182	243
1921	43	139	182
1922	68	238	306
1923	94	291	385
1924	110	320	430
1925	137	291	428
1926	181	364	545

① 作者威尔森选取了 32 所学院和大学，主要以州立大学和农业类大学为主，私立大学并没有列入统计范围。哥伦比亚大学、芝加哥大学、哈佛大学等一批私立大学教育系或教育学院的课程在全美教育学课程中的地位极高，这在很大程度上影响了统计数据的信度和效度。鉴于私立大学教育心理学研究的强势发展，可以推断这一时期教育心理学类的课程比例比威尔森的统计结果要高一些。因此，这份统计数据仅作为美国大学中教育课程发展的宏观性趋向参考指标。

② G. M. Wilson. Titles of College Courses in Education[A]. The Yearbook of National Society for College Teachers of Education, No. 8[Z]. 1919: 12.

③ 教育实践类课程主要是指学校督导与管理、普通教学方法、观察与实践教学。

④ 此类课程以教师讲授为主，不同于实践教学，主要包括手工训练、家政、农业、商业等 32 门课程。

⑤ Walter S. Monroe. Ten Years of Educational Research, 1918—1927[R]. University of Illinois, 1928: 48.

续表

年　份	博士论文	调查报告	总计
1927	189	333	522
1918—1927	986	2493	3479

表 22　1918—1931 年教育学类博士学位论文研究领域分布情况①

研究领域	论文数量
管理与督导	575
心理与测量(一般类)	488
一般方法与理论	159
教育史与外国教育	279
学前与初等教育	160
中等教育	297
高等教育与成人教育	425
各科教学及其他②	605
总计	1946③

19 世纪 90 年代是知识结构及其增长方式急剧转型的时期,这一时期人们对自然和社会现象进行科学研究的兴趣高涨,教育也成为科学调查、实验以及理性改革的重要组成部分。因此,这一时期有关教育的调查研究报告数量非常多。虽然 1918—1927 年间各类教育研究文献的数量都有所增长,但相比较而言,教育类调查报告数量的增长要明显得多。

二、美国教育学术传统的形成

20 世纪初,接受专业化的大学训练正在成为“专家”的标志。在获得知名度方面,科学家所在的有名的大学往往能够给他带来更多的名气,

① Carter V. Good. Fields and Types of Research in Education, 1918—1931[J]. The Journal of Educational Research,1931, 24(1): 39.

② 各科教学主要包括:商业教育,外国语言,家政,手工、工业和农业技艺,音乐,英语、阅读及语言,数学与算术,道德、宗教与人格教育,体育与健康教育,科学,社会研究。

③ 由于美国教育局公报(Office of Education Bulletin)对 1928—1929 年博士论文收录不全,另外由于分类标准的差异,因此,1918—1931 年间教育类博士论文总数量应多于 1946 篇。

这比从其资助者的名望那里得到的要多,因为有名的大学提供了更多与同一领域顶尖学者交流的机会。① 由于处在最好的研究生院,并且能与有影响的、卓越的教育家互动,因此,一些教育家在分层的过程中会有一种社会的优势。

成为学科群体一员的过程,就其本质来说,就是获得身份认同和培养个体责任感的过程。通常,对一个即将成为学者的人来说,赢得身份与培养责任感的过程,很可能在大学本科时代就开始了,在研究生阶段更进一步,在得到博士学位时达到顶点。② 因此,在事业发展早期,个人获得博士学位的机构为其带来的声望远远超过其科研成果。③ 学术资源和设备并不是由那些负责分配的人平等地分给大学或研究机构的。相反,这些设备的配置存在明显的倾向性。在大多数情况下,有声望的研究中心得到巨大的财富,这使得在这些研究中心的学者在新思想和新著述的生产中占据明显的优势。20 世纪初,美国大学中少数几个教育研究生院迅速成为其他大学教育学院的典范,哥伦比亚大学和芝加哥大学所开拓的教育学术研究取向事实上成为美国教育科学研究的主导模式。大学中有关教育的博士学位论文大部分是来自哥伦比亚大学教师学院或芝加哥大学教育学院的。除此之外,哥伦比亚大学教师学院也为其他大学培养了一批教育学界精英,如斯坦福大学的克伯莱和希尔斯(Jesse Sears),哈佛大学的杜鲁门·李·凯利(Truman L. Kelley)、亚历山大·英格尔斯(Alexander Inglis),先后任职于耶鲁大学、芝加哥大学、哈佛大学的沃尔特·迪尔伯恩等。截至 1930 年,在全美大学教育学系的教师和管理者中,有五分之一毕业于哥伦比亚大学教师学院。④

齐曼(John Ziman)简练地表达了在精英中赋予权威的合理性:“科学是一种社会系统,在其中,知识的创始自然地倾向那些能够驾驭之的个

---

① [英]托尼·比彻,保罗·特罗勒尔. 学术部落及其领地:知识探索与学科文化[M]. 唐跃勤,等,译. 北京:北京大学出版社,2008:84.

② [英]托尼·比彻,保罗·特罗勒尔. 学术部落及其领地:知识探索与学科文化[M]. 唐跃勤,等,译. 北京:北京大学出版社,2008:50.

③ [英]托尼·比彻,保罗·特罗勒尔. 学术部落及其领地:知识探索与学科文化[M]. 唐跃勤,等,译. 北京:北京大学出版社,2008:84.

④ Geraldine J. Clifford, James W. Guthrie. Ed School: A Brief for Professional Education [M]. Chicago: University of Chicago Press, 1990: 65.

人。……从做出100项卓越的、令他自豪的发现的伟人，到具有博士学位以及在一本不出名的杂志发表一篇不令人感兴趣的论文的笨蛋，如果人们不是更仔细地听从前者而是后者，如果人们也不去寻求至少在自己所处的这个圈子内为人所知，那么就不属于人类。"①大部分学术精英都是在知名大学的学系中接受学术训练的，在他们的研究生生涯期间，他们内化了其导师所信奉的价值观和信仰。这种师承关系使得那些离开研究活动中心的科学家仍然与其学术共同体中的主导价值和态度保持一致。这是思想观念从一代科学家向另一代转移的一条途径。因此，处在分层体系中低层次的科学家可能从未产生过这种意识，即他们的利益与其最著名的同行的利益基本上是对立的。从这个角度看，决定一名学者在职业上能否成功的一个重要因素是他从何处起步，即他获得博士学位所在学系的声望。克兰等学者在控制产出率之后发现，博士授予机构的声望对学者现在的任职具有重大影响。博士授予机构是一个和产出率同等重要的影响现在任职的因素，而博士所在系的级别对职位上的成功要比对名望上的成功具有更加巨大的实实在在的影响。②科学社会学家朱克曼就此认为：

有机会向著名的研究者学习"重要的东西"的年轻科学家，在开始他们自己的事业时就早已确立一种优势。他们不断从这种经历中得到教益，不仅仅因为它已经改进了他们的研究技能，而且也因为它使那些在工作、研究奖学金、研究费用和奖励方面有决定权的那些人知道了他们的知名度。这些年轻人可以说是已经真正腾飞了，无论那些"守门人"怎样希望在分配资源和奖励时做到一视同仁，他们还是必定倾向于他们了解的候选人，并拒绝那些可能有同样能力但他们不了解的人。③

基于上述研究，本书主要围绕哥伦比亚大学和芝加哥大学教育知识生产中的两个基本维度——教授的课程与学生的博士论文来分析大学学

① [美]乔纳森·科尔，斯蒂芬·科尔. 科学界的社会分层[M]. 赵佳苓，等，译. 北京：华夏出版社，1989：87.

② [美]乔纳森·科尔，斯蒂芬·科尔. 科学界的社会分层[M]. 赵佳苓，等，译. 北京：华夏出版社，1989：109—110.

③ Harriet Zuckerman. Stratification in American Science[J]. Sociological Inquiry, 1970, 40(2): 235—257.

术秩序的构建与教育知识生产的社会过程。

19世纪90年代至20世纪20年代,哥伦比亚大学和芝加哥大学几乎汇集了当时美国教育学界的大部分精英,他们栖身于这两所大学,在学术职业化以及学科专业化的背景下,开创了教育学术研究的基本规范和传统,并使这两所大学成为美国教育学术人才的孵化地。任职于哥伦比亚大学的知名教育家有:约翰·杜威、爱德华·桑代克、尼可拉斯·巴特勒、弗兰克·迈克穆里、詹姆斯·拉塞尔、保罗·孟禄、威廉·克伯屈、威廉·巴格莱、弗里德里克·伯恩瑟、亨利·苏加洛、乔治·斯特里耶、托马斯·布里格斯、乔治·康茨、大卫·斯内顿等。任职于芝加哥大学的知名教育家有:约翰·杜威、查尔斯·贾德、约翰·博比特、哈罗德·拉格、乔治·康茨等。

在《美国教育家传记辞典》中,知名教育家获得博士学位的时间主要集中在1870—1890年间。这一时期哥伦比亚大学和芝加哥大学承担了培养美国知名教育家的主要任务。这一批教育家获得博士学位后,在美国教育学科知识生产与学术传承中发挥着极其关键的作用,他们几乎主导了20世纪初期美国的教育学科建设工作。1918—1927年间,从美国教育领域博士学位论文院校分布情况看,哥伦比亚大学和芝加哥大学早期形成的教育学术研究传统产生了明显的优势累积效应,在20世纪初,吸引了大批人士涌入这两所大学接受教育学术训练。(如图61、图62、图63所示)

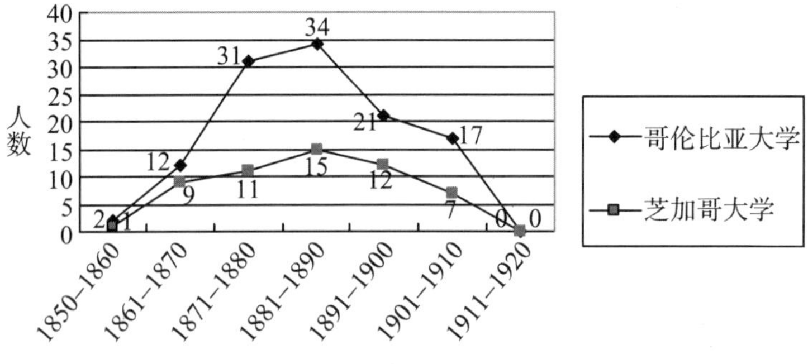

图61 美国教育家获得博士学位人数阶段变化(1850—1920)

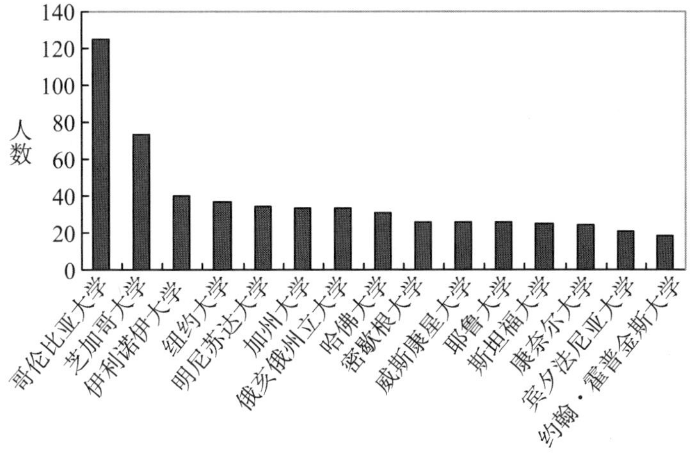

图 62　美国教育家就职大学机构人数分布(1870—1940)

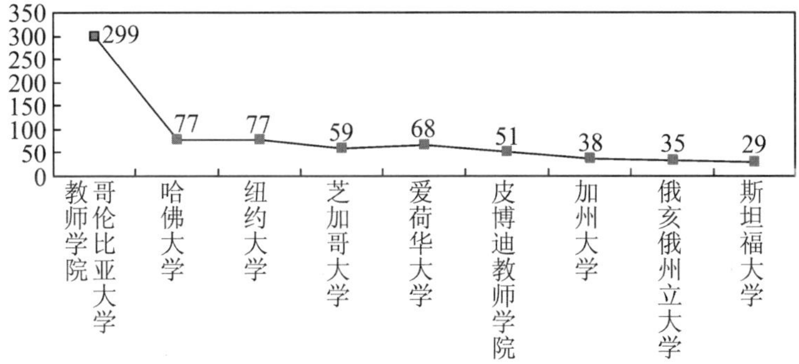

图 63　1918—1927 年美国教育领域博士学位论文①院校分布②

---

① 教育学领域的博士分为两种：一种是教育哲学博士(doctor of philosophy degree in education)，另一种是教育学博士(doctor of education degree)。第一个教育哲学博士学位是 1893 年由哥伦比亚大学教师学院授予的，第一个教育学博士学位是 1921 年由哈佛大学授予的，1934 年哥伦比亚大学教师学院才授予教育学博士学位。1918—1927 年的统计中既包括教育哲学博士学位论文，也包括教育学博士学位论文。20 世纪初，大部分教育领域的论文都是教育哲学博士学位论文。其中加州大学和哈佛大学博士学位论文包括教育学博士论文。加州大学教育学博士论文数量如下：1922(5)，1923(4)，1924(1)，1925(1)，1926(3)，1927(4)；哈佛大学教育学博士论文数量如下：1921(5)，1922(3)，1923(11)，1924(6)，1925(13)，1926(15)，1927(9)。

② Walter S. Monroe(Ed.). Ten Years of Educational Research, 1918—1927[R]. Urbana: University of Illinois, 1928: 47.

爱荷华大学、威斯康星大学等州立大学虽然比较早设置教育学教授席位，并开始教育研究工作，但从总体上看，20 世纪初美国教育研究的主要阵地还是在以哥伦比亚大学和芝加哥大学为主导的私立大学。截至 1930 年，全美大学教育系中有五分之一的教师和管理者是哥伦比亚大学教师学院的毕业生。克伯莱在斯坦福大学以及哈努斯在哈佛大学进行的教育学院组织模式改革，事实上都是以哥伦比亚大学教师学院和芝加哥大学为典范的。①

三、哥伦比亚大学教师学院教育学术研究取向及其风格

教师学院成立于 1887 年，1898 年并入哥伦比亚大学，成为哥伦比亚大学的教育研究生院。1887—1891 年由巴特勒担任院长，1893—1897 年由哈维担任院长，1898—1926 年由詹姆斯·拉塞尔担任院长。拉塞尔担任院长期间，是教师学院教育学术研究的黄金时期。这一时期，哥伦比亚大学教师学院聚集了大批优秀的教育学术研究群体。1887 年，巴特勒创办纽约教师培训学院时，正式注册的学生只有 18 人，而到 1927 年拉塞尔卸任时，正式注册的学生人数达到 5333 人左右。②

早期教师学院侧重手工训练，以帮助学生适应工业发展的需要。1887 年巴特勒担任院长后，学院更名为纽约教师培训学院（New York College for the Training of Teachers），并成立教育系，教师学院从慈善机构转型为推进教育发展和改革的机构。

1898 年后，在拉塞尔的领导下，哥伦比亚大学教师学院成为美国大学教育研究的典范。1900 年，教师学院与哥伦比亚大学统一入学标准，使得教师学院在哥伦比亚大学与其他学院享有同等地位。与此同时，教师学院创立了一份专业期刊《教师学院纪要》（*Teachers College Record*），以全面展示教师学院所进行的教育理论和实践研究工作。1902 年，拉塞尔将普通教育部（division of general education）分解成五个管理部门：教育

---

① Geraldine J. Clifford. The Formative Years of Schools of Education in America: A Five-Institution Analysis[J]. American Journal of Education, 1986, 94(4): 431—432.

② Lawrence Cremin, David Shannon, Mary Townsend. A History of Teachers College, Columbia University[M]. New York: Columbia University Press, 1954: 114—115.

历史与哲学系、教育管理系、教育心理学系、初等教育系、中等教育系。①

早期师范学院的毕业生大部分是在公立初等学校担任教师。随着各州教育部门对高中水平专业教师需求的增长，师范学院毕业生大部分流向公立高中。而研究生学位数量的增长，使教师学院毕业生流向学院、大学或师范学校。截至 1922 年，高中依然是吸纳师范学院毕业生的主要机构。除此之外，有 185 名毕业生在大学获得职位，104 名任教于师范学校，只有 70 名毕业生在初等学校担任教师。在进入大学工作的毕业生中，有 2 名成为学院（大学）院（校）长，有 1 名成为大学名誉校长，有 24 名最终获得全职教授头衔。② 从就业情况看，教师学院的毕业生在就业竞争中占据绝对优势。1923 年，教师学院毕业生获得了加利福尼亚州 18 个教育学教授职位中的 12 个，教师学院毕业生的学生获得了另外 4 个职位。此外，加利福尼亚州师范学校的 145 位教育教授和系主任中有 55 人是教师学院的毕业生，80 人是教师学院毕业生的学生③，足见哥伦比亚大学教师学院在美国教育学术共同体中的主导地位。

1910 年之前，教师学院的大部分课程主要是由拉塞尔、孟禄、迈克穆里教授。拉塞尔和孟禄的课程以引介欧洲现代教育思想为主，如"德国、法国、英国教育体制比较研究""欧洲和美国中等教育""教育史""教育史中的资源"等。迈克穆里主要讲授学校教学方法方面的课程，如"心理学在教学中的应用""教学观察与实践""普通教育方法"等课程。1900 年桑代克博士毕业后，担任教师学院讲师，开设了两门课程，分别是"儿童研究""学校卫生与儿童研究"。

1910 年后，教师学院的课程结构发生了明显的变化。1910 年之前，在教师学院课程中，教育理论、教育心理学和学校教学法之间的学分比例差异并不是很大，但是到了 1920 年前后，教育心理学与测量类的课程学分超过其他各类课程，成为教师学院最强势的课程门类。（见表 23）

---

① Woodie T. White. The Study of Education at the University of Chicago, 1892—1958[D]. Chicago: University of Chicago, 1977: 10.

② Teachers College of Columbia University. Report of the Dean[R]. 1922: 52—53.

③ [美]埃伦·康德利夫·拉格曼. 一门捉摸不定的科学：困扰不断的教育研究的历史[M]. 花海燕，等，译. 北京：教育科学出版社，2006: 64.

表 23　1902—1922 年教师学院教育类主要课程学分变化情况统计①

课程类别	学　分		
	1902—1903 年	1913—1914 年	1921—1922 年
教育历史与哲学	9	32	52
教育心理学与测量	9	28	135
教育管理与学校督导	4	15	47
初等学校教学法	10	20	67
中等学校教学法	4	12	66

从教师学院教育类博士论文的研究取向看，实证与历史类研究是教师学院教育学术研究的主导趋势，哲学思辨的研究方法在博士生学术研究中被采用的概率非常小。因此，教师学院所确立的教育学术研究风格基本以实证主义为取向。（见表 24、图 64）

表 24　1905—1930 年哥伦比亚大学教师学院教育类博士论文研究方法阶段变化②

研究方法	1905—1909 年	1910—1914 年	1915—1919 年	1920—1924 年	1925—1929 年	1930 年	总　计
哲学思辨	6	5	0	3	7	0	21
历史—法律文本分析法	17	17	8	13	44	2	101
问卷	4	6	5	11	101	28	155
统计	10	20	25	49	196	41	341
实验	1	3	4	14	36	8	66
个案	0	0	0	4	3	2	9
学校调查	0	1	2	0	14	0	17

① Teachers College of Columbia University. Teachers College Bulletin, School of Education Announcement[R]. New York: Teachers College of Columbia University, 1902—1922. 除了上述课程外，还有比较教育、教育社会学、教学督导、幼儿教学法、师范学校教学法等课程。本研究主要对 1902 年最初设置的五个系部：教育历史与哲学、教育心理学、教育管理学、初等教育、中等教育等类别的课程学分进行统计（暑期课程除外）。另外，在课程列表中，有部分课程以课时形式出现，在此不计入统计结果。

② Carter V. Good. Fields and Types of Research in Education, 1918—1931[J]. The Journal of Educational Research, 1931, 24(1): 42.

续表

研究方法	1905—1909 年	1910—1914 年	1915—1919 年	1920—1924 年	1925—1929 年	1930 年	总　计
分析	1	1	4	7	30	13	56
论文总计	23	31	29	57	213	44	397

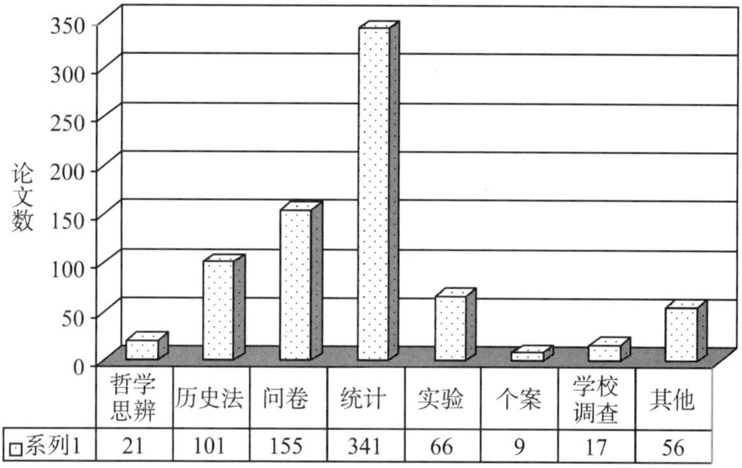

图 64　哥伦比亚大学教师学院教育类博士论文研究方法分布(1905—1930)

四、芝加哥大学的教育学术研究取向与风格

1895 年,杜威在芝加哥大学创办教育学系(department of pedagogy),将其作为哲学系分系,正式开课。同年,芝加哥大学校长威廉·哈珀将科尔盖特大学(Colgate University)的查尔斯·瑟伯(Charles Thurber)聘请到芝加哥大学,创办期刊《学校评论》,由瑟伯担任主编,这份杂志逐渐成为全美最重要的中等教育类期刊。1902 年,由弗朗西斯·帕克主办的芝加哥学院并入芝加哥大学,同时获得阿尼塔·布雷尼(Anita McCormick Blaine)①100 万美元的捐赠资金。

1902 年,芝加哥学院并入芝加哥大学后,更名为教育学院,由帕克担任院长。原教育学系更名为教育系,仍然由杜威负责管理。1902 年,帕

① 阿尼塔·布雷尼是美国慈善家,对美国教育改革投入了极大的热情,1899 年她资助帕克创立芝加哥学院(Chicago Institute)。

克去世后，杜威被任命为新的院长，他所在的教育系被撤掉，其本科生教育任务转交教育学院来承担，研究生教育任务由哲学系承担。原来的两所中等学校——芝加哥手工训练学校和南部学园(South Side Academy)合并成教育学院中等学校。原来的两所初等学校——帕克的初等实践学校和杜威的实验学校在1903—1904学年合并。

总的来说，芝加哥大学教育学院课程设置远远少于哥伦比亚大学教师学院，但也表现出一些相似的趋势，如1910年后教育心理学与测量类的课程数量逐渐增多，教育历史与哲学(原理)类课程受到冲击，课程数量呈相对减少的趋向。1909年，心理学家贾德担任教育学院院长后，杜威以及帕克时期的课程逐渐被撤掉，如米德的教育哲学课程1911年后被撤掉。贾德重新招聘的门生，如迪尔伯恩、萨缪尔·帕克、弗里曼、沃尔特·萨尔金特几乎控制了教育学院的绝大部分课程。他们每人平均担任4—5门课程的教学工作。虽然芝加哥大学教育类课程也存在向实证研究转型的趋势，但与教师学院相比，历史与哲学思辨类课程在芝加哥大学还是保留了杜威所开创的一些传统。

表25 1901—1922年芝加哥大学教育学院课程变化统计①

课程类别	课程数量		
	1901—1902年	1911—1912年	1921—1922年
教育历史与哲学(原理)	8	10	6
教育心理学与认知测量	3	15	18
教育管理	4	9	17
教学方法类	6	8	7

从博士论文选题和研究取向来看，1900—1909年间的博士论文选题以及研究取向深受杜威的影响。但1911年后，论文的主题发生了明显的转向，论文选题的关键词集中在“测试”与“标准化”等涉及更加具体的实证研究领域的词汇上。

① University of Chicago. Annual Register, 1900—1922[Z]. University of Chicago. School of Education General Announcement[Z]. 1910—1915. 由于芝加哥大学年度公报中所列出的课程表中并没有明确标示各门课程的学分，因此，本研究只对不同类别的课程数量进行统计。

表 26　1900—1930 年芝加哥大学教育类博士论文研究方法阶段变化趋势①

研究方法	1900—1905 年	1906—1910 年	1911—1915 年	1916—1920 年	1921—1925 年	1926—1930 年	总　计
哲学思辨	3	2	0	1	0	0	6
历史—法律基础法	0	0	2	5	5	3	15
统计法	0	0	2	6	16	17	41
实验法	0	1	1	3	7	16	28
个案法	0	0	1	3	7	5	16
其他	2	1	0	1	7	3	14
论文总数	5	4	6	17	41	37	110

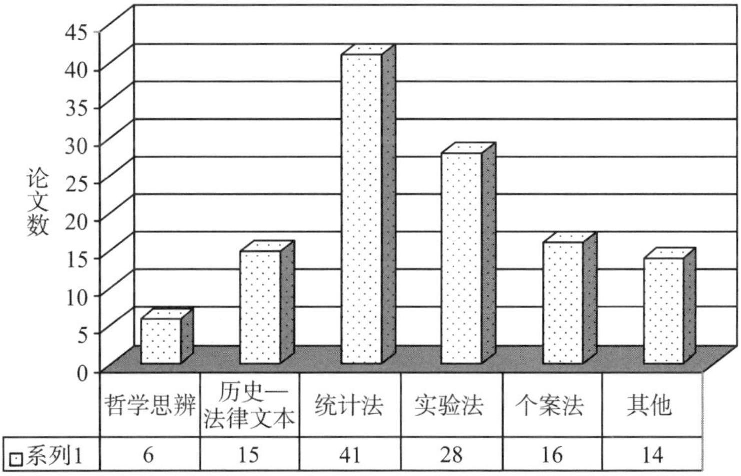

图 65　1900—1930 年芝加哥大学教育类博士论文研究方法分布

从哥伦比亚大学教师学院和芝加哥大学教育学院教育学术研究取向的变化走势看，1910 年前后是美国教育学术研究的分水岭，无论在课程

① 1900—1921 年论文资料来源于 University of Chicago . Register of Doctor of Philosophy of the University of Chicago, 1893—1921[Z]. Bulletin of Information, University of Chicago, 1922; 另外，1922—1930 年论文资料来源于 Robert Throop, Lloyd Gordon Ward. Doctoral Dissertations in Pedagogy and Education Granted by the University of Chicago, 1900—1935 [Z]. St. Catharines, ON: The Mead Project, 2006.

设置上,还是在博士论文选题与研究方法上,新的教育研究范式正在逐步确立,一种以测量、统计、调查为核心的教育学术研究传统以教师学院和芝加哥大学为中心开始向各类教育研究机构渗透。美国社会学家爱德华·希尔斯认为,由少数几个中心构成的中心群的出现,促成了学术秩序发展成为一个共同体,这是学术界在知识秩序中的占据优势地位的一个必要条件。中心群内部之间的流动和中心与周围边缘区域之间的流动,巩固了学术秩序的集体自我形象和中心群在其中的地位。学术体系内部的流动,促进了集体身份感的形成。这种流动赋予了其参与者对学术秩序和他们自身的科学和学术界的更广泛的经历,其结果就是形成了一个共同的论域。① 而共同论域的存在成为教育共同体学术互动的语境,直接影响其新成员的吸纳和培养,在此基础上,形成以某些核心大学和核心人物为中心的教育学术圈子,导引整个教育学科的发展。

第三节 无形学院:教育学界精英的知识生产与学术互动

从社会学的角度看,可以把无形学院理解为一群地域上分散的科学家,他们彼此之间的认识、互动,比与更大的科学家共同体的其他成员之间的认识、互动更为频繁。② 无形学院把学科精英及其合作者通过直接的纽带紧密联系在一起,这一组织的存在不仅为杰出人物之间的学术互动提供了结晶化的知识语境,同时,它对于统一研究领域,并为其提供凝聚力和方向是有帮助的。③ 在新的领域里所获得的最初成果一般分散在各种不同的学术刊物上,正是由于这些成果的初次发表,那些独立地从事相近研究的科学家才了解到他们拥有共同的兴趣,并建立了非正式的联系。这种联系又会通过存在的"无形学院"的成员之间的关系得以加强。其中的许多成员如果认为这个新领域非常具有发展前途,他们就会把志

---

① [美]爱德华·希尔斯.学术的秩序[M].李家永,译.北京:商务印书馆,2007:26—27.

② [美]罗伯特·默顿.科学社会学散忆[M].鲁旭东,译.北京:商务印书馆,2004:10.

③ [美]黛安娜·克兰.无形学院——知识在科学共同体的扩散[M].刘珺珺,等,译.北京:华夏出版社,1988:129.

同道合的人引入这个新领域。①

一、教育知识的生产及其扩散

期刊是教育学界精英生产、传播知识的主要平台，研究成果能够被引证是追踪教育知识扩散以及学术影响力的重要指标。因此，本书借助 Web of Science 文献引证索引数据库对 19 世纪末 20 世纪初知名的教育期刊进行文献引证分析，探究供职于哥伦比亚大学、芝加哥大学等的教育学界精英的知识生产及扩散过程。与本书相关的教育理论以及学校教育研究期刊主要有：《教育评论》②《初等学校杂志》《学校评论》《学校与社会》《教师学院纪要》《教育》(*Education*)。在引证分析中，本书将时间跨度确定在 1898—2012 年之间，文献引证索引数据库主要包括"科学引证索引"(Science Citation Index Expanded, SCI-EXPANDE-D, 1899 年至 2012 年)、"社会科学引证索引"(Social Science Citation Index, SSCI, 1898 年至 2012 年)等。③

在学术影响力方面，主要以 *h* 指数(h-index)作为参考指标。*h* 指数用来检测一名科学家或学者作品的产出率和学术影响力，由赫奇(J. E. Hirsch)编制并发表在《美国国家科学院记录汇编》(*Proceedings of the National Academy of Sciences of the United States of America*)④上，是指科学家或学者有 *h* 篇论文分别被引用了至少 *h* 次。一名学者的 *h* 指数越高，

---

① [英]迈克尔·马尔凯. 科学社会学理论与方法[M]. 林聚任，等，译. 北京：商务印书馆，2006：106.

② 《教育评论》创刊于 1891 年，《学校评论》创刊于 1895 年，Web of Science 文献引证索引数据库中只收录 1956 年后的文献。

③ 此报告中的引文均来源于 Web of Science 收录的文献(部分文献数据库可回溯至 1898 年，其中所收录的教育以及教育研究类期刊有 130 种)。该引文数据库包括："科学引证索引""社会科学引证索引""艺术与人文科学引证索引"(Arts & Humanities Citation Index, A&HCI)、"会议记录引证索引—科学"(Conference Proceedings Citation Index-Science, CPCI-S)、"会议记录引证索引—人文社会科学"(Conference Proceedings Citation Index-Social Science & Humanities, CPCI-SSH)、"科学著作引证索引"(Book Citation Index-Science, BKCI-S)、"人文社会科学著作引证索引"(Book Citation Index-Social Sciences & Humanities, BKCI-SSH)。

④ J. E. Hirsch. An Index to Quantify an Individual's Scientific Research Output [J]. Proceedings of the National Academy of Sciences of the United States of America, 2005, 102(46): 16569—16572.

证明他的学术知名度和影响力越大。h 指数是基于学者论文被引证频次来确定的,该指数也可以用来分析一组(如一个系科或一所大学等)科学家或学者的知识生产率和学术影响力。

为了确保分析结果的可靠性,本书主要采取引证关系与前向引证关系来分析教育家的学术影响力及其知识的扩散。首先,在现有期刊和数据的基础上,利用作者论文引证关系来分析教育学界精英个体的学术知名度和影响力(h 指数)。其次,由于数据库文献时间跨度的限制,20 世纪早期知名教育家的著作和论文数据是不完整的,这在某种程度上也影响了分析结果的信度和效度。为了能够进一步确证研究结果的可靠性,本书采用前向引证关系来分析教育学界精英在后来学者知识生产中的贡献。具体来说,即对期刊文献中"被引作者"进行统计,分析早期教育学界精英所生产知识的累积性贡献。

表 27 引证关系:教育学界精英的著作及论文被引证频次与学术影响力(1898—2012)

序号	作者	文章数	被引频次总计	每项平均引用次数	h 指数
1	桑代克	96	655	6.86	10
2	贾德	113	171	1.51	6
3	杜威	63	290	4.60	6
4	巴格莱	33	17	0.52	2
5	孟禄	14	11	0.79	2
6	萨顿	6	8	1.33	2
7	克伯莱	—	—	—	—
8	哈努斯	14	2	0.14	1

表 28 前向引证关系:教育学界精英的著作及论文被引证频次与学术影响力(1898—2012)

序号	被引作者	直接引用该作者的文章数	被引频次总计	每项平均引用次数	h 指数
1	杜威	3029	28872	9.53	71
2	桑代克	791	28293	35.77	67

续表

序　号	被引作者	直接引用该作者的文章数	被引频次总计	每项平均引用次数	h 指数
3	贾德	156	4343	27.84	33
4	巴格莱	16	124	7.75	5
5	孟禄	25	56	2.24	4
6	萨顿	18	148	8.22	7
7	克伯莱	409	2180	5.33	20
8	哈努斯	—	—	—	—

从引证关系和前向引证关系分析中可以看出，杜威、桑代克、贾德这三位教育家无论是在教育知识生产，还是在教育知识扩散或知识累积效应方面，其学术影响力都是名列前茅的。

另外，教育研究类文章的研究取向分布也可以反映出教育界学术精英知识生产与学术秩序的基本特征。以桑代克、贾德的文章为代表的统计和实验研究类文章比例超过65%。从阶段发展看，教育测量与统计类文章在1910年以后骤然增长，1900—1909年仅有11篇，到1910—1919年增长到278篇，增长了24倍之多，足见实证主义取向在教育学术共同体中的影响力。

表29　1890—1929年美国教育研究类文章①所采用的方法分布情况②

研究方法	文章数量	百分比
历史法	37	1.3%

---

① 本书选取了当时美国教育研究类13种有代表性的期刊中的2837篇文章进行统计分析。在期刊筛选上，主要有4个标准，一是在教育内容和思想上具有代表性；二是依据一般分布法（general distribution）；三是文章材料类型；四是文章在教育家中获得的认可度。最终筛选出的13种期刊分别是：①《教育》；②《教育评论》；③《初等学校杂志》；④《教育管理与督导杂志》（*Journal of Educational Administration and Supervision*）；⑤《教育方法杂志》（*Journal of Educational Method*）；⑥《教育心理学杂志》（*Journal of Educational Psychology*）；⑦《教育研究杂志》（*Journal of Educational Research*）；⑧《全美教育协会杂志》（*Journal of National Education Association*）；⑨《北部中心协会杂志》（*North Central Association Quaterly*）；⑩《遗传心理学杂志》（*Journal of Genetic Psychology*）；⑪《学校与社会》；⑫《学校评论》；⑬《教师学院纪要》。

② Paul R. Franke, Robert A. Davis. Changing Tendencies in Educational Research[J]. The Journal of Educational Research, 1931, 23(2): 136.

续表

研究方法	文章数量	百分比
比较—调查	132	4.63%
问卷—通信—访谈	476	16.69%
统计法	1154	40.44%
实验法	714	25.02%
个案调查法	59	2.07%
活动分析—社会调查法	281	9.85%
总计	2853①	100%

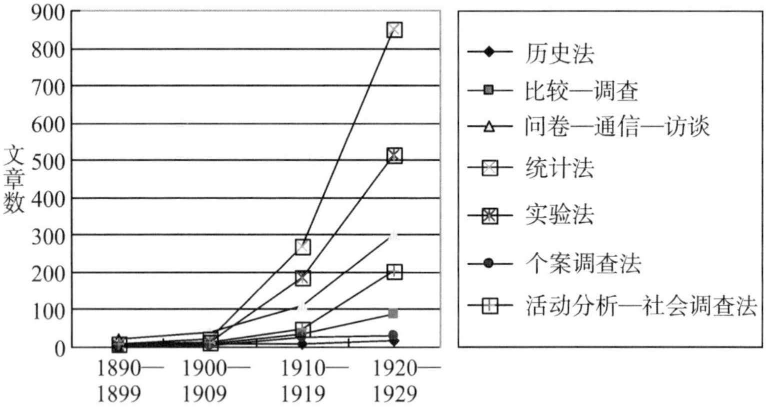

图 66 1890—1929 年教育研究类文章所采用方法阶段变化统计

① 一些教育研究类文章中，同时采用几种研究方法，因此统计数据总数大于样本文章总数。

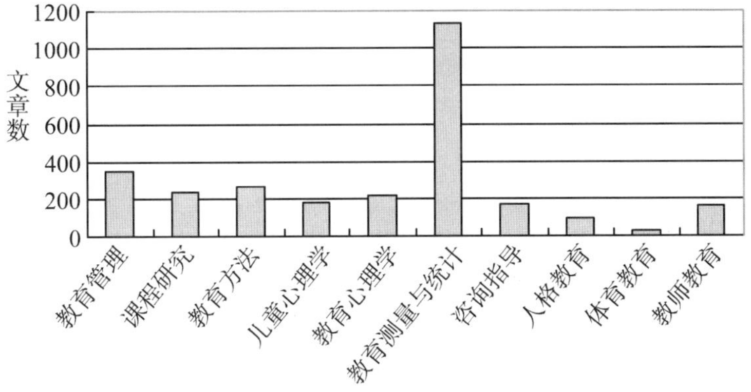

图 67　教育类研究文章研究主题或领域分布(1890—1929)①

二、专业学会中教育家的学术互动

专业学会反映了在教育知识的生产、运用等过程中权力结构的运作。由于专业学会是由形形色色的成员组成的,因此,每一个专业学会都肯定存在某种程度的内部冲突。从结构分析的观点看,专业学会成员之间这种形式的冲突绝不是偶然事件,因为在社会结构不断分化的情况下,专业组织实际代表的是处于社会结构中不同阶层和领域中的群体,这些人具有不同,甚至常常相互对立的利益和价值取向。本书以"全美大学教育学教师学会"和"全美教育研究学会"为研究对象,分析专业学会中教育家学术互动所表现出的特征和趋势。

(一) 全美大学教育学教师学会

1902 年该学会成立时名称为"大学教育学教师学会",约翰 · 杜威、保罗 · 哈努斯、沃尔特 · 雅各布斯等是该学会的创始人。② 学会成立时会员人数目前已无法考证,但从当时美国大学和学院教育系的设置③情

---

① Paul R. Franke, Robert A. Davis. Changing Tendencies in Educational Research[J]. The Journal of Educational Research, 1931, 23(2): 141.

② Paul Hanus. Adventuring in Education[M]. Cambridge, MA: Harvard University Press, 1937: 229—230.

③ 当时设立教育系的大学和学院有:哥伦比亚大学教师学院、芝加哥大学、康奈尔大学、印第安纳大学、爱荷华大学、密歇根大学、密苏里大学、纽约学院、西弗吉尼亚大学、威斯康星大学。当时大学中教育领域的课程大多被称为"教育学"(pedagogy, pedagogics)。

况看,当时的会员人数应该比较少。早期学会只收在大学和学院从事教育课程教学或管理的人员。学会每年召开一次会议。最初,学会并没有发行相关出版物,直至1906年,学会才开始向会员发放一些教育类文章。1906年发放的是由约翰·迈克温内尔撰写的《教育原则中的大学课程》(*The College Course in the Principles of Education*)①,1907年发放的是威廉·萨顿的《学院和大学中教育系之间联系的组织》(*The Organization of the Department of Education in Relation to Other Departments in Colleges and Universities*)②、威廉·伯恩海姆等的《教育史作为一门专门学科》(*The History of Education as a Professional Subject*)③。1909年,该学会正式更名为"全美大学教育学教师学会",并自行出版小册子(pamphlet),1909年的年度论文集为《学院和大学教育系中的观察和实践教学》(*Observation and Practice Teaching in College and University Departments of Education*),作者是弗里德里克·法灵顿(Frederic E. Farrington)、乔治·斯特里耶、沃尔特·雅各布斯。1911年学会正式以年鉴(yearbook)的形式发表文章,参会人员和发表的文章逐渐增多,尤其是1911年年会,参加会议并发表文章的会员都是当时的知名学者。④

全美大学教育学教师学会作为20世纪初美国大学中从事教育研究人员的专门组织,汇聚了一大批当时美国大学中热衷于教育学术研究的学者。该学会每年举行一次会议,并发表一份年鉴,集中汇编会员教育研究方面的相关研究文章。全美大学教育学教师学会最初的动议是以论坛的形式检查和评估大学教育系的课程和管理,以此来提升美国大学和学院教育系的质量。学会通过论坛加强教育系与其他学术部门的联系,并

---

① John A. MacVannel. The College Course in the Principles of Education[J]. The School Review, 1906,14(2):69—122.

② William S. Sutton. The Organization of the Department of Education in Relation to Other Departments in Colleges and Universities[J]. Journal of Pedagogy, Hew Rochelle, New York, December, 1906 and March, 1907.

③ William H. Burnham, Henry Suzzallo, Edward Lee Thorndike . The History of Education as a Professional Subject[M]. New York: Teachers College, Columbia University, 1908.

④ National Society of College Teachers of Education. A History of the National Society of College Teachers of Education(1902—1950)[R]. Original Manuscript by C. Woody, 1944. Chicago: NSCTE, 1950: 10.

讨论时下的教育理论问题。① 1916 年贾德担任学会主席期间,进一步修订了学会章程。为了改善和提升大学教育系教学质量,学会主要关注以下三方面的问题:①教育系管理方面的问题;②教育系课程管理与教学问题;③教育领域的一般性研究。科学管理、行为主义和定量研究开始主导学会的教育研究取向,而不再强调所谓的“理论”研究。

学会执行委员会由主席和财务秘书构成。另外,学会对会员的入会要求主要有:①全美所有大学和学院中教育专业领域的教师都有资格成为本学会成员;②所有参加在芝加哥举办的第一次学会会议,并签署学会章程,缴纳会费的成员一律视为特许会员,所有其他会员则需要由执行委员会来审核、筛选;③学会会员须经过执行委员会投票选举,并需缴纳 2 美元会费。学会章程要求每年召开一次会议,会议时间和地点与全美教育协会督导部(Department of Superintendence of the National Education Association)保持一致。

从学会历年会议地点分布来看,会员学术互动区域主要集中在美国中部。(见图 68、图 69)从会议讨论议题看,学会的学术兴趣点主要集中在教育科学研究及其组织形式、教师培训以及教育测量与测试等领域。(见图 70)

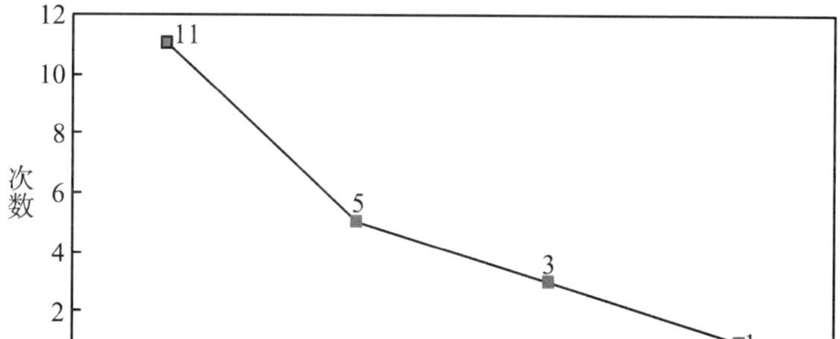

图 68　全美大学教育学教师学会会议地点所在地区分布(1902—1921 年)

① National Society of College Teachers of Education. Constitution, By-laws and Membership List, 1910—1911[R]. Chicago: NSCTE, 1911.

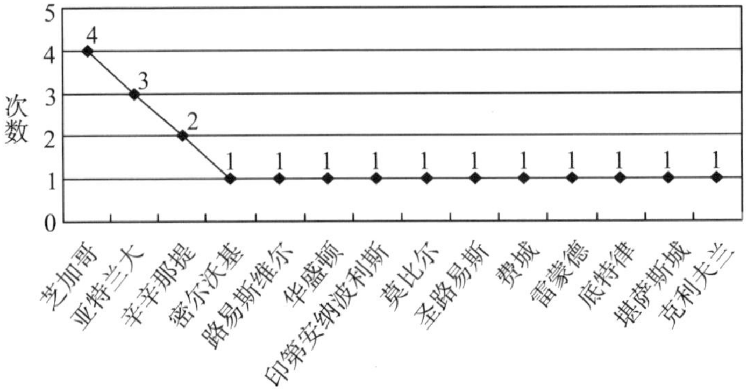

图 69　全美大学教育学教师学会会议举办城市分布(1902—1921 年)

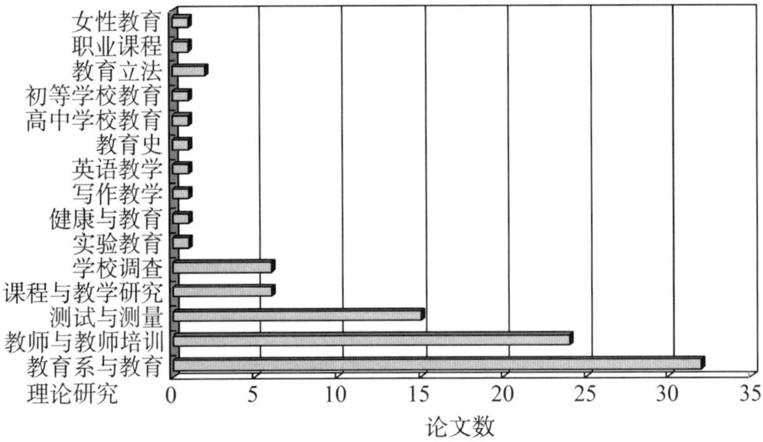

图 70　全美大学教育学教师学会会议讨论主题分布(1911—1922 年)

1911—1922 年间会员流动频繁,其中常驻知名会员有:爱德华·桑代克、埃尔伍德·克伯莱、沃尔特·迪尔伯恩、亨利·霍曼斯、霍曼·霍恩、保罗·孟禄、詹姆斯·拉塞尔、乔治·斯特雷耶等。

杜威虽然是全美大学教育学教师学会的创建者,并在早期担任学会主席,但杜威及其追随者并没有在该学会长期活动,也较少在学会会议上发表文章,且在 1919 年前后不再参加学会会议。1916 年贾德担任学会主席期间,该学会逐渐向定量化和行为主义转型,这可能也是杜威离开的原因之一。

(二) 全美教育研究学会

全美教育研究学会的前身是 1895 年创建的赫尔巴特学会(The

National Herbart Society)①。1901 年赫尔巴特学会重组成立"全美教育科学研究学会"(National Society for the Scientific Study of Education),鼓励会员在积极传播、推广赫尔巴特教育思想的基础上,扩大研究范围,开始进行广泛的教育科学研究。1910 年全美教育科学研究学会更名为"全美教育研究学会"。学会每年出版年鉴,所收录的论文涉及 48 个与教育相关的领域。该学会汇集了教育学界诸多杰出研究者,杜威、桑代克、贾德等都是学会的知名会员。该学会主要有三种类型的会员:参与性会员(associate members)、积极会员(active members)、荣誉会员(hornor members)。会员主体是积极会员和荣誉会员,积极会员每年缴纳 2 美元会费,享受担任学会职务、投票以及参与学会讨论等权利。学会在 1912 年开始设置荣誉会员,这类会员无需缴纳会费,同时享有与积极会员同等的权利,但不能投票和担任学会职务。1912 年第一位荣誉会员是杜威。到 1920 年,荣誉会员达到 4 人,分别是约翰・库克、杜威、德加谟、哈努斯。

1910 年之前,全美教育研究学会规模较小,学会经费和会员人数都比较少。1906 年学会经费只有 384.06 美元,到了 1925 年经费增长到 17012.54 美元;会员人数 1912 年只有 234 人,1925 年达到 1757 人,其中积极会员 1902 年为 79 人,到了 1925 年增长到 731 人。②

全美教育研究学会是由学者、职业教育家、政策制定者组成的专业组织,该学会的创立主要是为了提高教育科学的地位。1902 年,全美教育科学研究学会在学会章程中明确申明其宗旨:围绕教育问题进行认真、持续、集中的研究,学会并不代表特殊的教育信条或鼓吹某种教育思想。学

① "赫尔巴特学会"又名"赫尔巴特教学科学研究学会"(The Herbart Society for the Scientific Study of Teaching)或"赫尔巴特教育科学研究学会"(The Herbart Society for the Scientific Study of Education)。1895—1899 年间,年轻的教育家查尔斯・德加默、尼古拉斯・巴特勒、约翰・杜威、威尔布・杰克曼、埃尔默・布朗(Elmer E. Brown)、弗兰克・迈克穆里、李维・希利(Levi Seeley)、查尔斯・迈克穆里等一批学会创立者积极将教育科学研究向全美推广,这批学会领导者在推进美国教育科学研究中发挥了非常重要的作用。

② National Society for the Study of Education. Commemorating a Quarter of a Century of Service of the National Society for the Study of Education Ⅲ[M]. Bloomington: Public School Publishing Company, 1926: 13.

会的目标、精神和方法都是致力于教育的科学化。①

自1902年起,学会每年举办两次会议,会议举办地点依然集中在中部地区。(见图71)芝加哥、克利夫兰、辛辛那提等是举办会议最多的城市,其中芝加哥举办了5次,克利夫兰和辛辛那提分别举办了3次。

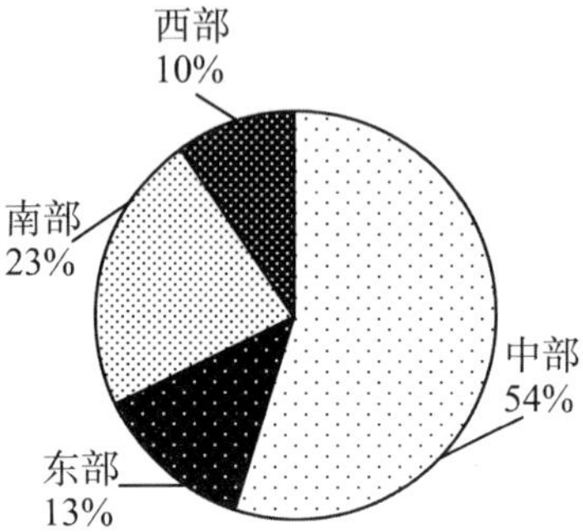

图71 全美教育研究学会会议地点分布(1902—1926年)

表30 全美教育研究学会大学教授学者成员

年 份	积极会员	来自大学的教授学者	所占比例
1902	79	31	39%
1906	162	42	26%
1910	109	40	37%
1915	195	61	31%
1919	354	79	22%
1922	512	125	24%

从学会会议历年的讨论议题看,讨论的主题主要集中在考试与测试(tests and testing)、教师培训(training of teachers)、城市学校(city schools)、教育史(history of education)等方面。(见图72)其中考试与测试、教师培训两个领域集中了当时教育界大部分学术精英,如桑代克、贾德、威廉·格里、杜威、斯特雷耶、柯蒂斯、克伯莱等知名教育家。其中非

① National Society for the Scientific Study of Education. Constitution of National Society for the Scientific Study of Education[A]. First Yearbook of National Society for the Scientific Study of Education[Z]. Chicago: University of Chicago Press, 1902 (1): 73.

常活跃的教育家有贾德、桑代克、威廉·格里等，而杜威及其追随者，如克伯屈、埃拉·扬（Ella F. Young）等教育家在该学会会议中表现得并不积极，所发表的文章也非常少。

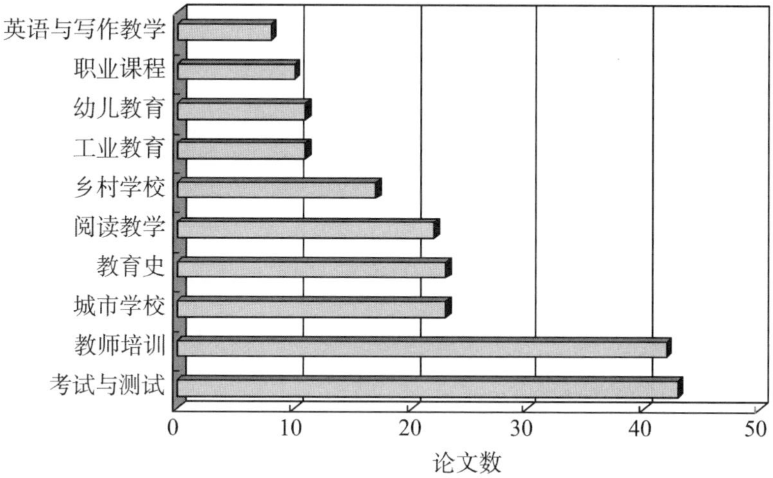

图 72　全美教育研究学会会议讨论主题分布（1902—1922 年）

综合两大专业学会会员的互动情况，常驻知名会员存在明显的重叠现象；从学会会议讨论的主题看，教育测量与测试依然是学会会议的主导议题；从常任杰出会员所在大学情况看，来自哥伦比亚大学教师学院和芝加哥大学的教育家人数依然是最多的，其中哥伦比亚大学有 7 人，芝加哥大学有 4 人。

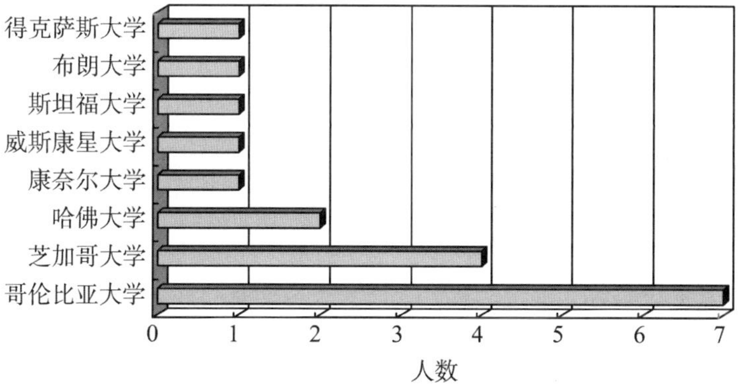

图 73　两大学会常任杰出会员所在大学分布

从两大学会会员的流动情况以及讨论主题看,尽管存在社会相似性和心理上的共鸣,但教育学界精英群体的成员并没有组成一个有着固定、正式界限的永久会员的俱乐部。一方面,教育学界精英在无形学院中所开拓的学术研究传统及其秩序,表现出与大学中的教育学术兴趣趋同的现象;另一方面,在学术互动中,教育学界精英学术秩序的构建以及分层更多是依托于大学机构这类正式组织,并借助大学所赋予的身份和头衔,以培植教育学术共同体。教育期刊和教育专业学会等非正式组织在教育学术秩序的构建过程中所发挥的作用从根本上还是要借助于大学的名望,或者说,无形学院的教育学术秩序基本上是在大学名望基础上形成的。因此,教育学界精英学术阵地主要在大学,大学之外所形成的学术网络是其附属品或衍生品。这一结论也恰恰反映了大学这一正式组织在教育学界学术研究以及教育专业身份确立中的关键作用。不同于科学界专业身份的获得,早期科学界精英除了依靠大学或学院外,其知识传承和师承关系在无形学院中本身就可以独立运行。这种强烈依靠大学来传承教育学术传统的特征,也从一个侧面反映了教育学科作为一个知识领域,其专业身份的非独立性。另外,早期教育学术研究传统是在著名私立大学中确立的,大部分教育学界精英也都出身于这些私立大学,可以说,私立大学在这一时期对教育研究的强烈关注也为教育学术职业化提供了非常重要的平台。

第五章

美国教育学界精英群体中的不同流派及其取向

学术界的派别主义就像在宗教中的情形一样，都既有较窄的理论视角也有较宽泛的应用视角，根据学派的不同特点，可以将其类比为都市型和田园型。两者在很多方面都不同，不仅表现在交流模式上，也表现在其中的研究人员所面临问题的本质和范围上，还表现在研究人员之间关系的不同，以及他们吸收资源的机会不同上。①

——托尼·比彻、保罗·特罗勒尔

在社会结构总体变迁的背景下，本书对教育学界精英群体的总体社会结构特质及其学术秩序进行了分析。从教育学术秩序形成的过程中可以判断，学术发展并非是一个顺利的过程，而是一个充斥着一系列冲突斗争的过程。学术研究取向本身，也一定是受正统观点的制约，而正统观点只能允许一定程度不同看法的存在。但是在学术共同体中，各种相互对立的理论之间依然存在激烈的竞争，结果一种新的范式会逐渐被认可，一种新的正统观点会在这个领域中建立起来。可以说，科学共识在某一个兴趣领域很少能完全达到，它的确立多是依赖这样一些社会文化因素，如选择那些从技术上说看起来有可能解决的问题，也依赖于运用相对一致的科学观点。不仅如此，在诸多领域中最终达成的共识似乎一方面是合作和协作的结果，另一方面是争论、竞争和专业化这两方面之间微妙的制

① ［英］托尼·比彻，保罗·特罗勒尔. 学术部落及其领地：知识探索与学科文化［M］. 唐跃勤，等，译. 北京：北京大学出版社，2008：112.

衡的结果。① 由于社会出身和知识背景的差异,教育学界精英群体中也形成了不同的学术流派,各个流派对教育科学以及学校教育等问题的理论阐释也存在巨大的分歧。

按照知识社会学的观点,知识创造者的社会行为及其主张会受到他们所处的社会地位的影响,而且社会环境因素也可以融入教育家关于教育的观点之中。杰出人物迎合着时代的需求或气氛,而在某种意义上,这些需求或气氛通过他们的观点得以表达。与其他学科精英一样,教育学界精英也接受着从社会生活的需求和压力中产生的各种因素的刺激。波兰社会学家弗·兹纳涅茨基认为,每一位思想家只从属于特定的社会集团,占据一定的位置,并扮演专门的社会角色,因而必然影响他据以探讨经验世界的观点与洞察力。……并在此基础上建立特定的社会圈子。②英国哲学家波兰尼(Michael Polanyi)指出,科学家们常常都不是思想开放的、独立解答难题的人,相反,他们只是致力于解决那些由其群体限定的有限范围的问题。③ 德国社会学家曼海姆也认为,即使天才也不会在真空中思考,他只能在历史提供给他的概念和问题之中选择其思想的起点,这些概念和问题反映了一种精神和经验状况,这种状况与我们生活的其他组成部分一样,根植于历史之流。不管思想家给生活带来多么激进的新奇思想,他始终是在当时生活问题的主导状况的基础上展开其思想的,他的概念储备只是对这笔集体财富的一种修改。④ 因此,学术精英一般都是在特定的社会世界中建立其知识体系和学术观点的。

一旦对某个人物的思想结构进行分析,就会遇到把它归于一定的群体的问题。这不仅要求对那些普遍运用这些思想的群体和阶层进行经验研究,而且要求解释清楚为什么正是这些群体而不是另外一些群体体现了这种思想。"实际上,对不同学术派别思想及其取向的理解,人们更直

① [英]迈克尔·马尔凯. 科学社会学理论与方法[M]. 林聚任,等,译. 北京:商务印书馆,2006:140.

② [波兰]弗·兹纳涅茨基. 知识人的社会角色[M]. 郏斌祥,译. 南京:译林出版社,2000:14—15.

③ [英]迈克尔·马尔凯. 科学社会学理论与方法[M]. 林聚任,等,译. 北京:商务印书馆,2006: 96.

④ [德]卡尔·曼海姆. 保守主义[M]. 李朝晖,牟建君,译. 南京:译林出版社,2002: 27.

接而广泛地适应他们所生活的群体,而不是去适应自然,因此,可以从群体结构和群体关系中找到思想范畴的起源,并且这些思想范畴是随着社会组织的变迁而变化的。"①对那些大多数学术文化研究所涉及的精英群体来说,他们的职业生涯也绝非是完全静态的。如果一个人想追逐名誉并使其得以保持,那么从根本上来讲,他必须紧紧跟上学术领域里的最新发展,并且还要为推动学术发展做出自己的贡献,这些新发展是学术活动高度活跃的标志。②

由于在社会出身和教育背景方面存在差异,教育学界精英形成了不同的学术立场和分析问题的手法,根据教育家的价值取向和教育研究分析手法的不同,本书将他们分为实验主义取向、科学主义取向两个个案组,阐述不同教育学术取向之间的对话和竞争过程,揭示不同教育学术取向的命运与美国教育学术秩序和研究传统形成的内在关系。

学术派别之间的对话与论争,展现了不同学派之间的论争过程,而不同学派最终的命运也从一个侧面映射出学术流派之间的社会互动中隐含的选择过程。事实上,人文社会科学领域最恰如其分的特征便是它充满着热烈的争论,彼此冲突的各种研究方法和观点、看法。"在有关社会学思想史的著作中,往昔时代的伟大思想家们被划分成一个个流派,彼此争斗,……而到了今天,各种新兴的社会学宗派时不时就会冒将出来,大声宣称着它们各自对社会学问题的最终解决之道,而指责竞争对手的研究路径毫无可取之处。"③不同学术派别在论争中组建自己的学术部落,而这种学术部落是错综复杂、相互交织的。就像一个多声部的合唱,由多个声部构成,一个声部唤醒另一个声部,一个声部因另一个声部而有意义。有时候是齐唱,更多的时候是分不同的声部的。文化并不是一个共享的产品,我们应该把文化看成是撞击世界的过程。④ 王炳照教授认为:"教

---

① [美]罗伯特·默顿. 社会理论和社会结构[M]. 唐少杰,齐心,等,译. 南京:译林出版社,2006:696.

② [英]托尼·比彻,保罗·特罗勒尔. 学术部落及其领地:知识探索与学科文化[M]. 唐跃勤,等,译. 北京:北京大学出版社,2008:108.

③ [澳大利亚]马尔科姆·沃特斯. 现代社会学理论[M]. 杨善华,译. 北京:华夏出版社,2000:369.

④ [英]托尼·比彻,保罗·特罗勒尔. 学术部落及其领地:知识探索与学科文化[M]. 唐跃勤,等,译. 北京:北京大学出版社,2008:52.

育思想论争研究最容易充分展现教育家的聪明智慧,也更容易暴露教育家教育思想的疏漏和偏颇。……各种不同的教育思想莫不力争对教育实践产生更大的影响,力求占据主导地位,不同教育思想的分歧是客观存在的,因而论争是不可避免的,有时甚至是非常激烈的。"①

第一节 实验主义取向:杜威及其追随者

1859 年,杜威出生于佛蒙特州伯灵顿的一个中等收入家庭,其父亲是当地的食品和烟草商,母亲是一位虔诚的基督教福音派教徒。1874 年,从当地公立学校毕业后,杜威进入佛蒙特大学接受高等教育。在此期间,他对进化论和哲学产生浓厚的兴趣,并开始广泛阅读相关的著作。1879 年毕业后,杜威先后在宾夕法尼亚的一所高中和佛蒙特的小型学院任教。1882 年,杜威进入约翰·霍普金斯大学攻读博士学位,1884 年毕业后跟随他的导师乔治·莫里斯(George S. Morris)任教于密歇根大学。在密歇根大学期间,杜威有机会接触到公立学校系统,逐渐认识到建立民主的公立教育系统的重要性。1904 年,杜威被哈珀聘到芝加哥大学,他的实验主义教育研究取向在芝加哥大学得以实践。杜威在芝加哥大学的十年(1894—1904 年),是其教育科学化思想最繁荣的十年,因此,本书重点探讨杜威在芝加哥大学时期所开展的教育研究工作。

一、杜威及其教育研究团队

1894 年,杜威来到芝加哥大学,并开始组建哲学系,心理学和教育学附属于哲学系。当时哲学系只有两位正式教师,即查尔斯·斯特朗(Charles A. Strong)和詹姆斯·塔夫茨(James H. Tufts)。哲学系成立后,杜威将他在密歇根大学的两位同事乔治·米德(George H. Mead)和詹姆斯·安吉尔(James R. Angell)也聘请到芝加哥大学。为了加强教育学在大学中的地位,杜威将他的哲学和心理学思想有效地结合在一起进

① 王炳照.应当开展教育思想论争史的研究[J].河北师范大学学报(教育科学版),2005(1):54—56.

行教育科学研究。

1895 年,教育学系成立,并成为大学中一个独立的单位。杜威认为,首先,大学中的教育学系应将学生培养成为教育领域的专家,如教育学教授、督学、师范学校督查等。其次,教育学系应设立专门的实验学校,以实践和检验新的教育理论。教育学系成立后,纳撒尼尔・巴特勒(Nathaniel Butler)、弗莱德・斯梅德利(Fred Warren Smedley)、埃拉・扬、乔治・洛克(George H. Locke)陆续成为教育学系的教师,其中杜威最看重埃拉・扬。

早在杜威进入芝加哥大学之前,哈珀校长就曾聘请以推崇欧洲教育思想著称的女教育家茱莉亚・巴克利(Julia Bulkley)协助组建教育学系及其教学工作。巴克利是芝加哥大学教育研究领域第一位受聘教师,1895—1900 年间在芝加哥大学担任教育学副教授。巴克利的课程以欧洲教育学理论为主,如普通教育学、裴斯泰洛齐与赫尔巴特、英语教学的发展、普通教育学原理、教育学研讨课;米德、安吉尔等以讲授伦理学和心理学为主;杜威为教育学系设计的课程表非常宽泛,包括教育心理学、教育哲学、教育方法论、教育理论变迁、初等教育、教育中的逻辑方法、课程史等。当时,巴克利的观点与杜威所提倡的实验主义方法相比,已显出过时的迹象。

1900 年代表欧洲教育学和师范学校传统的茱莉亚・巴克利离开芝加哥大学,教育研究的权力正式被杜威及其团队所掌控。在芝加哥大学,杜威积极扩充教师规模,并增设课程。他聘任他在密歇根大学的学生詹姆斯・安吉尔担任心理学课程的讲师,安吉尔后来成为全美知名心理学家。杜威掌管教育学系期间,哲学课程从 1893 年的 14 门增加到 1899 年的 35 门,同一时期,心理学课程也从 2 门增加到 12 门。①

杜威团队"执掌"教育学系后,强调大学教育研究的必要性和合法性,并试图将芝加哥大学变成教育学科的核心阵地。在培养目标上,芝加哥大学教育系旨在培养教育系统的领导者、师范学校教师、教育学教授、督学和学校校长。杜威认为,芝加哥大学教育学系的学生不同于师范学

---

① Woodie Thomas White. The Study of Education at the University of Chicago, 1892—1958 [D]. Chicago: University of Chicago, 1977: 36.

校的学生,前者是相对成熟的教育专业人员,而后者则是年轻而缺乏经验的人员。根据这一差别,杜威设计了不同的教育类课程。1897 年他提出的教育学课程主要有教育物理学、教育物理生物学、教育社会学、教育心理学、教育史和教育哲学。杜威认为,教育研究的推行极大地依赖大学其他学科的发展,因此,杜威希望将教育学术职业化建立在一种自由的和多学科合作的基础上。

在杜威看来,教育研究应是大学和民众日常生活之间的桥梁。它可以使大学中相关的研究工作与社会需求之间建立联系,使大学中的专门知识与各层次学校教育之间建立联系,大学教育学系的设置可以最大限度地避免知识的过度专门化。

杜威将道德问题、教育问题和心理问题与外部环境的需求联系在一起。对于杜威及其追随者来说,人在身心方面都具有可塑性,他们意识到了自然科学标准化、定量化技术中的非人性因素,认为人不能被当做可以任意雕琢的机器部件,人应该是自我的塑造者。杜威认为,依靠实践经验进行教育研究的师范学校传统已经逐渐式微。杜威在写给哈珀的信中谈道:

对学校开展观察和实验的需求是非常明确的。如果您担心学校失去总的目标、规划和方法,缺乏独特特征,表现出无序状态等这样的危险,如果儿童在实验学校处于一种放任状态,那么或者我放弃这项实验,或者请您另觅高人担此重任。我不仅希望实验学校能够得到专家的尊重,并对教育学做出贡献,也期望它能够得到广泛认可,成为初等教育的组织原则。①

1893 年,杜威在芝加哥大学创办的实验学校即是对这种观念的具体实践。实验学校主要奉行三个基本的原则:一是创设环境,最大限度地发展儿童的潜能;二是为儿童适应民主社会做准备;三是通过实验而不是模仿使儿童具备创造性思维能力。很快,杜威的实验学校获得全美高度的关注,杜威在大学教育界的声望也逐渐确立。一位哈佛大学教授在写信给哈珀时提到:“很不幸,在芝加哥大学教育学系除了杜威开设的课程外,

① Woodie Thomas White. The Study of Education at the University of Chicago, 1892—1958 [D]. Chicago: University of Chicago, 1977: 29—30.

并没有真正意义上的工作成就，这种看法在东部地区非常普遍。在坎布里奇研究生俱乐部联合会，最近大家公开议论道，芝加哥大学教育学系之所以能够存在，仅仅是因为杜威在该系授课的缘故。"①

实验学校获得了家长、教育家和慈善家的广泛支持。康奈尔大学的查尔斯·默加谟写信给哈珀时说道："杜威是全美唯一一个有能力实施这类实验学校的人，我认为实验学校对推动未来美国教育方面的作用是无法估量的。"②当时众多知名教育家的目光都聚集在芝加哥大学实验学校上，可以说，实验学校是融合实践和理论的一次伟大尝试，课堂成为教育研究的重要基地。

对于杜威来说，知识融合的观念以及教育科学与经验的融合是他所关注的中心问题。知识的融合观塑造了杜威对课程的态度，在他的实验学校，历史和人类学是非常重要的课程。杜威认为，历史上人类的存在是和谐的，家庭、艺术和工作都很融洽，在工业化和城市化的社会，个体，尤其是儿童逐渐被孤立，专业化和分割化的社会使人们的生活面临失去意义的危险。为了重构完整意义上的生活，教师、管理者和大学教授应该建立共同的信仰，教育应该将知识与生活经验结合起来培养一种共同体感。杜威于 1902 年写道："我坚信教育理论和方法的确立需要以心理学原理为前提，对教育问题的科学探讨需要熟悉现代智力发展研究的方法和结论，对教育目的的理解则需要借助于伦理学的价值和观念。熟知人类思想史可以开阔我们对教育的理解，因此，教育理论课程应该与哲学、生物学、心理学、神经学、社会科学等建立紧密联系。"③

在芝加哥大学期间，杜威的教育著述中最为著名的是《学校与社会》。这本书是由他对实验学校家长所进行的三次讲座的讲稿整理而成的，在 1899 年出版以后的很长一段时间里，成为杜威流传最广泛的著作，被翻译成 12 种以上的外文版本。在《学校与社会》一书中，杜威追溯了

① Woodie Thomas White. The Study of Education at the University of Chicago, 1892—1958 [D]. Chicago: University of Chicago, 1977: 30.

② Woodie Thomas White. The Study of Education at the University of Chicago, 1892—1958 [D]. Chicago: University of Chicago, 1977: 54.

③ University of Chicago. Annual Register, July, 1901, 1902 with Announcements for 1902—1903, Vol. Ⅱ [Z]. 1902, 3: 188—189.

教育所发生的深刻变化，其中最突出的表现是，随着小型乡村社区的衰落，它所包含的“以培养守秩序和勤勉习惯、树立责任观念为目的的教育”也逐渐落伍。杜威论证说，既然旧式家庭农庄已经消失，那么就必须重新塑造学校，以便有效地取代前者。① 学校教育已经注意到了这种变化，并做了种种努力对传统教育加以改进。他说道：

明显的事实是，我们的社会生活经历着一场深刻而激烈的变革，如果教育对生活还存在任何意义的话，那么教育也必须进行同等的转变。职业、自然研究、科学、历史……更具主动性的表达和自我控制等各种新元素的出现，并不是偶然的，而是社会进化的必要条件。应该将我们的每一所学校作为社会共同体的雏形，当学校以一种服务的精神将儿童带入这一共同体时，有充分的理由确信外部社会也会因此变得更加值得信赖，并且充满友爱与和谐。②

1902 年，帕克去世。随后，杜威成为芝加哥大学教育学院主任。到了 1902 年夏天，杜威在芝加哥大学的职业生涯达到了巅峰，他统治着一个庞大的教育帝国：哲学系提供心理学和教育领域的课程，教育学院提供教师专业培训，实验学校开展教育实验。另外还有芝加哥手工训练学校、南部学院、《学校评论》和《初等学校杂志》等。杜威接任教育学院主任一职后，对帕克确立的课程研究模式进行了修正，使大学的教师培训摆脱师范学校的传统。他试图将教育学院课程设置原则从个人化倾向转向基于大学专业培训的需求。

杜威教育帝国的扩张也带来了诸多问题，不同部门之间的管理与合并问题，最终导致杜威于 1904 年离开芝加哥大学。1904—1908 年期间，芝加哥大学教育学院主任一职处于空缺状态，杜威团队成员詹姆斯·塔夫茨、詹姆斯·安吉尔、乔治·米德等暂时负责芝加哥大学的教育研究工作，同时他们敦促贾德森聘请一位强势的学院领导者监管教育研究和专业培训工作。

虽然杜威在教育研究领域中的名声在 1904 年后不断增长，同时在期

---

① ［美］丹尼尔·布尔斯廷. 美国人——民主历程［M］. 中国对外翻译出版公司，译. 北京：美国驻华大使馆新闻文化处，1988：562—563.

② John Dewey. School and Society［M］. Chicago：University of Chicago Press，1971：28—29.

刊上继续发表文章，但离开芝加哥大学也让他付出了巨大的代价。尽管他后来一直继续撰写有关教育的书籍和文章，参加各种教育组织和教育事业的活动，但他直接参与教育学术研究的时间截至1904年。杜威在哥伦比亚大学的第一个十年把更多的精力放在哲学和心理学系，与教师学院的联系比较少，只是偶尔开一两门课程或者参加一些教师会议。他在教师学院开设的课程主要有：逻辑与教育问题（logic and educational problems）、道德与教育问题（ethics and educational problems）、社会生活与学校课程（social life and school curriculum）；开设的研讨课有：哲学与教育的历史联系（historical relations of philosophy and education）、教育哲学（philosophy of education，与克伯屈合作）。

在哥伦比亚大学，尽管杜威不是教师学院的教授，但自1906年起，教师学院聘请杜威授课，他的教育思想对教师学院的其他教授和学生还是产生了一些影响。1914年哥伦比亚大学教育联谊会全体成员拍照合影，照片中，拉塞尔坐在中间，两侧分别是桑代克和杜威，当时两位教育学界精英在教师学院中的地位可见一斑。①

二、杜威式的教育科学及其研究范式

杜威在芝加哥大学期间，发表了大量的文章，他以哲学家、心理学家、教育学家的身份从事教育研究工作，他的很多心理学和哲学观点都与教育问题有关。他承认，他对学校儿童的很多洞见都源自实验学校的工作，不同于贾德，他希望能够通过教育研究来改革学校教育，而不仅仅是通过测试、测量来组织学校教育。

杜威认为，人的心智是社会适应的产物，所有人类的经验本质上是社会性的。杜威试图澄清科学推理的过程，并将其传授给儿童。他认为，科学是解决问题的系统方法，是将充满困惑的情境转变成统一的、令人满意的完整情境的过程。因此，能否解决问题成为教育科学知识的基本标准，教育科学知识不可能在书本中、实验室、教室中找到，只有那些从事指导

① John A. Beineke. And There Were Giants in the Land: the Life of William Heard Kilpatrick [M]. New York: P. Lang, 1998: 80.

教育活动工作的人才可能真正生产教育科学知识。① 在杜威的教育科学研究理论体系中，核心概念是“探究”（inquiry），他认为，并不存在预先需要被认知的事情，教育科学始于混沌、不确定的情境式的问题，并通过探究最终将其规范化，而探究正是知识形成的中介。② 杜威认为，教育学的目的是在大学中澄清教育研究的理论基础，他将教育研究视为一个复杂的领域，应通过不同学科的融合进行教育研究。他认为，教育系除了开设课程外，还应建立实验学校，实验学校所提供的经验环境对教育知识的生产以及教育理论的检验是非常必要的。③

杜威在哥伦比亚大学曾向他的同事提到，他对教育测量技术存在质疑。他主张采用科学的方法认识世界和变革社会，但他也批评那些试图用数学和物理学等自然科学的概念和方法构建教育科学内容的教育家。④ 在教育研究方法上，他主张跨学科的综合研究、教育理论与实践之间的公开对话和合作。杜威的追随者拉格也指出，教育的最终目标是生活，它是个人的、主观的，社会分析与测量的过程仅为教育提供了所需的知识和技术，并不能主导教育目标的最终取向，从根本上来说，对教育目标的规定需要依赖人类的价值判断。⑤ 杜威非常强调教育科学研究过程中对技术的合理运用，他所理解的科学象征着探究问题的系统方法，在面对一系列事实时，科学能够辅助我们更好地理解它们，并以更加明智的方式掌控事

---

① John Dewey. The Sources of a Science of Education[A]. Boydston, Jo Ann (Ed.). The Later Works of John Dewey, 1925—1953 (Vol. 5) [C]. Carbondale and Edwardsville: Southern Illinois University Press, 1984: 16.

② Jay Williams. Dewey and the Idea of a Science of Education[J]. The School Review, 1959, 67(2): 186—194.

③ John Dewey. Pedagogy as a University Discipline[A]. Boydston, Jo Ann(Ed.). Early Works of John Dewey, 1892—1898[C]. Carbondale and Edwardsville: Southern Illinois University Press, 1975: 285—289.

④ Norman Woelfel. Molders of the American Mind: A Critical Review of the Social Attitudes of Seventeen Leaders in American Education[M]. New York: Columbia University Press, 1933: 119—127.

⑤ Harold O. Rugg. Curriculum-Making and the Scientific Study of Education Since 1910[J]. Curriculum Theory Network, 1975, 4(4): 295—308.

实，以减少处理事实材料时出现的随意或模式化倾向。① 他认为，从某种程度上说，在解决一个问题时，如果他从没有利用科学方法认识第一手材料，那么他是无法获得确定的方式来辨别纯正知识和粗糙知识的。所以，在教育中将科学置于合理的位置是一项基础性的工作，同时要务必确保科学教学的方法的真实意图得以执行，这一工作也是同等重要的。②

杜威看到现代生活中不可避免的"效率"概念和方法正在向教育渗透，他承认，朝向标准化已成为教育研究不争的事实。他一方面承认科学主义在教育研究中的价值，认为虽然一所学校不同于一个工厂，但是学校的运行仍有类似于工厂运作的一面，学习活动在最初阶段都会带有某种机械属性。③ 另一方面，他指出，将标准化方法引入教学和管理中的危险并不在技术工具本身，而在于使用这些工具的人，我们担心，他们会忘记这是现存仅有的可以被测量和标准化的方法。……毫无疑问，目前正在推行的标准化中的许多方法的价值并没有他们所获得的关注度那么高。……我认为，这应该体现在当前教育的趋势中以发展实验学校。④ 事实上，实验是在人为控制情境下富有开创性的科学研究方法。实验是基于某种理念，是一种坚持某种理念直至其成熟的方法，实验态度以详细的分析代替宏大的决断，以具体的探究代替捉摸不定的信念，以细小的事实代替含糊的观念。⑤ 与此同时，杜威又指出，机械论意义上的效率是现代科学精神的产物，这种精神唤醒了人类内在的创新力量，使人类假手于

① John Dewey. The Sources of a Science of Education[A]. Jo Ann Boydston (Ed.). The Later Works of John Dewey, 1925—1953 (Vol. 5)[C]. Carbondale and Edwardsville: Southern Illinois University Press, 1984: 3—4.

② John Dewey. Method in Science Teaching[A]. Jo Ann Boydston(Ed.). The Middle Works of John Dewey, 1899—1924 (Vol. 10)[C]. Carbondale and Edwardsville: Southern Illinois University Press, 1984: 130—131.

③ John Dewey. Current Tendencies in Education[A]. Jo Ann Boydston(Ed.). The Middle Works of John Dewey, 1899—1924 (Vol. 10)[C]. Carbondale and Edwardsville: Southern Illinois University Press, 1984: 118.

④ John Dewey. Current Tendencies in Education[A]. Jo Ann Boydston (Ed.). The Middle Works of John Dewey, 1899—1924 (Vol. 10)[C]. Carbondale and Edwardsville: Southern Illinois University Press, 1984: 119.

⑤ John Dewey. Experiment in Education[A]. Jo Ann Boydston (Ed.). The Middle Works of John Dewey, 1899—1924 (Vol. 10)[C]. Carbondale and Edwardsville: Southern Illinois University Press, 1984: 122.

相应的机构实现其开创性理想,这种理想的实现使人对事物连续性的认识不断拓宽,并深深根植于人类内心。①

就教育科学属性问题的界定,杜威强调,问题不在于一般意义上教育能否称得上科学,而是在特定的自然和工业化背景下,这一特定科学在特定时期是如何实现个体特定生活的效能的。而在当时美国的教育学研究中,其思维方式依然以大量的、戏剧化的对立概念为主:秩序与自由、个人主义与集体主义、文化与功用、自发性与纪律性、现代与传统。任何实验学校对教育最大的贡献即是实验理念本身,实验方法的理念作为一种精神应该成为解决社会问题的路径。②

杜威认为,教育依然处于由经验主义向科学转型的阶段。在其经验主义形态中,决定教育的主要因素是传统和模仿复制。在这种情况下,依照这些传统手段鉴定教师能力存在一种明显的倾向,即判定教师是否成就卓著主要依据以下这些因素:课堂秩序、学生正确背诵布置的作业、通过考试、学生的升学率等。大多数情况下,各学区使用这些标准判定教师的胜任能力。这些观念内隐到有发展前途教师的思维中,伴随他们进入师范学校或师范学院。他们强烈希望能够找到最大限度获得成功的方法,直白地说,他们想找到教育的秘诀。就当下来看,对于这些人来说,科学是非常有价值的,因为它为最终获得被人们所认可的教育方法及其具体程序提供了标准和保障。③ 在学校中,人们倾向于将统计和实验室研究结果直接用于指导学校管理和教学。教师倾向于将实验室研究的结果直接运用于教学实践。因此,那些缓慢而循序渐进地独立生长的理论无法获得发展空间,而这种空间是真正科学形成的必要条件。杜威认为,这一危险在教育科学领域尤其突出,因为其即时性与创新性使得人们怀疑

① John Dewey. Current Tendencies in Education[A]. Jo Ann Boydston (Ed.). The Middle Works of John Dewey, 1899—1924 (Vol. 10)[C]. Carbondale and Edwardsville: Southern Illinois University Press, 1984: 120.

② John Dewey. Experiment in Education[A]. Jo Ann Boydston (Ed.). The Middle Works of John Dewey, 1899—1924 (Vol. 10)[C]. Carbondale and Edwardsville: Southern Illinois University Press, 1984: 123.

③ John Dewey. The Sources of a Science of Education[A]. Jo Ann Boydston (Ed.). The Later Works of John Dewey, 1925—1953 (Vol. 5)[C]. Carbondale and Edwardsville: Southern Illinois University Press, 1984: 7.

教育缓慢生长理论的可能性与价值。①

在杜威看来，嫁接测量与实验的技术不足以成就教育科学，教育科学不能简单照搬自然科学的实验与测量技术。杜威一再强调，科学发现是教育科学的资源，它需要以教育家的思想为介质，辅助教育以更加理智的方式发挥其功能，只有在这种情况下，教育科学的启蒙、明辨与进步才有可能实现。真正的教育科学并不在书本中，也不在实验室中，也不在课堂教学中，而在那些从事指导教育活动的人的思想中。缺少从事教育活动人士的判断和规划，所获得的研究发现也许可以成为科学，如心理学、社会学、统计学或者其他科学，但是不能成为教育科学。而就当时心理学和社会学发展的程度而言，它们还无法提供解决教育问题的具体方法。这些做法，即使是无意识的，或者抱着促使教育更加科学化这种值得称道的意图，都有违教育自身的目标，并会对教育科学产生负面作用。教育哲学为教育科学的综合应用价值提供研究假设，在这种程度上可以认为教育哲学是教育科学的一种资源。“假设”与“调查工作”同样重要。教育哲学所提供的正是假设，而不是固定和终极的规范或真理，这些假设在用来指导具体观察和认识工作的过程中必须不断被检验和修正。如果缺乏哲学上一般化的观点和价值判断，那么具体调查在一定程度上是片面和无效的。杜威认为，更具一般性的“假设”尤其适用于新科学形成的早期阶段。

克伯屈是杜威哲学和方法的狂热信徒和阐释者。1913 年，克伯屈正式任职于哥伦比亚大学教师学院，此后 20 年间，他逐渐成为最受欢迎的教育家之一。1907 年，克伯屈来到教师学院开始博士学习生涯，师从孟禄，主修教育史，师从杜威，辅修教育哲学。1911 年克伯屈完成博士论文。他声称，杜威对他的学术生涯产生了巨大影响，他曾说道：“杜威重塑了我的生活和教育哲学。”②1918 年，克伯屈在《教师学院纪要》上发表了《设计教学法》(*Project Method*)一文，一时间在美国教育界声名鹊起。一

---

① John Dewey. The Sources of a Science of Education[A]. Jo Ann Boydston (Ed.). The Later Works of John Dewey, 1925—1953 (Vol. 5)[C]. Carbondale and Edwardsville: Southern Illinois University Press, 1984: 8.

② John A. Beineke. And There Were Giants in the Land: The Life of William Heard Kilpatrick [M]. New York: P. Lang, 1998: 59.

方面,他在灵活推广杜威思想的同时,对福禄贝尔、蒙台梭利(Maria Montessori)等教育思想家进行深入批评;另一方面,作为教师学院的一员,他非常受欢迎,几乎所有公共学校教师、管理者,师范学校教授或者研究生都被吸引到他的课堂中。1916 年,克伯屈就收到来自 18 个州的讲学邀请。① 他四处讲学,听众时常会以这样的歌曲欢迎他:

如果你要想知晓所有哲学,
请求助于桑代克和杜威;
领会克伯屈,领会克伯屈,
协作、沟通,这是通向教育的道路;
民主,民主,个体的自我实现,
以克伯屈为旗帜,
我坚信能够实现真正的民主,……②

作为杜威的追随者,克伯屈甚至将杜威与苏格拉底、柏拉图、亚里士多德相提并论。他继承杜威的教育研究模式,认为教育即是生活,而不是生活的准备。生活的最终目的是行动,而不是知识。观念、态度、认知以及相关习惯只能在生活情境中习得。③ 对于个体与社会之间的冲突,他说道:"我们必须认识到个体的天性,教材只是真正课程的一小部分内容。既然课程包含解决问题的方法,儿童必须首先感受到问题,并被置于能够充分获得解决办法的情境中,这意味着学校必须将生活本身融入课程当中。"④

随着学术声望的不断提高,1927 年克伯屈的年薪增长到 10000 美元,1928 年达到 11000 美元,成为收入最高的教授之一。当时教师学院中传言,有两位教授的薪资已经超过了拉塞尔,一位是克伯屈,另外一位是桑代克或是巴格莱。1929—1930 学年正值美国大萧条时期,克伯屈的

---

① John A. Beineke. And There Were Giants in the Land: The Life of William Heard Kilpatrick [M]. New York: P. Lang, 1998: 77—78.

② John A. Beineke. And There Were Giants in the Land: The Life of William Heard Kilpatrick [M]. New York: P. Lang, 1998: 84.

③ John A. Beineke. And There Were Giants in the Land: The Life of William Heard Kilpatrick [M]. New York: P. Lang, 1998: 99—101.

④ John A. Beineke. And There Were Giants in the Land: The Life of William Heard Kilpatrick [M]. New York: P. Lang, 1998: 82.

年薪再次增长到 13000 美元，加上暑期学校教学的收入，他的年薪高达 15000 美元。克伯屈的个人影响力由此可见一斑。①

为了加强学术交流，1928 年，克伯屈创立"克伯屈讨论小组"(Kilpatrick Discussion Group)。第一次参与讨论的人员有：克伯屈、威廉·巴格莱、哈里森·艾略特、杰西·纽伦(Jesse Newlon)、乔治·康茨、佩西瓦尔·西蒙德(Percival Symonds)、古德温·沃特森(Goodwin Watson)、布鲁斯·罗普(Bruce Raup)。不久，伊萨克·坎德尔(Isaac Kandel)、杜威、拉格等也纷纷进入该讨论小组。讨论小组讨论的话题主要包括"心理科学的程序是否能够充分决定课程的设置""创造性学习与吸收性学习的比较"。讨论小组在教师学院的影响力迅速扩大，虽然没有正式的会员名单，但截至 1931 年，讨论小组的成员已扩大到了 17 人。同年，讨论小组决定邀请《新共和》(*The New Republic*)杂志主编布鲁斯·毕利文(Bruce Bliven)入会。1922—1923 年，以沃尔特·李普曼(Walter Lippmann)为代表，讨论小组对风行一时的智商测试提出了批评，认为测试本身是以分类为目标的，而不是测试智商。

杜威所生活的时代正是科学应用于工业和社会各领域的时期，他担心可能会产生一种新形式的技术专制主义，即将自然科学的决定论概念运用于社会政策的制定，在效率的名义下，个人和社会生活的质量被牺牲掉。杜威反对理论与实践的二元论，认为应该重建哲学，以指导人类妥善地利用科学提升自身生活的质量。

但是，在知识专门化和学科分化的时代，杜威所推崇的融合各学科的教育科学的理想遇到了重重困难。社会科学和生物科学的专门化以及科学实验的应用，刺激了教育心理学与教师和课堂的分离，杜威在芝加哥大学的继任者贾德就非常推崇教育研究的专门化和职业化。尽管杜威曾尝试将教育研究合法化，但他并没有像贾德那样将教育学术职业化与其他专门知识对立起来。

---

① John A. Beineke. And There Were Giants in the Land: The Life of William Heard Kilpatrick [M]. New York: P. Lang, 1998: 175.

第二节 科学主义取向:桑代克及其继承者

教育本身是一种理论,是一门艺术,是一种行业,是信条,同样也是一门科学。①

一切存在都可以被测量。②

——桑代克

为了使教育与大学其他学科具有同等的科学性地位,科学主义取向的教育家们十分强调实证、定量研究,他们目睹了黑格尔、裴斯泰洛奇、赫尔巴特和福禄贝尔等追随者的论争,认为哲学导致分歧,深信科学能够改变这种局面。以桑代克、贾德等为代表的科学主义取向教育家强调依靠专业化知识,并努力促进教育研究成为一门专业科学。第一次世界大战后,哥伦比亚大学教师学院主任拉塞尔、芝加哥大学的贾德、斯坦福大学的克伯莱传承桑代克科学主义的价值取向,坚持引入科学方法来解决教育问题,最终促成了美国初等教育和中等教育的转型。从某种程度上说,他们的工作代表着教育职业化的整个运动历程。他们的努力,最终使科学方法被引入教育研究与实践中。

一、一切存在都可以被测量:桑代克及其门生

桑代克 1874 年生于马萨诸塞州的威廉斯堡,父亲是卫理公会的牧师。1891 年从罗克斯伯里拉丁学校(Roxbury Latin School)毕业后,桑代克进入了卫斯理大学。1895 年毕业后进入哈佛大学,师从哲学家威廉·詹姆斯(William James)。1897 年,桑代克转到哥伦比亚大学攻读博士学位,师从心理测量学的创始人之一——心理学家詹姆斯·卡特尔(James

---

① Geraldine Joncich. The Sane Positivist: A Biography of Edward L. Thorndike [M]. Middletown, Conn.: Wesleyan University Press, 1968: 552.

② Edward L. Thorndike. The Nature, Purposes and General Methods of Measurements of Educational Products [A]. The Seventeenth Yearbook of National Society for the Study of Education: Part Ⅱ [Z]. Bloomington: Public School Publishing Company, 1918: 16.

M. Cattell)，毕业后被威廉·詹姆斯和詹姆斯·卡特尔推荐给拉塞尔。1899 年，25 岁的桑代克来到哥伦比亚大学教师学院。短短 5 年的时间，他从一名讲师迅速晋升为全职教授，并荣升为教育心理学系主任。他深受詹姆斯和霍尔的影响，在教育心理学领域取得了杰出的成就，三卷本的《教育心理学》(*Educational Psychology*)是桑代克的代表作。1903 年，桑代克在《教育心理学》一书中系统地阐述了教育科学研究的基本立场，指出实验和定量研究是科学研究的基本特征。他写道："我们采用观察和实验的方法可以征服自然事实，通过对自然事实进行测量，我们将其变成人类的仆人。"①

桑代克曾公开傲慢地声称："我实在无法理解杜威。"②在自传中，他回忆道："不可否认，哲学绝对不是我喜爱的学科。"③他批评杜威的教育研究缺乏精确性，充其量是一些粗糙、原始的文章。在他看来，与第一代教育学家赫尔巴特、斯宾塞所开拓的研究不同，教育科学所要做的工作就像物理学家在早期哲学家提出他们的宇宙观之后所要做的工作。④

1906 年教师学院中一首有关教师的歌曲——《教职员之歌》(*Faculty Song*)也非常典型地反映了杜威与桑代克学术风格的差异。歌词中唱道："杜威博士总是迟到，经常与我们讨论儿童的原初状态和相关研究成果；桑代克博士则比较严肃，课业压力比较大，经常会有一些小测试，同学们要花费大量时间准备考试。"⑤

桑代克试图建立一门可以指导整个教育活动的教育科学。在他看来，教育科学的任务是完善个体使其能够适应社会环境。要从根本上改善教育，应该采用分析式、开放式的思维方式思考教育问题。他非常重视

① Edward L. Thorndike. Educational Psychology[M]. New York: The Science Press, 1903: 164.

② Geraldine Joncich. The Sane Positivist: A Biography of Edward L. Thorndike [M]. Middletown, Conn.: Wesleyan University Press, 1968: 3.

③ Edward L. Thorndike. Edward Lee Thorndike[A]. Carl Murchison. A History of Psychology in Autobiography, Vol. 3[C]. Worcester, Mass.: Clark University Press, 1936: 263.

④ Edward L. Thorndike. Quantitive Investigations in Education: With Special Reference to Cooperation within this Association [A]. Research Within the Field of Education, Its Organization and Encouragement[C]. Edited by Ellwood P. Cubberley, et al. School Review Monograph No. 1. Chicago: University of Chicago Press, 1911: 35.

⑤ Class Book of 1906. Teachers College, Columbia University, 1906.

高质量测量工具的使用,他认为教育目标的有效实现依赖于测量运动的发展程度。对桑代克来说,杜威实验主义取向的自我活动在教育研究中并不是方法,而是所有方法的结果。① 桑代克关于教育研究的观点认为,改进学校教育,特别是教学,应该用在学校外发现的,与由具体的教师、儿童和教室构成的特殊环境完全隔离的科学知识。实质上,桑代克所接受并推崇为恒定有效的教育研究理念,正是杜威认为很成问题和十分厌恶的。

1911 年,在全美大学教育学教师学会会议上,他明确提出在教育中施行定量研究的合理性。他认为,在教育中进行定量研究是可能的,但是首先需要对所要研究的问题进行分类:①教育的内容;②教育的目标;③教师;④教育方式,如通过课堂、书籍、实验室等;⑤上述几种要素组合产生的变化,这五种问题组合都可以进行定量研究。但是,进行定量研究也是有难度的,因为教育所涉及的是人类行为。②

1918 年,在全美教育研究学会会议上,桑代克在会议论文《教育测量的性质、目标与一般方法》(*The Nature, Purpose, and General Methods of Measurements of Educational Products*)中直截了当地申明测量在教育研究中的作用:

任何存在都是以一定形式的数量存在的。完全地了解存在本身意味着要了解其数量和质量。教育关注的是人的变化,……而要测量其中任何一种变化的结果意味着需要通过某一方式确定其数量,专业人士才能较为准确地判断其大小,其结果才能被记录和利用。这就是十几年来寻求扩展与改进教育结果的测评人士所坚信的原则。③

桑代克与贾德是不同类型的教育学术带头人。贾德的一位同事将桑

---

① Norman Woelfel. Molders of the American Mind: A Critical Review of the Social Attitudes of Seventeen Leaders in American Education[M]. New York: Columbia University Press, 1933: 95—100.

② Edward L. Thorndike. Quantitative Investigations in Education: With Special Reference to Cooperation within this Association[A]. Edited by Ellwood P. Cubberley, et al. School Review Monograph, No. 1[C]. Chicago: University of Chicago Press, 1911: 33—53.

③ Edward L. Thorndike. The Nature, Purposes, and General Methods of Measurements of Educational Products[A]. The Seventeenth Yearbook of National Society for the Study of Education: Part Ⅱ[Z]. Bloomington: Public School Publishing Company, 1918: 16.

代克视为与世隔绝的研究者，而贾德既是学者又是领导者，他通过公开演讲、提供咨询以及担任专业机构主席等方式影响教育专业化的政策取向。贾德曾在全美教育协会的学校管理者年度会议中单独宣读过 59 篇文章，这一数字是非常惊人的。①

贾德虽然是心理学家，但是在 1909 年担任芝加哥大学教育学院系主任后，他逐渐成为一名杰出的教育学发言人，而桑代克却还是以心理学家的身份从事教育研究活动。桑代克在身份认同上更忠诚于科学职业而不是心理学或教育学。他在自传中提到，对他职业生涯影响最大的环境因素包括家庭生活中父母的睿智和理想主义思想、大学课程、大学中心理学和其他领域杰出的同事、大量的科学著作。桑代克认为，阅读大量的科学著作是对其影响最大的。他继续写道，他在阅读科学著作和杂志上花费的时间超过 20000 小时。② 从中可以看出桑代克在教育研究中所坚持的科学主义取向的渊源，以及用数字表达一切的偏好。1917 年，桑代克入选美国国家科学院（American Academy of Science）③，桑代克之后心理学家伍德沃思（R. S. Woodworth）、道奇（Raymond Dodge）、推孟等也相继入选。这从一个侧面反映出当时新心理学对实验和测量的巨大兴趣。

1910 年以后，桑代克在教育学术研究中的名气迅速超过杜威，这一时期桑代克开始获得各种头衔和荣誉。美国科学促进协会（The American Association for the Advancement of Science）是美国第一个正式的专业科学协会，该协会创建于 1847 年，早期会员以地理学家为主。1901 年桑代克成为该协会会员，1907 年成为该协会教育部门的秘书，1911 年晋升为教育部门主席，1917 年晋升为人类学和心理学部门的主席。当时，《纽约时报》报道："美国科学促进协会有史以来第一次选择一位知名

① Geraldine Joncich. The Sane Positivist: A Biography of Edward L. Thorndike [M]. Middletown, Conn.: Wesleyan University Press, 1968: 449.

② Geraldine Joncich. The Sane Positivist: A Biography of Edward L. Thorndike [M]. Middletown, Conn.: Wesleyan University Press, 1968: 450—451.

③ 美国国家科学院成立于 1863 年，主要作为联邦政府在科学问题上的官方顾问。该科学院是私立的非营利性组织，起初会员以自然科学领域的学者为主，人类学是社会科学领域最早获得会员身份的学科，之后心理学、政治学等其他社会科学也逐渐被纳入国家科学院会员学科。入选国家科学院是对学者在科学研究中所做出成就的认可，成为国家科学院会员也被视为授予科学家的最高荣誉。

的教师和教师的教师担任主席,……但从根本上他是一位科学家。”①

1912 年,哈佛大学校长洛厄尔(Abbott L. Lowell)为桑代克提供了一个全职教授的职位,希望桑代克能转到哈佛大学任教。虽然拉塞尔以及桑代克的家人确实都不同意桑代克离开教师学院,但桑代克之所以拒绝洛厄尔的邀请还有其他原因。哈佛大学向桑代克提供的年薪是 4500 美元(当时哈佛大学教授的年薪最高是 5500 美元),但桑代克在教师学院的年薪已经有 5000 美元。因此,桑代克最终拒绝了洛厄尔的邀请,继续留在教师学院从事心理学和教育心理学方面的研究工作。

1921 年 2 月,教师学院董事会被授权正式成立教育研究院(Institute of Educational Research),研究工作主要是以教育心理学、学校实验和田野调查三个方面为中心展开的。桑代克担任研究院教育心理学部的研究主任。由于联邦基金会(Commonwealth Fund)高额资助教育方面的研究工作,桑代克个人就获得了联邦基金会两项资助款,因此,教师学院只向桑代克提供 10000 美元的研究资助。

桑代克在教育研究中非常注重学术团队的培养。在教师学院的课程安排中,桑代克开设的课程一般都会邀请 3— 4 位年轻教师共同讲授,并适当训练其学术能力。早在 1911 年全美大学教育学教师学会会议论文中,桑代克在谈到大学中教育研究的组织形式问题时,就曾说过:“如果你想将你的工作量提高两倍,那么你需要四个助手;如果你想将工作量提高三倍,那么你需要六个助手;如果你想将工作量提高四倍,那是不可能的事情。”②桑代克非常赞同以组织机构和团队的形式进行教育研究,认为这种形式的教育研究会大大提高研究效率。通过研究团队合作的方式,桑代克的研究工作吸引了大批追随者。1921 年前,桑代克指导的博士论文超过 40 篇,自 1900 年以来,他在心理学或教育学领域直接或间接指导的博士超过 80 人。其中有许多追随者最终成为桑代克在教师学院的同事,如天才儿童研究领域的丽塔 · 霍林沃斯(Leta S. Hollingworth),矫正阅读研究领域的亚瑟 · 盖茨(Arthur I. Gates),儿童心理学领域的亚瑟 ·

① New York Times[N]. 1933 - 12 - 13,1934 - 1 - 13.

② Ellwood P. Cubberley, et al. Research Within the Field of Education, Its Organization and Encouragement[A]. Edited by Ellwood P. Cubberley, et al. School Review Monographs, No. 1[C]. Chicago: University of Chicago Press, 1911: 9.

杰西尔德(Arthur T. Jersild),测试与测量领域的欧文·劳齐(Irving Lorge),咨询指导领域的鲁斯·斯特朗(Ruth Strang),社会心理学领域的古德温·沃特森(Goodwin Watson)等,都是桑代克的学生。① 除此之外,他指导的知名学生还有杜鲁门·凯利(Truman Kelly)、沃尔特·迪尔伯恩、哈里·霍林沃思(Harry Hollingworth)、斯特朗(E. K. Strong)、马克·梅耶(Mark A. Mayer)、佛罗伦萨·古德诺夫(Florence Goodenough)等。② 这些知名的学生迅速成为传播其科学主义教育研究取向的继承人,将其思想扩散到美国其他教育研究机构。桑代克于 1941 年退休。早在桑代克退休以前,他的学生们就已经在国内的师范学校和教育学院担任显要职务,他们继承和传播了桑代克的教育和教育研究思想。③ 桑代克在哥伦比亚大学教师学院工作了四十年,培养了整整一代教育家,这一时期他的影响力是巨大而广泛的。

桑代克很清楚研究院的声誉对获得政府、工业界和基金会资助的作用,他因此说道:

作为教师学院的一部分,教育研究院拥有难以替代的优势,如它可以作为教育学的知识库。我们的实验和示范学校是其他地方无法找到的,我们教育研究生的数量比全美所有大学都多,我们与其他教育学院上千名教师和管理者有直接联系,师范学校和公立学校的教师很多是我们的毕业生,我们在教育研究和教师专业培训方面积累了二十几年的经验,所有这些都是我们教育研究院的巨大优势。④

1900 年以后,洛克菲勒基金会(Rockefeller Foundation)⑤、普通教育

---

① Lawrence Cremin, David Shannon, Mary Townsend. A History of Teachers College, Columbia University[M]. New York: Columbia University Press, 1954: 44—45.

② Mollie D. Boring, Edwin G. Boring. Masters and Pupils Among the American Psychologists [J]. The American Journal of Psychology, 1948, 61(4): 527—534.

③ [美]埃伦·康德利夫·拉格曼. 一门捉摸不定的科学:困扰不断的教育研究的历史[M]. 花海燕,等,译. 北京:教育科学出版社,2006: 64.

④ Geraldine Joncich. The Sane Positivist: A Biography of Edward L. Thorndike [M]. Middletown, Conn.: Wesleyan University Press, 1968: 466.

⑤ 洛克菲勒基金会由约翰·洛克菲勒于 1913 年在纽约市创办。基金会旨在增进人类福祉,自创办以来,在教育、医疗以及农业领域投入了大量资金,洛克菲勒也被誉为美国历史上最伟大的慈善家。

委员会(General Education Board)①、卡内基教学促进基金会(Carnegie Foundation for Advancement of Teaching)、拉塞尔·塞奇基金会(Russell Sage Foundation)、联邦基金会(Commonwealth Fund)②等对公共教育产生了极大的兴趣。洛克菲勒的慈善捐赠在美国大学教育研究中发挥着非常重要的作用。1902 年,洛克菲勒就曾向教师学院捐赠 50 万美元;1923 年,普通教育委员会提供 100 万美元资助教师学院成立国际教育研究院。③ 卡内基公司(Carnegie Corporation)主席凯佩尔(F. P. Kepple)与桑代克私人关系甚好,桑代克担任教育研究院教育心理学部主任时,卡内基公司向桑代克提供了巨大的支持。20 世纪 20 年代,联邦基金会对教育研究院的总资助额就达到 10 万美元,基金会捐赠教育研究院的主要意图是希望以科学的方法探索教育问题。桑代克个人就获得了联邦基金会的两笔赠款,桑代克的学生乔治·斯特里耶也获得了基金会 17 万美元的捐赠。

鉴于桑代克的学术研究工作给教师学院带来的巨大声望,拉塞尔毫不吝啬地赞誉桑代克的功绩,称他塑造了教师学院的特质,没有哪个人再有机会做到这一点。④ 1925 年,教师学院授予桑代克"巴特勒金质奖章"(Butler Medal)⑤,以表彰他在心理测量及其在教育中的应用方面所做出的突出贡献。当时,桑代克只有 41 岁。1935 年,杜威因其对哲学和教育的长期贡献,被教师学院授予"巴特勒金质奖章",此时杜威已经从哥伦比亚大学退休 5 年,比桑代克获得这枚奖章晚了整整十年,当时杜威已是

---

① 普通教育委员会 1902 年由慈善家约翰·洛克菲勒和弗里德里克·盖茨(Frederick T. Gates)创办。洛克菲勒捐出 1.8 亿美元专门用于资助美国的高等教育和医学院,以及南部的乡村学校和农业的发展。

② 联邦基金美国私人慈善组织,1918 年由安娜·哈克尼斯(Anna Harkness)创办,主要致力于建设高质量的社会医疗卫生系统。1921 年该基金会开始关注儿童福利问题,向教育研究领域大量捐赠资金。

③ Woodie T. White, Jr. The Decline of the Classroom and the Chicago Study of Education, 1909—1929[J]. American Journal of Education, 1982, 90(2): 172.

④ Geraldine Joncich. The Sane Positivist: A Biography of Edward L. Thorndike [M]. Middletown, Conn.: Wesleyan University Press, 1968: 483.

⑤ "巴特勒奖章"设立于 1914 年,每五年颁发一次,分为金质、银质和铜质奖章,用于表彰那些在哲学或教育理论、实践和管理等方面做出突出贡献的学者。1915 年第一位金质奖章获得者是英国哲学家伯臣·拉塞尔,银质奖章获得者是克伯莱。

76 岁高龄。

1926 年,教师学院专门为桑代克举办了纪念聚会,超过 250 名杰出的教育家和心理学家参加了这次聚会,其中包括哥伦比亚大学校长巴特勒,桑代克的导师卡特尔,华盛顿大学校长、前哥伦比亚大学教师学院同事亨利·苏加洛,教师学院院长拉塞尔,芝加哥大学教育学院院长贾德,卡内基公司主席凯佩尔等。另外,出席聚会的还有桑代克的学生乔治·斯特里耶、亚瑟·盖茨、查尔斯·哈恩特(Charles W. Hunt)、阿格尼斯·罗杰斯(Agnes Rogers)等,以及教师学院校友协会的 1000 名会员。有位心理学家称,美国学校教育和人文科学领域都深受桑代克的影响,他的学生遍布美国各个大学和学校,其中包括学校教师、校长、督学、大学教授等。① 斯坦福大学的推孟说,当今没有哪个心理学家对教育的影响超过桑代克。②

很明显,桑代克教育研究取向的核心词是"测量"(measurement)。他将统计和组织效率的理念与道德理想主义和乐观主义结合在一起,他认为教育改变人类的目标只有在保证测量的前提下才能实现,因此教育的目标和结果都应该以量化的形式呈现。这种立场可能会引起人们对科学和测量的恐惧,使人们担心如果将测量运用于生活事物,如家庭、教育、宗教等,可能会导致庸俗的唯物主义,使生活黯然失色。桑代克虽然没有对此做出有力的反驳,但他依然认为,在教育中运用科学测量并不会折损它的理想主义追求。③

二、彻底的专业化:贾德的教育学术帝国

1873 年,贾德出生于印度。他的父亲是一名牧师,11 岁时贾德父母双亡,成为孤儿,贾德后来的教育大部分是靠其姐姐和父母的同事资助完成的。贾德本打算子承父业,继续做牧师,但很快他受到安德鲁·阿姆斯

① A Master Teacher[N]. New York Times, 1926 - 2 - 21; Educators Honor Prof. E. L. Thorndike[N]. New York Times, 1926 - 2 - 20.

② Geraldine Joncich. The Sane Positivist: A Biography of Edward L. Thorndike[M]. Middletown, Conn.: Wesleyan University Press, 1968: 489.

③ Edward L. Thorndike. Measurement in Education[J]. Teachers College Record, 1921(22): 371—379.

特朗(Andrew C. Armstrong)教授的影响,开始关注科学。阿姆斯特朗向贾德介绍心理学实验,阿姆斯特朗本人对将心理学应用于教育研究也非常感兴趣,他的很多学生后来都成为教育心理学家,其中最有名的有贾德、桑代克、弗兰克·弗里曼、沃尔特·迪尔伯恩。童年时期,父母的宗教奉献精神给贾德留下非常深刻的印象,贾德在高中时代同时接受了宗教、科学和古典学科的教育,并开始接触达尔文的进化论。科学与宗教信仰之间的冲突激发了贾德的好奇心,并燃起了他对人类学、生物学和心理学的浓厚兴趣。1894 年,贾德远赴德国莱比锡大学师从威廉·冯特(Wilhelm Wundt)。冯特后来成为世界知名的心理学家,很多美国年轻的心理学家都曾在他的实验室学习过。德国知名的心理学家对美国年轻一代学者产生了深刻而持久的影响,贾德在留德期间深受冯特实验心理学方法的熏陶和影响。

贾德的职业生涯也映射出 19 世纪末 20 世纪初教育学术职业化的特殊境况。20 世纪初,如果教育领域出现空缺职位,通常情况下都是由心理学家来填补。1896 年,贾德回国,并在他的导师阿姆斯特朗所在的卫斯理学院担任哲学讲师。1898 年,他成为纽约大学教育学院的心理学教授,1901 年成为辛辛那提大学教育学教授,1902 年又转到耶鲁大学担任心理学讲师,1907 年荣升为心理学教授和心理学实验室主任。1909 年,他前往芝加哥大学,并当选美国心理学协会主席。

1909 年,贾德担任芝加哥大学教育学院院长一职。新任校长贾德森一方面压缩大学财政预算,确保财政平衡;另一方面,他延续哈珀的大学教育研究政策,对教育研究给予支持,认为大学中确保教育研究的水准有助于大学的长期发展。贾德被视为芝加哥大学教育研究的独裁者,芝加哥大学教育研究的取向鲜明地反映出贾德个人的学术理想。除了斯坦福大学的克伯莱,没有哪个大学的教育学院或教育系的带头人是如此强势的。

20 世纪初,心理学与教育的结合往往会引起专业身份认同方面的问题。当时,心理学已逐渐成为由男性主导的科学学科,而教育则被视为是由女性主导的应用型半科学学科,贾德所面对的问题即是如何使其转型为科学。贾德来到芝加哥大学后,继续杜威未完成的事业,进一步推进教育研究的科学化进程。贾德曾提到:“1909 年 6 月,我离开耶鲁大学,来到芝加哥大学担任教育学院院长，我个人的研究机会要远比在耶鲁大学时少得多，另一方面，我也有机会借助这里庞大的教师队伍和研究生群体开展一项在其他地方无法进行的大范围调查活动。”①

不同于杜威，贾德将教育科学研究建立在调查与测量的基础上。1923 年，他在学院年度报告中写道：“教育研究最终的组织根基应该是彻底的教育调查。显然，教育学院必须开设学校管理、教育测量、学校实践历史、教学方法、教育心理学方面的各类课程。简言之，如果要将学校的组织建立在事实基础上而不是传统或个人意见之上，那么实施调查研究是非常必要的。”②

对于贾德来说，面对不断增长的社会需求，人类最大的进步是在语言、科学和技术领域惊人的成就。个人所面对的是一个强大的社会组织，问题的解决单凭个人的力量是难以实现的。教育所面临的挑战则是确保下一代迅速社会化，从而适应新的社会系统。因此，学校的所有课程和活动都必须服务于学生的社会化训练。对于进步主义教育运动，贾德认为，有一批狂热的信徒在历史和心理学之间已经失去了平衡，进步主义教育家所推崇的所谓“完整的儿童”事实上是不存在的，现实学校中是无法找到这种标准意义上的儿童的。③ 贾德强调社会适应对文化继承的重要作用，反对随意的个人发展，因此，他非常反对进步主义教育的极端形式。④他认为，学校教育的方法必须是客观精确的：

社区不可能决定 7 岁儿童的教育内容，也无法决定如何管理处于无序状态的学生……应该采用科学的方法向社区展示学校是一个复杂的机构。像其他社会机构一样，需要对学校的行为进行持续的研究和专门的监督。在向社区展现教育的需要和性质的运动中，学校的管理者必须成

---

① Charles H. Judd. Charles Hubbard Judd[A]. Carl Murchison. A History of Psychology in Autobiography, Vol. 2[C]. Worcester, Mass.: Clark University Press, 1932: 228.

② Michael B. Katz. From Theory to Survey in Graduate Schools of Education[J]. The Journal of Higher Education, 1966, 37(6): 325—334.

③ Norman Woelfel. Molders of the American Mind: A Critical Review of the Social Attitudes of Seventeen Leaders in American Education[M]. New York: Columbia University Press, 1933: 87.

④ Frank N. Freeman. Charles Hubbard Judd, 1873—1946[J]. Psychological Review, 1947, 54(2): 59—65.

为这场运动的领导者,但领导者所采用的方法必须是客观而精确的。①

贾德与杜威在教育研究取向上也存在巨大分歧。杜威尝试将教育与其他大学学科联系在一起,在此基础上进行相关研究,因此,杜威的研究兴趣是非常广泛的,从而直接超越了教育专业化的问题。杜威所从事活动的多元性也限制了他在教育学术职业化方面的建树。在杜威看来,教育研究是一门自由学科,它的意图在于联结理论与实践,在大学教育学教授、学校管理者和课堂教师中建立一种共同的信仰,平等地共享知识。

以多学科融合为取向的教育研究在20世纪初逐渐失去了吸引力,大学管理的科层化使知识逐渐走向分化。社会科学的专门化、人们对科学实验兴趣的增长刺激了教育心理学的发展,导致课堂自然情境与教师逐渐分割开来,教育职业也出现了专门化的迹象。杜威强调教育与哲学的结合,贾德则更强调严格的实证研究。他认为教育研究与哲学的结合只会阻碍教育研究的发展,真正的学术职业需要的是自主、确凿的数据和统计,而不是理论。

贾德执掌教育学院后,旨在将教育研究作为一项学术职业,而杜威和帕克的教育研究取向被贾德视为是不科学的、无效的。实验学校的教师因无法适应贾德新的教育研究取向,纷纷离开学校。帕克团队的成员乔治·迈尔斯(George Myers)的课程被撤掉,杜威团队的成员纳萨尼尔·巴特勒也被清除出教育学院权力核心。埃拉·扬不认同教育过度定量化的取向,由于与贾德的教育研究立场不同,埃拉·扬最终离开了芝加哥大学。

这一时期,洛克菲勒也开始转向资助那些在大学中具备专业精神的年轻教师,而不再是以往帕克所培养的教师。1909年,洛克菲勒承诺未来五年向贾德捐赠10万美元。贾德希望利用这笔资金招纳一批认同其教育研究取向的教师,他希望招聘一些具有发展潜力并遵从其权威的学术新人。1909年,他聘任了5名新教师,其中贾德在辛辛那提大学的学生萨缪尔·帕克荣升教育学副教授,1911年晋升为教育本科生院(college of education)主任。贾德在耶鲁大学的同事沃尔特·迪尔伯恩也来到芝

① Frank N. Freeman. Charles Hubbard Judd, 1873—1946[J]. Psychological Review, 1947, 54(2):59—65.

加哥大学协助弗兰克·弗里曼推进心理学在教育中的应用。博比特(John F. Bobbitt)在克拉克大学获得博士学位后也来到芝加哥大学,并迅速成为课程领域知名的教育家。还有一位是来自波士顿公立学校的沃尔特·萨尔金特(Walter Sargent)。这批新人基本满足了贾德对新教师团队的要求:受到良好的学术训练,有学术成果,服从领导。

芝加哥大学教育学院 1910—1911 年所开设的 27 门研究生课程中,有 19 门(占 70%)课程由贾德及其门生教授。① (如表 31 所示)

表 31　芝加哥大学教育学院 1910—1911 年所开设的 27 门研究生课程以及授课教师

课　程	教　师
欧洲教育史:古代到中世纪 (history of European education: ancient and mediaeval periods)	斯科特
欧洲教育史:现代时期 (history of European education: modern periods)	斯科特
美国教育史 (history of American education)	斯科特
州政府与城市学校系统 (state and municipal school systems)	博比特
州立学校管理 (state school administration)	克伯莱
中等教育管理 (administration of secondary education)	法灵顿(Frederic E. Farrington)
中等教育问题 (problems in secondary education)	巴特勒
初等学校课程学习 (the course of study in the elementary school)	坎德尔
课程 (curriculum)	博比特
特殊学校与补偿性社会机构 (special schools and supplementary social agencies)	博比特

① University of Chicago. Bulletin of Education, School of Education General Announcement [R]. 1910—1911.

续表

课　程	教　师
教育哲学 (philosophy of education)	米德
教育心理学 (educational psychology)	贾德
个体心理学 (individual psychology)	格里(Willard C. Gore)
儿童研究 (child-study)	弗里曼
实验教育学导论 (introductory to experimental education)	迪尔伯恩
实验教育 (experimental education)	贾德
教育测试 (educational tests)	弗里曼
遗传心理学 (genetic psychology)	格里
教育中的实验问题 (experimental problems in education)	迪尔伯恩
初等教育调查之专门方法 (survey of special methods in elementary education)	帕克
教学批评与监督 (criticism and supervision of teaching)	帕克
初等学校现代教学方法发展 (development of modern methods of teaching in elementary schools)	帕克
高级教育原理 (advanced principles of education)	贾德
当前教育问题 (current problems in education)	格里
德国教育学 (German education)	弗里曼
认知缺陷和智障儿童教育 (mental deficiency and retardation in school)	迪尔伯恩

为了能够彻底地使教育研究成为一门科学，贾德对芝加哥大学教育研究所施加的个人影响是杜威时代所不曾有过的，贾德森校长授予贾德的权力也是哈珀不能也不愿交给杜威的。贾德时期的教育学院，任何教师如果没有达到预期的学术标准，就会被辞退或难以晋升。

为了推进教育研究的自主性，贾德首先将教育系从哲学系分离。贾德在向校长提交的学院年度报告中说道："这种组织上的分离是确立教育作为一个专门的科学研究领域的必要条件，教育科学在研究各年级学校课程和管理时，应使用统计和实验的方法。"①贾德将教育系从哲学系分离后，迅速将乔治·米德的"教育哲学"课程更名为"教育原理"(principles of education)，并拒绝在教育学院的课程设置中出现"哲学"或"理论"这样的词汇。依照"教育科学"的思路，贾德将杜威时代设置的导论课程——哲学和心理学改为"教育科学研究导论"和"初等学校教学方法"，分别由自己和帕克负责教授。贾德认为，"教育科学研究导论"课程的目的在于使学生直接、具体地了解学校中存在的问题。② 他认为，学生应该直接接触教育知识，将教育学科作为一种自足的研究领域，独立于其他学科。在贾德的领导下，"教育科学"迅速成为教育学院的核心术语。

1910 年，贾德改革教育学院本科生学位制度，将杜威时代的"教育学士"(bachelor of education)学位升格为"教育文学士"(bachelor of arts in education)学位，使教育学院学位制度获得了与其他学院本科学位同等的地位。与此同时，贾德提高教育研究生院的入学标准，加强与其他大学教育学院的联系。

教育学院的培养目标也相应地发生了变化，培训教育管理者和大学教育学院教师成为首要目标，学校教师的培训则居次要位置。与此同时，哥伦比亚大学教师学院、克伯莱执掌下的斯坦福大学教育学院，甚至相对较弱的哈佛大学教育学院和密歇根大学教育系在培养目标上都出现了同样的变化趋势，而贾德所在的芝加哥大学教育学院则是走

① University of Chicago. The President's Report, 1909—1910[R]. 1910: 68.

② Charles H. Judd. Introduction to the Scientific Study of Education[M]. New York: Ginn and Company, 1918: Ⅲ.

得最极端的。

随着芝加哥大学教育学院课程的专门化，贾德力图使教育学科具备与医学和法律等学科同等的地位。贾德不无自豪地写信给贾德森校长："教育学院拥有一批严格分化的课程，尤其是在学校管理领域，这些专门化的课程足以与最好的医学院媲美。"①

课程专门化引起了芝加哥大学教育学院课程门类的增长。1921 年，教育学院有 57 门课程，1923 年增长到 108 门。与此同时，教育学院注册学生人数急剧增长，1921—1923 年本科生注册人数增长了 25%。研究生的增长更加惊人，1921—1922 学年的注册人数与 1920—1921 学年相比，增长了 81%。② 与此同时，注册的研究生中男性的比例越来越大。仅 1921 年，注册的男性研究生人数就增长了 100%，而女性研究生却并没有出现增长。贾德对女性、黑人、犹太人以及亚裔学生是有歧视的，贾德时期的教育学术专业人员大多是白人男性基督教徒。同时，教育学院的教育学术研究与课堂教学也渐行渐远，课堂教学不再是教育学术研究的核心。

在芝加哥大学教育学院，贾德关心的是教育学术职业化，希望使教育研究赢得学术界同行的尊重，而杜威则把教育视为一种促进社会变迁的工具。在贾德看来，杜威的教育学术世界是一种乌托邦，教育心理学和统计才是现实的，教育研究应关注教学的效率和学校在儿童社会化过程中的权威作用。1924 年，贾德将家政学（home economics）清除出教育学院。另外，像历史、地理、科学等课程或被转移到文理学院，或被直接停掉。贾德认为，教育科学研究应该专注于学术研究，而不能仅仅停留在教师培训层面。

1910 年后，以全美大学教育学教师学会为平台，贾德及其团队逐渐在教育学院和师范学校中确立了类似的课程。同时，"教育科学研究导论"和"初等学校教学方法"两门课程的讲义变得非常畅销。教育心理学在很大程度上成为教育科学合法化的关键，贾德尤其关注教育心理学课

---

① Woodie Thomas White. The Study of Education at the University of Chicago, 1892—1958 [D]. Chicago: University of Chicago, 1977: 157.

② University of Chicago. The President's Report, 1921—1922[R]. 1922: 15.

程的增长及其专门化进程，在这方面早期的主要成就是为学校管理者开设了专门的课程。经过一系列课程和师资方面的改革，贾德执掌下的芝加哥大学教育研究迎来了繁荣期。

1910 年后，贾德的学术团队在《初等学校杂志》和《初等学校教师》（*Elementary School Teacher*）上发表的文章数量远远超过杜威团队。1902—1914 年，在《初等学校教师》上发表文章的数量排名前十的教育家中，贾德团队成员悉数在列，如弗里曼、萨缪尔·帕克、博比特等。1914 年，为了进一步强化教育学院的学术研究取向，贾德将《初等学校教师》更名为《初等学校杂志》。更名后，《初等学校杂志》基本上成为贾德及其学术团队传播其教育科学研究思想的主阵地。

表 32　1902—1914 年在《初等学校教师》上刊载文章数量居前十位的作者

序　号	作　者	文章数量
1	弗兰克·弗里曼	22
2	萨缪尔·帕克	19
3	博比特	15
4	威尔伯·杰克曼	15
5	曼妮（F. A. Manny）	14
6	考尔德维尔（O. W . Caldwell）	13
7	贾德	13
8	戴维斯（B. M. Davis）	12
9	乔治·迈尔斯	10
10	佩恩	10

贾德的文章或著作中经常会出现“教育科学”（the science of education）、“科学的方法”（scientific method）、“问题的科学研究”（scientific study of problems）等术语。很明显，在贾德看来，“科学”是教育研究方法的核心。这一时期，以“教育科学”为标题的研究文献逐渐增多。截至 1920 年前后，至少有 30 篇（部）以上的教育文章（著作）的标题

中出现了“教育科学”或“教育作为科学”(education as science)等词汇。①贾德对心理学的研究避免了支撑桑代克研究的狭隘行为主义取向。他认为,能使人积极主动学习的高级神经过程要比桑代克所注重的简单的刺激—反应的联结更为重要。尽管在心理学观点上存在重大分歧,但是两人对教育的科学研究有着同样的热忱。对贾德来说,教育的科学研究意味着将实验室的方法运用于教育问题的研究中。② 贾德承认,在学校问题上教育研究者所能够提供的解决办法有限,但是他还是毫不吝啬地将“科学”这一术语用于教育,他认为,调查的方法才是科学的本质,在教育中运用调查与测量的方法即是进行教育科学研究。③ 教育科学是一种信息搜集方法的集合,这些方法主要用于搜集学校起源、发展、现存形式以及社会需求等方面的信息。教育科学的目的在于通过实验和观察来检测、比较并分析学校实践中的各种问题。它是一门综合性科学,需要与其他学科进行协作研究。贾德进一步指出:教育科学是不同群体协作的科学研究领域,而不是一门单一的学科。④ 教育科学正处于快速发展的状态,将教育科学的方法和内容做一个全面的描绘是徒劳的。但可以肯定的是,心理学为教育科学研究提供了特定的方法:统计法(statistical method)和实验法(experimental method)。

在贾德的倡议下,芝加哥大学教育学院积极投入到学校调查运动中,博比特就是其中非常活跃的一员。1916 年,他对丹佛学校系统财务开展调查。丹佛学校系统督学科尔(C. M. Cole)1916 年上任后,希望限制教育理事会(Board of Education)的权力,将其限定在一般教育政策制定方面,从而加强督学办公室的权力。科尔之所以有此举动,主要是针对 1915 年发生的教师解聘事件。1915 年秋,教育理事会在没有咨询督学的情况下,以减轻财政负担为借口,解雇了 150 名教师和初等学校校长。在

---

① Douglas E. Scates. Judd and the Scientific Study of Education[J]. School Review, 1967, 25 (1): 12.

② Charles H. Judd. Charles Hubbard Judd[A]. Garl Murchison. A History of Psychology in Autobiography: Vol. 2[C]. Worcester, Mass.: Clark University Press, 1932: 231.

③ Charles Hubbard Judd. Introduction to the Scientific Study of Education[M]. Boston: Ginn and Company, 1918: 299.

④ Charles Hubbard Judd. Introduction to the Scientific Study of Education[M]. Boston: Ginn and Company, 1918: 305—306.

市民组织的要求下,理事会同意对丹佛学校系统展开调查。学区委托博比特进行调查,调查结果证明理事会即使在不缩减任何项目支出的情况下,依然可以节约50万美元的财政支出。调查结果意味着理事会应该只负责一般教育政策的制定,具体的学校管理权应该留给督学。博比特最终的建议是把学校管理的权力交给督学和大学专家。教育理事会并不认同博比特的结论,他们又邀请克伯莱对博比特的调查材料重新进行评估。克伯莱得出了同样的结论,最终督学和大学咨询专家取得了学校管理的实权。

1916年,贾德主持圣路易斯公立学校财政资助调查。在这次调查中,贾德结识了一些显赫的学校管理者。通过这次调查,贾德不仅要让圣路易斯的选民认识到科学管理学校的重要性,而且也试图让学校管理者认识到教育科学对推进教育专业化是非常必要的。起初,学校管理者对外界专家参与调查是颇有微词的,贾德以其个人魅力和翔实的调查材料向学校管理者们证明,教育科学研究事实上会带来更多的资金,也会提高他们的社会地位。从20世纪20年代开始,参与学校调查的教育学教授越来越多,并在学校管理中获得了很大的权威和很高的声望。

1916年的克利夫兰学校调查无疑是学校调查运动中最典型的范例。这项调查运动是由莱昂纳多·埃尔斯(Leonard P. Ayres)组织,拉塞尔·塞奇基金会资助,贾德、博比特和威廉·格里代表芝加哥大学参与的调查活动。大学教育教授以咨询专家的身份参加学校调查项目,其个人收入也不断增长。1921年之前,大学教育学教授的咨询薪酬是平均每天40美元,1921年后增长到每天50美元,而贾德的咨询薪酬高达每天100美元。1920年,威廉·格里仅校外咨询的收入就达到2000美元。① 可以说,学校调查运动在大学教育系和学校管理者之间建立了一座桥梁,它使教育教授的专家咨询服务常规化,在获得不菲收入的基础上有机会参与控制城市公立学校体制的管理工作。

除了拉塞尔·塞奇基金会之外,洛克菲勒基金会和普通教育委员会也是大学教育研究的主要资助者。1919年,哈佛大学挪出200万美元用

① Woodie Thomas White. The Study of Education at the University of Chicago, 1892—1958 [D]. Chicago: University of Chicago, 1977: 200—201.

于建立教育研究生院,其中的50万美元是由普通教育委员会资助的。洛厄尔校长意识到教育研究的重要性,另外筹集150万美元用于教育研究生院的建设。[①] 哥伦比亚大学教师学院是唯一有实力与芝加哥大学教育学院竞争的机构,在第一次世界大战后获得了巨额的私人捐赠。1919年,教师学院获得的长期赠款(general endowment)达到100万美元,其中有一半是由洛克菲勒捐赠的。此后一段时期,教师学院每年获得的捐赠也不断增长,从1919年的152785美元增长到1927年的735729美元,增长了近4倍。[②]

芝加哥大学的教育研究在20世纪20年代也同样获得了可观的捐赠资金。联邦基金会是贾德及其团队的主要资助者。联邦基金会的第一任总干事历史学家马克斯·法兰德(Max Farrand)通过多方努力,促使董事会向教育研究领域捐赠了大量资金。法兰德是贾德在威斯利安大学(Wesleyan University)时期的好友。法兰德对许多领域的基础研究都非常感兴趣,联邦基金会向教育研究领域的捐赠份额也反映出教育学界精英的社会网络及其对相应资源的控制状况。1920—1927年,联邦基金会总共向教育研究领域捐赠836500美元,大部分赠款都被贾德、桑代克和克伯莱获得。

克伯莱将获得的资金一部分用于调查加利福尼亚州教育的成本支出,另一部分用于资助两位教育心理学家杜鲁门·凯利(Truman L. Kelly)和李维斯·推孟。桑代克获得20万美元用于教育心理学研究,贾德获得10万美元用于增设实验设备和出版研究成果等。[③] 在此期间,贾德和他的同事进行了一系列新的研究,如贾德的"算术基础的心理学分析"、弗里曼的"直观教育:移动图片和其他教学方法的比较研究"、莫里森的"伊利诺伊州公立学校财政"、马歇尔(Leon Marshall)的"人类进化的故事"。

---

① Arthur G. Powell. The Uncertain Profession: Harvard and the Search for Educational Authority[M]. Cambridge, Mass.: Harvard University Press, 1980: 128.

② Lawrence Cremin, David Shannon, Mary Townsend. A History of Teachers College, Columbia University[M]. New York: Columbia University Press, 1954: 98.

③ Woodie Thomas White. The Study of Education at the University of Chicago, 1892—1958[D]. Chicago: University of Chicago, 1977: 254.

除此之外，那些获得教育研究基金的其他学者大部分是桑代克、贾德和克伯莱的学生。如贾德在明尼苏达大学时期的学生莱昂纳多·库斯(Leonard Koos)获得了研究资助，并得到贾德的大力推介，在芝加哥大学逐渐获得了声望和捐赠资助。

1929年，芝加哥大学为了表彰贾德的突出贡献，董事会晋升其为杰出服务教授，年薪增长到12000美元。同时，教师学院、俄亥俄州立大学等开始高薪聘请芝加哥大学的教育学教授。1914—1920年间，拉格协助贾德从事教育测量和统计研究。1920年，拉格离开芝加哥大学前往哥伦比亚教师学院，年薪也从5000美元左右增长到9600美元，而且教师学院减轻了他的教学负担，给予他更多的研究自由，最终拉格从贾德式的教育学术研究转向杜威的实验主义教育。1928年，查特(W. W. Charter)被聘请到俄亥俄州立大学。爱荷华大学试图用10000美元的年薪聘请弗里曼，加州大学伯克利分校有意聘请威廉·里维斯(William Reavis)，哥伦比亚大学教师学院也有意重金聘请贾德。贾德、弗里曼、里维斯等最后还是留在了芝加哥大学，芝加哥大学在教育研究领域的声望之高由此可见一斑。另外，贾德在芝加哥大学期间所培养的许多博士后来都成为美国教育研究领域的知名学者，如弗兰克·弗里曼、沃尔特·孟禄、乔治·康茨、威廉·格里、莱昂纳多·库斯、盖伊·巴斯维尔(Guy T. Buswell)、威廉·里维斯、拉尔夫·泰勒(Ralph W. Tyler)等。

虽然在教育科学研究的一些具体问题上，贾德与桑代克有分歧，但从根本的研究取向上来说，贾德在芝加哥大学的努力和桑代克的工作是交相辉映的。虽然他们是竞争对手，但他们两人在使控制性实验和统计测量成为教育研究的基本方式的问题上同样起了关键的作用。①

1897年，在全美教育协会管理部(Department of Superintendent of NEA)会议中，赖斯(J. M. Rice)提交的对拼写教学成果进行测量的报告引来非议。19世纪末，高尔顿、詹姆斯、卡特尔、霍尔等其他一些心理学家都曾尝试将科学的方法应用于教学，但当时他们的努力在学校管理者和教师中间的影响非常有限。1910年以后，这种倾向发生了明显的变

① [美]埃伦·康德利夫·拉格曼. 一门捉摸不定的科学：困扰不断的教育研究的历史[M]. 花海燕，等，译. 北京：教育科学出版社，2006：68.

化。1912 年,同样在全美教育协会管理部会议上,教育测量却逐渐成为热门议题。埃尔斯在会议报告中认为这种转变并不是暂时的,而是根本的、持久的,这意味着教育正在发生根本的转变。①

1915 年,全美教育协会管理部会议专门就"标准化""测量""测试"存在的利弊进行公开讨论。十年后,贾德在全美教育协会会议上指出,这次大讨论无疑是美国教育史上的一场革命,自此测量与测试最终征服了各种保守批评,成为胜利者,测量、测试开始进入美国每一所进步学校。②20 世纪初至 30 年代,有关教育的研究文献大量涌现,教育逐步迈向科学化,整个传统哲学和教育心理学受到质疑。最终教育心理学的影响力遍及美国教育理论和实践各个领域。③

康茨在 1930 年感叹道:"与其他学校活动相比,人们对学校教育进行精确测量的兴趣在过去 25 年,甚至 30 年里不断高涨。"④20 世纪 20 年代前后,各州和地方学校的调查接连不断,教育界的精英学者,如贾德、哈努斯、爱德华·艾略特、斯特里耶、克伯莱等都曾主持过许多学校调查项目。其中后三人都接受过桑代克的学术训练,并认同统计量化的研究取向。以 1916 年为例,该年一共有 76 项学校调查,调查内容包括学校财务、学业测试、教师特征、课程建议、教育政策等。⑤

1913 年,波特兰市商会和学校委员会一名委员理查德·蒙塔古(Richard Montague)在给 12 名教育家写信,询问他们关于主持该市一次

① L. P. Ayres. Measuring Educational Processes through Educational Results[J]. School Review, 1912(20):300—301.

② Walter S. Monroe, Max D. Engelhart. The Scientific Study of Educational Problems[M]. New York: Macmillan, 1936: 457.

③ Norman Woelfel. Molders of the American Mind: A Critical Review of the Social Attitudes of Seventeen Leaders in American Education[M]. New York: Columbia University Press, 1933: 45.

④ George S. Counts. The American Road to Culture: A Social Interpretation of Education in the United States[M]. New York: The John Day Company, 1930: 146.

⑤ Lawrence A. Averill. A Plea for the Educational Survey[J]. School and Society, 1918 (7): 87—191; Plans for Organizing School Surveys With a Summary of Typical School Surveys [A]. Thirteenth Yearbook of National Society for the Study of Education, Part Ⅱ[Z]. Chicago: University of Chicago Press, 1914.

学校调查的人选的建议时，得到了如表 33 所示的提名①。从表中的提名结果可以看出，在一种等级官僚机构内部表达杜威关于合作、民主的学校教育观点的精神是很困难的，因此，杜威在示范他的民主、积极教育理念时，主要集中于小型和私立的学校，而非大型的公立学校系统。一个在某个只有单间教室的乡村学校里任教的富有才华的教师可能独自一人就可以将他（她）的班级学习模式转变为杜威的社会学习模式，但要改变一个大规模的城市学校系统则相当困难，因为杜威的民主教育观念要求教师和学生本人具有实质上的自主性，这是管理进步论者及其控制着城市教育的盟友们不敢奢望的。有论者指出："在量化的管理效率和定性教育目标之间的斗争中……有影响的人物全都支持隐含在前者背后的极其集中化的控制。"②因此，获得提名的教育家大部分都是推崇科学主义取向的。

表 33　1913 年获得主持波特兰市学校调查提名的教育家

教育学者	被提名频次
埃尔伍德·克伯莱	8
爱德华·埃利奥特	8
保罗·哈努斯	7
乔治·斯特里耶	7
查尔斯·贾德	4
爱德华·桑代克	3

20 世纪初，杜威和桑代克的思想成为主导美国教育思想、学术研究以及实践的两大流派，他们提出的一些经典概念至今依然是教育哲学和教育心理学领域的核心概念。③ 桑代克将教育科学视为客观知识的宝库，这些知识是由专家在实验室和人为控制的研究项目中生产出来的。而杜威则认为教育科学是理性解决问题的方法，它可以也应该被各个层

① [美]戴维·泰亚克. 一种最佳体制：美国城市教育史[M]. 赵立玮，译. 上海：上海人民出版社，2010：143.

② [美]戴维·泰亚克. 一种最佳体制：美国城市教育史[M]. 赵立玮，译. 上海：上海人民出版社，2010：207.

③ Jonas F. Soltis. Dewey and Thorndike：The Persistence of Paradigms in Educational Scholarship[J]. Canadian Journal of Education，1988，13(1)：39—40.

次的实践者运用。在教育研究取向上，杜威更倾向于一种合作式的教育研究，而不是狭隘的专业主义取向的教育研究模式。在他看来，教育研究需要许多不同领域的学者、学校管理者、教师建立合作伙伴关系，大学不同学科的学者、中小学教师、学校督导、家长等都应是教育研究的参与者。任何人为的分割都会阻碍教育研究的发展。以桑代克为代表的科学主义研究取向为大学教育学院和教育研究的学科基础提供了一个符合教育界专业化的组织模式的思路。与此相反，杜威的教育方法主张各学科之间的对话与协作，而桑代克的方法则强调依赖专业化知识，并积极促进教育研究成为一门独立的科学。

科学主义取向的教育家们认为，城市学校管理的进步关键取决于"科学方法的应用"以及"学校管理人员的专业训练"。他们在杂志中抨击19世纪城市学校中旧的课程结构、死记硬背的教学方法以及对于教师培训的不足，认为这种体制是僵化的、不科学的、低效和无人性的。他们想要建立一种适应新的社会和经济境况的更加复杂的、专门化的组织，即专家应当设计和管理学校体制，他们试图将城市教育的控制权转交给法团治理模式下的集权化教育委员会和专家督学。在这个体制内部，他们集中关注的是结构的分化和社会功效以及社会控制等目标的实现。因此，他们主要关注的是有组织的行为和学校与外部控制的联结，关注的是整体的目标，而非学生的个人发展。①

杜威及其追随者的实验主义取向与以桑代克、贾德为代表的科学主义取向在研究风格上的差异似乎可以用下面这段话做一个形象的类比：

学术界的派别主义就像在宗教中的情形一样，都既有较窄的理论视角，也有较宽泛的应用视角，根据学派的不同特点，可以将其类比为都市型和田园型。两者在很多方面都不同，不仅表现在交流模式上，也表现在其中的研究人员所面临问题的本质和范围上，还表现在研究人员之间关系的不同，以及他们吸收资源的机会不同上。都市型研究者挑选一些较有特色的、范围较小的问题来研究，包含一些不相关的问题，而田园型研究者往往研究一些较为宽泛的问题，一些区别不大的问题。都市型研究

① [美]戴维·泰亚克. 一种最佳体制：美国城市教育史[M]. 赵立玮，译. 上海：上海人民出版社，2010：205.

者集中研究一些相对突出的问题,使用较短的时间研究范围较小的问题,而田园型研究者则花较长时间研究一些耗费精力的问题。①

杜威式的实验主义教育研究取向及其学术部落更像是田园型研究模式,他们在学术部落建构上要相对松散,研究主题以及研究方法的选择也比较广泛;而科学主义的教育研究取向则更像是都市型研究模式,这种研究模式下的学术部落结构趋于科层化,注重学术资源的控制与竞争,研究主题与研究方法更加具体,更具有可操作性。

---

① [英]托尼·比彻,保罗·特罗勒尔.学术部落及其领地:知识探索与学科文化[M].唐跃勤,等,译.北京:北京大学出版社,2008:112.

结　语

一、时势造英雄:美国教育学界精英产生的社会契机

“精英与时势”是一个既令人感兴趣又使人困惑的话题。19世纪末20世纪初教育学界精英群体的崛起作为一个事件和问题,事实上也可以折射出造就教育学界精英的一般社会文化条件。挖掘这些条件既是一个现实问题,也是一个理论问题。从一般意义上看,在教育学界精英产生的过程中,社会时势与主观意愿究竟哪一种才是根本性的力量?本书认为,社会结构与时代氛围在造就教育界学术精英的过程中存在一种根本性的因果关系,教育学界精英的产生在很大程度上依赖并取决于总的社会结构和时势。首先是总的社会形势促成,其次是总的社会形势催生某些特殊倾向与特殊才能。这些倾向与才能占据主导优势以后会造就一些中心人物,然后通过制度化的奖励系统肯定中心人物的倾向与才能,形成一个相对封闭的学术共同体。一旦在某种有利的社会局势形成过程中崛起一大批教育学界精英,那么少数学科精英所创立的一系列学术研究规范及其奖励机制将成为教育知识生产以及学术精英培养的内在机制和理智环境。

从整体发展脉络看,这是教育学界精英产生和发展的四个阶段。而这四个阶段与学科的发展进程也是相对应的。一般来说,学科和研究领域在开始阶段的发展是相对缓慢的,在这之后为指数增长时期,接下去是

线性增长时期,最后是缓慢的不规则增长时期。① 可以说,教育学界精英崛起的时代也正是教育学科知识指数增长的时期。它为知名人士将职业兴趣转向教育研究领域提供了直接契机,而教育学界精英群体的社会特质则在某种程度上限定了教育学科知识的增长速度和方向。

具体来说,社会结构的变迁与教育学界精英群体社会特质之间特殊的组合造就了教育研究的黄金时代。首先,20 世纪上半叶,也就是教育学界精英群体所生活的时代,"教育"是当时美国社会非常热门的话题。从社会舆论看,人们对教育抱有极大的信心和乐观态度。面对工业—城市文明出现的社会变革,科学、宗教慈善等社会力量逐渐向教育汇流,社会结构转型中教育学界精英人数倍增,这与科学的崛起、宗教的式微存在非常密切的关系。在这种双重变化中,教育研究及其从业者也承担了发展科学与社会救赎的双重使命,并获得了成就其职业生涯的社会契机。

其次,从社会结构看,那些出身中下层的社会群体更倾向于以教育研究为业。统计结果显示,相当一部分教育学界精英的父辈是农场主或手工业者,这些教育学界精英的中小学教育基本上是在乡镇公立学校完成的,他们在接受学校教育的过程中也见证了公立学校的变革过程。一方面,教育学界精英群体的社会出身与教育背景会直接影响他们看待和解释社会现象和问题的方式。作为乡村与城市之间的过渡群体,他们的数量是非常庞大的,并亲身经历了从乡村生活到城市生活的适应过程,这一过程本身会反过来激发教育家对社会结构以及相应问题的集体反思。另一方面,特定的社会出身和宗教信仰使一大批不同知识领域的优秀学者投身教育研究。可以说,教育在当时承载着许多社会改良人士的社会理想,在科学勃兴、宗教式微的形势下,教育获得了非常重要的发展契机。教育在依托科学所倡导的方法来适应社会结构调整的同时,也承载着以往宗教所一贯承担的道德和文化重建工作。这种独特组合也可以从教育学界精英群体的宗教信仰和知识背景中折射出来。新教徒在职业活动中强调改造现世的价值,在职业选择上,他们更倾向于选择那些对公共福利最有贡献的职业,最能为公众行善的职业。教育家投身教育研究本身是

---

① [美]黛安娜·克兰. 无形学院——知识在科学共同体的扩散[M]. 刘珺珺,等,译. 北京:华夏出版社,1988: 11.

一种宗教情感的世俗化表达，是“世俗化的福音主义”。1900 年到 1920 年间，新教从传统主义向现代主义转变，新教徒所从事的宗教活动逐步从灵性交流向社会活动转变。这一时期，卫理公会、浸礼会和公理会的教徒，大部分成为现代主义的信徒，而知名教育家群体在宗教背景方面也正是以公理会、长老会、浸礼会、卫理公会等教派为主，可见宗教背景对教育家的职业选择和个人兴趣有较大的影响。

总的来说，19 世纪末 20 世纪初是美国社会结构转型的重要时期，也正是在社会结构转型的过程中，一个乡村—城市过渡性群体诞生了。伴随着工业化和学校体制结构的变革，这个过渡性群体成为适应乃至变革美国社会的新职业群体。与此同时，在科学与宗教力量的双重刺激下，众多知名学者开始从不同的视角关注教育问题，并对教育以及相关研究产生广泛的兴趣。

二、知识生产的制度化：教育学界精英成长的内在机制

一旦在某种有利的社会局势中产生一大批教育学界精英，那么少数学科精英所创立的一系列学术研究规范及其奖励机制将会逐渐被确立为教育知识生产以及学术精英培养的内在机制。19 世纪 90 年代至 20 世纪 20 年代，大批教育学界精英群体之间密集的学术互动，极大地促进了教育学科制度化的进程，同时也为美国教育学科发展和学术精英的培养提供了稳定的制度安排。这一代教育学界精英在学术互动中逐渐确立了为其所在的领域招募新成员的模式，培训和教育的程序，以及学科内部人员的交流、评价、承认、奖励和资源分配的规范体系等。这种学术共同体及其奖励制度的建立使教育知识的生产制度化，从而成为教育学界精英成长的内在机制和基本的制度环境。

知识生产的制度化主要表现在认知身份和专业身份两方面。在认知身份方面，知识生产的制度化过程中逐渐生成相应的工具、技术、方法、理论方向、问题等；另外还有专业身份方面的特征，如所获得的奖励、研究经费、研究设备、社会声望、荣誉头衔等，这些与职业相关的机会和奖励为教

育学者在学科领域内进行研究提供了巨大的动力。①一种理性活动不一定在所有方面都是制度化的，但即使只有基本的制度化，人们也可以富有成效地进行一种理性活动。

教育学科虽然无法称为严格意义上的科学，但也是一种理智活动。教育学术研究及其相关的反思活动是理性的活动。作为一种理性的活动，它是在教育学术秩序传统及其制度环境下进行知识生产的。知识生产的制度化本身可以强化研究的重点以及认知与理解经验的方式，制度催生知识的生产并成为传统的一部分，制度也能够创造共享的理智环境。

知识生产的制度化不仅仅是价值观的变化，也涉及相应的教育学者融入已确立的权威角色中。芝加哥大学和哥伦比亚大学之所以成为美国教育学术研究的核心阵地，不仅是因为有无与伦比的教育学界精英团队，还因为这两所大学在教育学术研究方面更加制度化，创造了大量高质量的教育学术成果。在知识生产链中，极高的学术声望使得这两所大学能够吸引大批优秀的学生接受芝加哥大学式和哥伦比亚大学式的学术培训，并通过师承关系确保其在美国教育学术研究领域的话语权和控制力。

知识生产制度化的进程中，那些产出重要研究成果的学科精英，其成果最终被广泛认可，并成为学术共同体的权威。这种权威在多个方面塑造了早期的科学期刊和评审制度。首先，越来越多的学者希望能够得到富有名望和能力的学者对其研究成果的评判，或者说同行评议。这种早期的学术互动逐渐催生出知识生产的评议和奖励制度。早期知识权威所取得的合法性，逐渐成为学术研究的标准和正统。② 学术共同体的成员之间互相阅读彼此的研究成果，他们或多或少会阅读相似的文献，许多成员之间不仅会通过阅读研究成果进行沟通，也会通过通信、参加学术会议等方式交流各自的学术观点。当然，学术共同体内部在研究工具、研究结果及其相应的理解方面都会存在分歧，但在专门化、制度化的学术秩序中，成员会逐渐倾向于通过对研究技术和方法的标准化来避免未来研究

① Arnold Thackray, Robert K. Merton. On Discipline Building: The Paradoxes of George Sarton[J]. Isis, 1972, 63(4): 473.

② Harriet Zuckerman, Robert K. Merton. Patterns of Evaluation in Science: Institutionalisation, Structure and Functions of the Referee System[J]. Minerva, 1971, 9(1): 72—73.

中可能出现的分歧,从而强化教育学术共同体的凝聚力。

不同种类的教育知识是受群体的特殊形式限定的。教育学术共同体的形式决定了它本身对知识的传承模式,这些知识作为确定的东西代代相传,逐渐成为结构化的教育知识和学术规范体系。美国社会学家伯纳德·巴伯(Bernard Barber)认为,科学知识及其方法实体在任何给定时刻,都是相对结构化的,因而在内部发生的事并非是完全随机的。由于受已有的科学理论和知识结构的影响,科学知识的形成有很大的选择性,当然这一结构并非完全自动地演变,而是受社会其他部分的影响。① 从教育学术共同体的形成以及知识生产的制度化过程看,教育知识指数增长和学术精英的成倍增长正是发生在这种逐渐结构化和制度化的教育学术环境中。这样,在一个研究领域中,信息迅速扩散,新成员迅速被吸引到该领域中来,从而推动教育学科的发展。

科学社会学领域已有的研究认为,科学家推进科学发展主要有三种模式:开放模式、封闭模式、分支模式。开放模式被广泛地认为对科学研究共同体的主要特征提供了具体明确的说明。默顿第一个对这一模式做出了系统的社会学解释。他认为,虽然科学共同体存在分层现象,但是分层和资源的不平等分配的动力并非掌控共识的话语权力,而是科学天才的优秀品质及其成就,普遍性、共有性、无私利性、有条理的怀疑主义构成了现代科学的精神气质。他的分析被其后几代社会学家所坚持。封闭模式的主要特征是承认在科学中存在着业已被证明的学术上的对抗,但是封闭模式把导致人们暂时偏离科学规范行为的外部因素作为研究分析的重点,强调学术的遵从性。分支模式是指科学中新问题领域的形成通常与存在的社会网络有关。该模式假定任何一个网络的发展在很大程度上依赖于相近领域的发展,因此,对一个新领域的探索往往是通过科学研究兴趣的转移而付诸行动的。从教育学界精英群体的社会特质及其学术秩序建构的社会过程看,教育家推进教育学科发展的模式更趋向于封闭模式和交叉模式,在教育学术职业化过程中,不同学术研究取向之间存在着明显的对抗和竞争。从教育学界精英群体的知识构成看,教育学科及其

---

① [美]伯纳德·巴伯.科学与社会秩序[M].顾昕,等,译.北京:生活·读书·新知三联书店,1991:235.

知识的推进与发展在很大程度上依赖相近领域的发展，尤其与心理学、哲学等学科从业者研究兴趣的转移密切相关，这也限定了教育学术从业者专业身份获得确证的途径。教育学界精英学术秩序构建的社会过程，折射出教育学界精英专业身份获得的社会过程及其特殊性质，即教育界学术共同体专业身份或者专业权威的确立主要依靠大学这一正式组织的支撑，那些知名教育家或者教育学界精英的名望更多的是源于其在大学中的头衔和其所在大学自身的学术声望和传统。

三、美国教育学术研究传统及其遗产

当今美国学校实践和量化的教育研究传统事实上就是根植于19世纪末20世纪初以桑代克、贾德为代表的科学主义研究取向。在众多“杜威式教育”的案例中，真正名副其实的屈指可数。杜威在教育史上的地位，与其说是一位改革家，不如说是一位被左派和右派既歌颂又批判的文化偶像。可以肯定地说，他的教育学观点没有为今后的教育研究建立一套可用的模式。① 所谓的“桑代克的成功和杜威的失败”是影响早期教育学术形成的重大事件。随着岁月的流逝，“桑代克的成功和杜威的失败”这一事件对教育研究的制约与影响日趋明显，它对早期教育家们建立关于全国公立学校的教育理论的科学产生了重大影响。②

20世纪初，美国学校的创建者一方面要面对工业化、城市化和多元文化的挑战；另一方面，行为主义、认知测量、科学管理等理念逐渐兴起，研究者假设自然科学的方法可以用来研究人类行为，并将教育研究视为能够帮助公民有效适应工业社会的一门应用科学。今天我们所熟悉的行为目标管理、训练、智力测试、成绩量表、按智力分班、职业培训等都是这一教育心理学理论的直接遗产。

历史学家和哲学家都在分析和批评杜威的进步主义教育思想，但却很少有人关注桑代克的教育思想及其影响。事实上，桑代克在哥伦比亚大学教师学院构建了美国教育学科的课程、教学论、组织结构，并为大学

---

① [美]埃伦·康德利夫·拉格曼. 一门捉摸不定的科学：困扰不断的教育研究的历史[M]. 花海燕，等，译. 北京：教育科学出版社，2006：42.

② [美]埃伦·康德利夫·拉格曼. 一门捉摸不定的科学：困扰不断的教育研究的历史[M]. 花海燕，等，译. 北京：教育科学出版社，2006：22.

教育研究的基本目标和方法打下了根基。用亨利·吉鲁(Henry Giroux)的话说,桑代克的教育研究路向在美国教育思想和实践中将会继续制造“实证论取向的文化”。① 但也有批评家认为桑代克的教育研究是建立在大量还没有确证的心理学和认识论假设基础上的。桑代克及其追随者刻意模仿自然科学的定量化技术,忽视了学习情境的复杂性,以及人类经验中的创造性和非理性因素。拉格曼说道,美国早期教育家们形成了一种关于教育的非常悲观的狭窄化观念。如果有人说,20 世纪影响教育学术的最为强大的社会力量把这个领域推向令人遗憾的方向,即逃离与政策和实践的紧密接触,转向过分的定量化与科学主义,我相信,这不会是不准确的。②

持保守观点的教育家巴格莱认为,教育学术职业化的过程确立了机械心理学和机能主义哲学在教育理论中的地位。巴格莱指出,行为主义取向的学校测试促使学校去迎合天才儿童,而实验学校所做的工作从根本上看并不是实验式的。巴格莱强烈反对智力测量和考试,他将支持智力测量和考试的学者称为教育中的决定论者。他认为,决定论者忽略了环境因素在推进社会进步方面的可能性。③ 同时,巴格莱也批评进步主义教育,他认为,当社会需要确立坚定理想的时候,进步主义却强调社会松绑,同时,巴格莱认为,进步主义教育所强调的调整教育政策以适应社会生活条件的变化的观点也是错误的。④

教育学术职业化初期,在科学主义取向与实验主义取向论争的过程中,科学主义研究传统牢牢地确立了其在教育学术研究中的话语权,并成为规制美国教育研究整体取向的主导力量。关于自然科学与教育科学之

---

① Stephen Tomlinson. Edward Lee Thorndike and John Dewey on the Science of Education[J]. Oxford Review of Education, 1997, 23(3): 366.

② [美]埃伦·康德利夫·拉格曼. 一门捉摸不定的科学:困扰不断的教育研究的历史[M]. 花海燕,等,译. 北京:教育科学出版社,2006,英文版序言: 7—8.

③ William C. Bagley. Determinism in Education[M]. Warwick & York, Inc, 1926; William C. Bagley. Educational Determinism or Democray and the I. Q. [A]. The Yearbook of National Society of College Teachers of Education, No. 8[Z]. Chicago: The University of Chicago Press, 1922: 26—37.

④ Norman Woelfel. Molders of the American Mind: A Critical Review of the Social Attitudes of Seventeen Leaders in American Education[M]. New York: Columbia University Press, 1933: 60—64.

间区别的讨论被教育科学应该在科学体系中获得合法地位的讨论所替代。拉格曼指出,这种狭隘的实证主义传统在教育学术职业化的前提条件下,不仅是不可避免的,也是必要的。桑代克、贾德及其门生所追求的科学主义取向的教育学术研究在20世纪初期确有极端泛滥之嫌,但这种努力对教育学科制度化和学术职业化本身是不可或缺的。在教育学术职业化条件下,对于教育学术研究来说,统计数字与测量是非常重要的,使用统计数字不仅仅是为了解释教育中的问题,也是为了发现需要解释的教育问题。不管调查与测量的方法本身存在哪些弱点,但它确实改变了教育研究的思维方式,即从哲学思辨的角度向实验科学转变。学校以及学校系统逐渐成为大批教育研究机构的实验站,经验式的试错法也逐渐被用科学方法控制的实验研究所取代。

确实,我们不能仅从理论的便利性或功用来评估其是否有效。无论是杜威极富民主性的"实验"式教育科学研究模式、桑代克的"测量"式教育科学研究模式,还是贾德的"调查"式教育科学研究模式,抛弃其中任何一种,都是一种荒唐之举。

自19世纪末学术职业化以来,人文社会学科在研究范式上都在经历某些类似的困境。例如,熊彼特在《经济分析史》(*History of Economic Analysis*)中对经济学科以及经济学家本身提出了界定,认为"科学的"经济学家和其他一切对经济课题进行思考、谈论和著述的人的区别在于,前者掌握了"技巧"或"技术"①,而这些技术可分为三类:历史、统计和理论。三者结合起来,构成了我们所谓的经济分析。② 另外,社会学家也对社会学科及其理论做出了三种诊断。一是罗伯特·默顿提出的追求宏大理论型。默顿认为,社会学在还没有学会走路时,就总想要跑了。二是杰弗里·亚历山大(Jeffery C. Alexander)提出的实证主义的蛮荒状态。亚历山大认为,社会学陷入了"实证主义的执信"中,使社会学家放弃了真理的理论努力,将理论简化为经验的概括。三是霍姆伍德(John

① 熊彼特认为,"技术"一词必须从非常广泛的意义上来加以理解:只要系统地掌握了某一学科的事实,在范围上超过了这个领域中的实际工作者所能获得的知识,就足以达到科学的水平,即使对这一学科的研究并不需要超过外行人理解程度的精确方法。

② [美]约瑟夫·熊彼特. 经济分析史(第1卷)[M]. 陈锡龄,朱泱,孙鸿敞,等,译. 北京:商务印书馆,1996: 31.

Holmwood)和斯图尔特(Alexander Stewart)所做的诊断,两人认为,社会学理论处于制造矛盾的二元论中。①

在教育学术职业化的初始阶段,不同取向的教育学术派别也做出了类似的理想主义尝试,或者说陷入了类似的研究模式的困境中。杜威的实验主义取向试图将教育研究融入大学各学科领域,融入社会活动之中。而桑代克的科学主义取向则试图用自然科学的测量方法确立一种不受主观干扰的教育知识模型。在教育学科初创期,教育理论家们为确立一种独特的学术身份,把研究重心放在学科的自主性方面。可以判断,这一时期,部分教育学界精英,例如贾德,有可能在开始的时期急于获得实际成果,以便证明他们活动的正当性,因此在教育研究中他们专注于实际问题,而明显地摈弃了杜威的哲学式理论建构模式。在学术竞争中,桑代克、贾德等教育理论家最终控制了大部分教育研究的资源和话语权,并培养了一批坚定地拒绝采用哲学研究方法的"门徒",从而形成了规模庞大的教育学术共同体。而这种教育研究网络的发展典型地对应于学科发展的早期阶段的基本贡献,后续的工作通常主要是对这些基本贡献做进一步的完善。因此,在这个领域里的大多数成员对这项工作赋予足够的重视之前,创新性工作的主要部分就已经完成了。这意味着,错过了最初的阶段之后,取得惊人的科学进步的机会以及获得不同寻常的专业认可的机遇就大大降低了。当一个范式或研究框架刚刚被人们普遍接受时,它会确定一系列重要且需要去解决的问题,而这些问题就给了工作在相关领域里的人们很多机会,去获得专业的认可、职位晋升、学术满足感等,并通过优势累积效应持续控制学术共同体的整体思维方式。科学主义取向的教育研究正是在这种优势累积中成为美国教育研究的主导模式,量化实证式的教育研究方式也成为美国大学教育学术共同体基本的工作方式。

贾德的学生沃尔特·孟禄1936年在反思教育科学中的问题时曾指出,真正规范意义上的教育研究应该具备以下四项特征:①为回答一般性的教育理论或实践问题而设计调查研究方案;②问题的界定能够为所需

① [澳大利亚]马尔科姆·沃特斯.现代社会学理论[M].杨善华,译.华夏出版社,2000:371—374.

数据的搜集提供指导;③理智规划并系统搜集数据;④批判性地看待数据,认识到数据可能产生的错误及其解释力的限度。[①] 显然,这种总结与反思性的结论似乎也在努力尝试将理论解释与统计分析合理地结合在一起。基于美国教育学术研究的现有模式,需要追问的是:我们该如何看待并反思这种学术秩序规制下的教育学术共同体及其研究传统?美国的教育研究是否陷入了一种"实证主义的蛮荒状态"?什么才是真正意义上的教育研究?如何去推进教育学科及其知识的发展?

① Walter S. Monroe and Max D. Engelhart. The Scientific Study of Educational Problems[M]. New York: Macmillan, 1936: 9.

参考文献

中文著作、译著、工具书

1. [美]阿瑟·林克,威廉·卡顿. 1900年以来的美国史[M]. 刘绪贻,等,译. 北京:中国社会科学出版社,1983.

2. [美]埃伦·康德利夫·拉格曼. 一门捉摸不定的科学:困扰不断的教育研究的历史[M]. 花海燕,等,译. 北京:教育科学出版社,2006.

3. [美]艾尔文·古德纳. 知识分子的未来和新阶级的兴起[M]. 顾晓辉,蔡嵘,译. 南京:江苏人民出版社,2006.

4. [美]爱德华·希尔斯. 论传统[M]. 付铿,吕乐,译. 上海:上海人民出版社,2009.

5. [美]爱德华·希尔斯. 学术的秩序[M]. 李家永,译. 北京:商务印书馆,2007.

6. [英]安东尼·吉登斯. 社会学[M]. 李康,译. 北京:北京大学出版社,2009.

7. [英]安东尼·吉登斯. 为社会学辩护[M]. 周红云,等,译. 北京:社会科学文献出版社,2003.

8. [法]班达. 知识分子的背叛[M]. 余碧平,译. 上海:上海世纪出版集团,2005.

9. [美]保罗·约翰逊. 知识分子[M]. 杨正润,等,译. 南京:江苏人民出版社,1999.

10. [法]布迪厄. 国家精英——名牌大学与群体精神[M]. 杨亚

平,译. 北京:商务印书馆,2004.

11. [美]查尔斯·米尔斯. 权力精英[M]. 王崑,徐荣,译. 南京:南京大学出版社,2004.

12. [美]查尔斯·默里. 文明的解析:人类的艺术与科学成就(公元前800—1950年)[M]. 胡利平,译. 上海:上海人民出版社,2007.

13. 辞海编辑委员会. 辞海[Z]. 上海:上海辞书出版社,1999.

14. [美]戴维·泰亚克. 一种最佳体制:美国城市教育史[M]. 赵立玮,译. 上海:上海人民出版社,2010.

15. [美]黛安娜·克兰. 无形学院——知识在科学共同体的扩散[M]. 刘珺珺,等,译. 北京:华夏出版社,1988.

16. [法]丹纳. 艺术哲学[M]. 傅雷,译. 南京:江苏文艺出版社,2012.

17. [美]丹尼尔·布尔斯廷. 美国人——民主历程[M]. 中国对外翻译出版公司,译. 北京:美国驻华大使馆新闻文化处出版,1988.

18. [美]丹尼斯·吉尔伯特,约瑟夫·A. 卡尔. 美国阶级结构[M]. 彭华民,齐善鸿,等,译. 北京:中国社会科学出版社,1992.

19. [英]德里克·朗特里. 英汉双解教育辞典[Z]. 赵宝恒,等,译. 北京:教育科学出版社,1992.

20. [波兰]弗·兹纳涅茨基. 知识人的社会角色[M]. 郏斌祥,译. 南京:译林出版社,2000.

21. 复旦大学思想史研究中心. 什么是思想史[A]. 思想史研究(第一辑)[C]. 上海:上海人民出版社,2006.

22. [日]富永健一. 社会结构与社会变迁——现代化理论[M]. 董兴华,译. 昆明:云南人民出版社,1988

23. [美]杰弗里·C. 戈德法布. "民主"社会中的知识分子[M]. 杨信彰,译. 沈阳:辽宁教育出版社,2002.

24. [美]哈罗德·拉斯韦尔. 政治学:谁得到什么? 何时和如何得到? [M]. 杨昌裕,译. 北京:商务印书馆,1992.

25. [美]亨利·斯蒂尔·康马杰. 美国精神[M]. 杨静予,南木,等,译. 北京:光明日报出版社,1988

26. [意]加塔诺·莫斯卡. 统治阶级——政治科学原理[M]. 贾鹤

鹏,译. 南京:译林出版社,2002.

27. [美]卡尔·贝克尔. 启蒙时代哲学家的天城[M]. 何兆武,译. 南京:江苏教育出版社,2004.

28. [德]卡尔·曼海姆. 保守主义[M]. 李朝晖,牟建君,译. 南京:译林出版社,2002.

29. [德]卡尔·曼海姆. 意识形态与乌托邦[M]. 黎明,等,译. 北京:商务印书馆,2000.

30. [美]拉尔夫·特纳. 赞助性流动、竞争性流动和学校教育[A]. 张人杰主编. 国外教育社会学基本研究选[C]. 上海:华东师范大学出版社,1989.

31. [美]赖特·米尔斯. 白领——美国的中产阶级[M]. 杨小东,等,译. 杭州:浙江人民出版社,1987.

32. [美]劳伦斯·克雷明. 美国教育史:城市化时期的历程,1876—1980[M]. 朱旭东,等,译. 北京:北京师范大学出版社,2002.

33. [法]雷蒙·阿隆. 社会学主要思潮[M]. 葛志强,等,译. 北京:华夏出版社,2000.

34. [法]雷蒙·阿隆. 知识分子的鸦片[M]. 吕一民,顾航,译. 南京:译林出版社,2005.

35. 李剑鸣. 大转折的年代:美国进步主义运动研究[M]. 天津:天津教育出版社,1992.

36. 刘传德. 外国教育家评传精选[M]. 北京:北京师范大学出版社,1993.

37. 刘绪贻,杨生茂总主编. 余志森主编. 美国通史(第4卷)——崛起和扩张的年代(1898—1929)[M]. 北京:人民出版社,2002.

38. [美]刘易斯·科瑟. 社会学思想名家——历史背景与社会背景下的思想[M]. 石人,译. 北京:中国社会科学出版社,1990.

39. [美]罗伯特·默顿. 科学社会学(上下册)[M]. 鲁旭东,林聚任,译. 北京:商务印书馆,2003.

40. [美]罗伯特·米歇尔斯. 寡头统治铁律:现代民主制度中的政党社会学[M]. 任军锋,等,译. 天津:天津人民出版社,2002.

41. [美]罗伯特·默顿. 论理论社会学[M]. 何凡兴,等,译. 北京:

华夏出版社,1990.

42. [美]罗伯特·默顿. 社会理论和社会结构[M]. 唐少杰,齐心,等,译. 南京:译林出版社,2006.

43. [美]罗伯特·默顿. 科学社会学散忆[M]. 鲁旭东,译. 北京:商务印书馆,2004.

44. [美]罗伯特·默顿. 社会研究与社会政策[M]. 林聚任,等,译. 北京:生活·读书·新知三联书店,2001.

45. [美]罗伯特·默顿. 十七世纪英格兰的科学、技术与社会[M]. 范岱年,等,译. 北京:商务印书馆,2000.

46. [美]罗德尼·斯塔克. 基督教的兴起:一个社会学家对历史的再思[M]. 黄剑波,高民贵,译. 上海:上海古籍出版社,2005.

47. [澳大利亚]马尔科姆·沃特斯. 现代社会学理论[M]. 杨善华,译. 北京:华夏出版社,2000.

48. [德]马克斯·韦伯. 社会科学方法论[M]. 韩水法,译. 北京:中央编译出版社,1998.

49. [德]马克斯·韦伯. 新教伦理与资本主义精神[M]. 康乐,简惠美,译. 桂林:广西师范大学出版,2007.

50. [德]马克斯·韦伯. 学术与政治[M]. 冯克利,译. 北京:生活·读书·新知三联书店,2005.

51. [英]迈克尔·马尔凯. 科学社会学理论与方法[M]. 林聚任,等,译. 北京:商务印书馆,2006.

52. [法]布迪厄. 人:学术者[M]. 王作虹,译. 贵阳:贵州人民出版社,2006.

53. [美]乔纳森·科尔,斯蒂芬·科尔. 科学界的社会分层[M]. 赵佳苓,等,译. 北京:华夏出版社,1989.

54. [美]乔伊·帕尔默编. 教育究竟是什么:100 位思想家论教育[M]. 任钟印,诸惠芳,译. 北京:北京大学出版社,2008.

55. [美]萨义德. 知识分子论[M]. 单德兴,译. 北京:生活·读书·新知三联书店,2007.

56. [美]塞缪尔·埃利奥特·莫里森,亨利·斯蒂尔·康马杰,威廉·爱德华·洛伊希滕堡. 美利坚合众国的成长(下卷)[M]. 南开大学历史系美国史研究室，译. 天津：天津人民出版社，1980.

57. [美]史蒂文・迪纳. 非常时代：进步主义时期的美国人[M]. 萧易，译. 上海：上海人民出版社，2008.

58. 孙孔懿. 论教育家[M]. 北京：人民教育出版社，2006.

59. [美]塔尔科特・帕森斯. 现代社会的结构与过程[M]. 梁向阳，译. 北京：光明日报出版社，1988.

60. 檀传宝. 世界教育思想地图：50位现代教育思想家论教育[M]. 福州：福建教育出版社，2010.

61. [英]托尼・比彻，保罗・特罗勒尔. 学术部落及其领地：知识探索与学科文化[M]. 唐跃勤，等，译. 北京：北京大学出版社，2008.

62. 王晓清. 学者的师承与家派[M]. 武汉：湖北人民出版社，2000.

63. [意]维尔弗雷多・帕累托. 精英的兴衰[M]. 刘北成，译. 上海：上海人民出版社，2003.

64. [美]悉尼・胡克. 历史中的英雄[M]. 王清彬，等，译. 上海：上海人民出版社，2006.

65. [加]许美德. 思想肖像：中国知名教育家的故事[M]. 周勇，译. 北京：教育科学出版社，2008.

66. 阎光才. 精神的放牧与规训：学术活动的制度化与学术人的生态[M]. 北京：教育科学出版社，2011.

67. 阎光才. 美国的学术体制：历史、结构与运行特征[M]. 北京：教育科学出版社，2011.

68. 杨汉麟. 外国教育名家思想[M]. 武汉：华中师范大学出版社，2010.

69. 原方. 知识分子论[M]. 上海：上海三联书店，2005.

70. [美]约瑟夫・熊彼特. 经济分析史(第1卷)[M]. 陈锡龄，朱泱，孙鸿敞，等，译. 北京：商务印书馆，1996.

71. [美]约瑟夫・熊彼特. 资本主义、社会主义与民主[M]. 吴良健，译. 北京：商务印书馆，1999.

72. 张人杰. 20世纪教育学名家名著[M]. 广州：广东高等教育出版社，2002.

73. 赵祥麟. 外国教育家评传[M]. 上海：上海教育出版社，2003.

74. 郑也夫. 知识分子研究[M]. 北京:中国青年出版社,2004.

75. 中央教育科学研究所比较教育中心编. 汉英教育词典[Z]. 贵阳:贵州教育出版社,2003.

76. 周南照,张学忠主编. 英汉教育词典[Z]. 北京:科学出版社,2003.

77. 周勇. 教育场域中的知识权力与精英学子[M]. 北京:北京师范大学出版社,2010.

78. [美]朱克曼. 科学界的精英:美国诺贝尔奖获得者[M]. 周叶谦,冯世则,译. 北京: 商务印书馆,1987.

中文期刊、学位论文

1. 陈立新. 全国百篇优秀博士学位论文的计量分析[J]. 高等教育研究,2009(2):56—60.

2. 方文. 学科制度精英、符号霸权和社会遗忘——社会历史学主流历史话语的建构和再生产[J]. 社会学研究,2002(5):62—70.

3. [美]哈丽特·朱克曼. 李传实,马亭亭,译. 科学社会学五十年[J]. 山东科技大学学报(社会科学版),2004(2)(3)(4):1—15,1—14,1—16.

4. 黄国庭. 中国高等师范院校校(院)长教育背景考察——以教育学者为中心[J]. 宁波大学学报(教育科学版),2010(4):11—15.

5. 李志峰,龚春芬. 论学术职业的权力、权威与声望[J]. 清华大学教育研究,2008(4):12—17.

6. 梁玲萍. 20 世纪上半叶中国教育学家群体现象研究[D]. 太原:山西大学,2009.

7. 林良夫. 民国时期教育家群体特征论析[J]. 华东师范大学学报(教育科学版),1999(4):82—91.

8. 刘崇俊,王超. 科学精英社会化中的优势累积[J]. 科学学研究,2008(4):685—689.

9. 刘旭东. 学术与学科: 教育学术研究与教育科学研究[J]. 当代教育与文化,2009(1):39—44.

10. 刘亚秋. 声望危机下的学术群体:当代知识分子身份地位研究

[J]. 社会,2007(6):29—53.

11. 柳飞. 高校学术精英的群体特征及影响因素分析——以我国长江学者特聘教授为例[D]. 北京:北京师范大学,2010.

12. 沈玉顺. "教育家"评价标准建构及其内涵解析[J]. 上海教育科研,2010(9):17—19.

13. 宋旭红. 学术职业精神气质的遗传印记[J]. 清华大学教育研究,2008(5):57—65.

14. 田正平,肖朗. 中国近代教育家群体特征综论[J]. 教育研究,1999(11):47—52.

15. 王炳照. 应当开展教育思想论争史的研究[J]. 河北师范大学学报(教育科学版),2005(1):54—56.

16. 阎光才. 学术系统的分化结构与学术精英的生成机制[J]. 高等教育研究,2010(3):1—11.

17. 阎光才. 亚努斯的隐喻——去行政化语境下的学术精英角色与权力内涵分析[J]. 复旦教育论坛,2010(5):5—9.

18. 姚云,周学军. 历年教育学学科全国优秀博士学位论文产出分析[J]. 高等教育研究,2007(11):66—73.

19. 张斌贤,陈瑶等. 近三十年我国教育知识来源的变迁——基于《教育研究》杂志论文引文的研究[J]. 教育研究,2009(4):17—25.

20. 张斌贤. 社会转型与教育变革——美国进步主义教育运动研究[D]. 北京:北京师范大学,1995.

21. 张斌贤. 学术职业化与美国高等教育的发展[J]. 北京大学教育评论,2004(2):92—96.

22. 郑慧子. 科学共同体的整体研究取向及其转换问题[J]. 科学学与科学技术管理,1990(3):3—9.

英文著作、工具书

1. Adams, Hazard. The Academic Tribes[M]. Urbana and Chicago: University of Illinois Press, 1988.

2. American Council on Education. Report of the Committee on Graduate Instruction[R]. Washington, D. C., 1934.

3. Beineke, John A. And There Were Giants in the Land: the Life of William Heard Kilpatrick[M]. New York: P. Lang, 1998.

4. Betz, Paul and Carnes, Mark C. American National Biography (Supplement 2)[Z]. New York: Oxford University Press, 2005.

5. Black, Hugh C., Lottich, Kenneth V., and Seckinger, Donald S. The Great Educators: Readings for Leaders in Education[M]. Chicago: Nelson-Hall Co., 1972.

6. Burnham, William H., Suzzallo, Henry, Thorndike, Edward L. The History of Education as a Professional Subject[M]. New York: Teachers College, Columbia University, 1908.

7. Charles H. Judd. Charles Hubbard Judd[A]. Carl Murchison. A History of Psychology in Autobiography: Vol. 2[C]. Worcester, Mass: Clark University Press, 1932.

8. Clark, Burton R. The Academic Life Small Worlds, Different Worlds: A Carnegie Foundation Special Report[M]. Princeton: Princeton University Press, 1987.

9. Clark, Burton R. The Academic Profession: National Disciplinary and Institutional Settings[M]. Berkeley and Los Angeles, California: University of California Press, 1987.

10. Clifford, Geraldine J. and Guthrie, James W. Ed School: A Brief for Professional Education[M]. Chicago: University of Chicago Press, 1990.

11. Clifton, John L. Ten Famous American Educators[M]. Columbus: R. G. Adams & Co., 1933.

12. Cochrane, Rexmond C. The National Academy of Sciences: The First Hundred Years 1863—1963[M]. Washington D. C.: National Academy Press, 1978.

13. Coffman, Lotus D. The Social Composition of the Teaching Population[M]. New York, Teachers College, Columbia University, 1911.

14. Counts, George S. The American Road to Culture: A Social Interpretation of Education in the United States[M]. New York: The John Day Company, 1930.

15. Cremin, Lawrence A. The Transformation of the School: Progressivism in American Education, 1876—1957[M]. New York: Vintage Books, 1964.

16. Cremin, Lawrence A. The Wonderful World of Ellwood Patterson Cubberley: An Essay on the Historiography of American Education[M]. New York: Bureau of Publications, Teachers College, Columbia University, 1965.

17. Cremin, Lawrence A. Traditions of American Education[M]. New York: Basic Books, 1977.

18. Cremin, Lawrence, Shannon, David, Townsend, Mary. A History of Teachers College, Columbia University [M]. New York: Columbia University Press, 1954.

19. Cubberley, Ellwood P., et al. Research Within the Field of Education: Its Organization and Encouragement [A]. School Review Monographs, No. 1[C]. Chicago: University of Chicago Press, 1911.

20. Cubberley, Ellwood P. Public Education in the United States: A Study and Interpretation of American Educational History [M]. Boston: Houghton Mifflin Company, 1934.

21. Curti, Merle. The Social Ideas of American Educators. Report of the Commission on the Social Studies: Part X[M]. New York and London: Charles Scribner's Sons, 1935, 1959.

22. Davenport, Frances L. The Education of John Dewey[M]. Los Angeles: University of California, 1947.

23. Davis, Sheldon E. Educational Periodicals during the 19th Century [Z]. Washington: Washington Government Printing Office, 1919.

24. De Laguna, Theodore. The Factors of Social Evolution[M]. New York: F. S. Crofts & Co., 1926.

25. Dewey, John. Current Tendencies in Education[A]. Boydston, Jo Ann (Ed.). The Middle Works of John Dewey, 1899—1924(Vol. 10)[C]. Carbondale and Edwardsville: Southern Illinois University Press, 1984.

26. Dewey, John. Pedagogy as a University Discipline[A]. Boydston, Jo Ann (Ed.). The Early Works of John Dewey, 1892—1898 [C]. Carbondale and Edwardsville: Southern Illinois University Press, 1975.

27. Dewey, John. School and Society [M]. Chicago: University of Chicago Press, 1971.

28. Dewey, John. The Sources of a Science of Education [A]. Boydston, Jo Ann (Ed.). The Later Works of John Dewey, 1925—1953 (Vol. 5) [C]. Carbondale and Edwardsville: Southern Illinois University Press, 1984.

29. Durkheim, Emile. The Elementary Forms of the Religious Life [M]. Translated by Joseph Ward Swain, Publisher: George, Allen & Unwin Ltd, 1915, 1976.

30. Dyknuizen, George. The Life and Mind of John Dewey [M]. Carbondale and Edwardsville: Southern Illinois University Press, 1973.

31. Edward L. Thorndike. Edward Lee Thorndike [A]. Carl Murchison. A History of Psychology in Autobiography, Vol. 3 [C]. Worcester, Mass.: Clark University Press, 1936.

32. Fenner, Mildred S., Fishburn, Eleanor C. Pioneer American Educators[M]. Port Washington, N. Y.: Kennikat Press, 1968, 1947.

33. Finkelstein, Martin J. The American Academic Profession: A Synthesis of Social Scientific Inquiry since World War Ⅱ [M]. Columbus: Ohio State University Press, 1984.

34. Flanagan, Frank M. The Greatest Educators Ever[M]. London: Continuum, 2006.

35. Flexner, Abraham, Bailey, Esther S. Funds and Foundations, Their Policies, Past and Present[M]. New York: Arno Press, 1976.

36. Francis Galton. F. R. S., etc. Hereditary Genius: An Inquiry into Its Laws and Consequences[M]. London: Macmillan and Co., 1892.

37. Graubard, Stephen R. The American Academic Profession[M]. New Jersey: Transaction Publishers, 1997.

38. Graves, Eileen C. Ulrich's Periodicals Directory: A Classified Guide to a Selected List of Current Periodicals Foreign and Domestic(Ninth Edition)[Z]. New York: R. R. Bower Company, 1959.

39. Gutek, Gerald L., Gutek, Gerald L. Historical and Philosophical

Foundations of Education: A Biographical Introduction[M]. Upper Saddle River, N. J.: Merrill, 1997.

40. Hans, Nicholas. New Trends in Education in the Eighteenth Century [M]. London: Routledge and Kegan Paul, 1951.

41. Hanus, Paul. Adventuring in Education[M]. Cambridge, Massachusetts: Harvard University Press, 1937.

42. Hart, Hornell. Changing Social Attitudes and Interests[A]. Recent Social Trends in the United States: Report of the President's Research Committee on Social Trends, Vol. Ⅰ[R]. New York: McGraw-Hill Book Co., 1933.

43. Havighurst, Robert J. Leaders in American Education: The Seventieth yearbook of the National Society for the Study of Education Part Ⅱ [M]. Chicago: University of Chicago Press, 1971.

44. Haworth, Paul L. The United States in Our Own Times, 1865—1920[M]. New York, Chicago etc: Charles Scribner's Sons, 1920.

45. Hofstadter, Richard. Anti-intellectualism in American life[M]. Mew York: Alfred A. Knopf, 1962.

46. Hurlin, Ralph G. Shifting Occupational Patterns[A]. Recent Social Trends in the United States: Report of the President's Research Committee on Social Trends, Vol. Ⅰ[R]. New York: McGraw-Hill Book Co., 1933.

47. Hurlin, Ralph G. Shifting Occupational Patterns, Recent Social Trends[A]. In the United States: Report of the President's Research Committee on Social Trends, Vol. Ⅰ[C]. New York: McGraw-Hill Book Co., 1933, Vol. I.

48. Jencks, Christopher, Riesman, David. The Academic Revolution [M]. New Jersey: Transaction Publishers, 2002.

49. Joncich, Geraldine. The Sane Positivist: A Biography of Edward L. Thorndike[M]. Middletown, Conn.: Wesleyan University Press, 1968.

50. Judd, Charles H. Introduction to the Scientific Study of Education [M]. New York: Ginn and Company, 1918.

51. Judd, Charles H. Summary of Typical School Survey [A]. The Thirteenth Yearbook of The National Society for the Study of Education: Part Ⅱ [Z]. 1914.

52. Kadushin, Charles. The American Intellectual Elite [M]. Boston: Little and Brown, 1974.

53. Kandel, I. L. (Ed.). Twenty-Five Years of American Education: Collected Essays [M]. New York: Books for Libraries Press, 1924.

54. Kridel, Craig A., Bullough, Robert V., Shaker, Paul. Teachers and Mentors: Profiles of Distinguished Twentieth-Century Professors of Education [M]. New York: Garland Pub., 1996.

55. Lamont, Michele. How Professors Think: Inside the Curious World of Academic Judgment [M]. Massachusetts: Harvard University Press, 2009.

56. Larson, Magali Sarfatti. The Rise of Professionalism: A Sociological Analysis [M]. University of California Press, 1977.

57. Mannheim, Karl. Ideology and Utopia: An Introduction to the Sociology of Knowledge [M]. Translated from the German by Louis and Edward Shils. New York: Harcourt, Brace, London: Routlage & Kegan Paul, 1954.

58. Merriam-Webster. Webster's Third New International Dictionary [Z]. Merriam-Webster Publishers, 1976.

59. Metzger, Walter P. Reader on the Sociology of the Academic Profession [M]. New York: Arno Press, 1977.

60. Mitchell, G. Duncan (Ed.). A New Dictionary of the Social Sciences [Z]. New York: Aldine Publishing Company. 1979.

61. Monroe, Walter S., Engelhart, Max D. The Scientific Study of Educational Problems [M]. New York: Macmillan, 1936.

62. Monroe, Walter S., et al. Ten Years of Educational Research [M]. Urbana: University of Illinois, 1928.

63. Namier, Lewis Bernstein. The Structure of Politics at the Accession of George Ⅲ [M]. London: Macmillan and Co., Limited, 1929.

64. National Society for the Scientific Study of Education, Constitution

of National Society for the Scientific Study of Education[A]. First Yearbook of National Society for the Scientific Study of Education (Vol. 1) [Z]. Chicago: University of Chicago Press, 1902.

65. National Society for the Study of Education. Commemorating a Quarter of a Century of Service of the National Society for the Study of Education Ⅲ[M]. Bloomington: Public School Publishing Company, 1926.

66. National Society of College Teachers of Education. A History of the National Society of College Teachers of Education (1902—1950) [M]. (Original Manuscript by C. Woody, 1944). Chicago: NSCTE, 1950.

67. National Society of College Teachers of Education. Constitution, By-Laws and Membership List, 1910—1911[Z]. Chicago: NSCTE,1911.

68. Nauman, Ann K. A Biographical Handbook of Education: Five Hundred Contributors to the Field[M]. New York: Irvington Publishers, 1985.

69. Ohles, John F. Biographical Dictionary of American Educators (Vol. 1, 2, 3)[Z]. London: Greenwood Press, 1978.

70. Ohles, John F., Ohles, Shirley M., Ramsay, John G. Biographical Dictionary of Modern American Educators [Z]. Westport, Conn.: Greenwood Press, 1997.

71. Oleson, Alexander, Voss, John. The Organization of Knowledge in Modern America, 1860—1920 [M]. Baltimore and London: The Johns Hopkins University Press, 1979.

72. Palmer, Joy, Bresler, Liora, and Cooper, David. Fifty Major Thinkers on Education: From Confucius to Dewey: Routledge Key Guides [M]. London: Routledge, 2003.

73. Palmer, Joy, Cooper, David, and Bresler, Liora. Fifty Modern Thinkers on Education: From Piaget to the Present Day [M]. London: Routledge, 2001.

74. Peter, Gordon, Aldrich, Richard. Biographical Dictionary of North American and European Educationists[Z]. London: Woburn Press, 1997.

75. Pierrepont, Graves F. Great Educators of Three Centuries: Their

Work and Its Influence on Modern Education [M]. New York: AMS Press, 1971.

76. Powell, Arthur G. The Uncertain Profession: Harvard and the Search for Educational Authority[M]. Cambridge, Mass: Harvard University Press, 1980.

77. Simpson, John, Weiner, Edmund (Ed.). The Oxford English Dictionary : Volume V[Z]. Oxford: Oxford University Press,1989.

78. Stallones, Jared R. Conflict and Resolution: Progressive Educators and the Question of Religion[M]. Information Age Publishing, 2010.

79. Syme, Ronald. Roman Revolution[M]. Oxford: The Clarendon Press, 1939.

80. Teachers College, Columbia University. Class Book of 1906[Z]. Teachers College, Columbia University, 1906.

81. Thorndike, Edward L. Educational Psychology[M]. New York: The Science Press, 1903.

82. Thorndike, Edward L. Quantitative Investigations in Education: With Special Reference to Cooperation within This Association[A]. School Review Monographs, No. 1 [C]. Chicago: University of Chicago Press, 1911.

83. Thorndike, Edward L. The Nature, Purposes, and General Methods of Measurements of Educational Products[A]. In The Seventeenth Yearbook of National Society for the Study of Education: Part Ⅱ [Z]. Bloomington: Public School Publishing Company, 1918.

84. Thorndike, Edward L. What is "Scientific" Method in the Study of Education? [A]. The Fifth Yearbook of the National Society for the Study of Education[Z]. Pantagraph Printing and Statisnery Company, 1906.

85. Van Doren Charles L. Webster's American Biographies [Z]. Springfield, Mass. : G. & C. Merriam Company Publishers, 1974.

86. Vollmer, Howard M. , Donald Mills L. (Eds.). Professionalization [M]. Englewood Cliffs, N. J. : Prentice-Hall, 1966.

87. Wilson, G. M. Titles of College Courses in Education[A]. From

the Yearbook of National Society for College Teachers of Education, No. 8 [Z]. Marshalltown: Marshall Printing Company, 1919.

88. Wilson, Logan. The Academic Man: A Study in the Sociology of a Profession[M]. New York: Oxford University Press, 1942.

89. Winship, Albert E. Great American Educators[M]. Chicago: Werner School Book Company, 1901.

90. Woelfel, Norman. Molders of the American Mind: A Critical Review of the Social Attitudes of Seventeen Leaders in American Education [M]. New York: Columbia University Press, 1933.

英文期刊、报纸、年鉴及学位论文

1. Alexander, Carter. Society of College Teachers of Education[J]. The School Review, 1912, 20(7): 483—484.

2. A Master Teacher[N]. New York Times, 1926-2-21.

3. Amick, Daniel J. An Index of Scientific Elitism and the Scientist's Mission[J]. Science Studies, 1974, 4(1): 1—16.

4. Amster, Jeanne E. Meritocracy Ascendant: James Bryant Conant and the Cultivation of Talent[D]. Harvard University, 1990.

5. Averill, Lawrence A. A Plea for the Educational Survey[J]. School and Society, 1918, 7,187—191.

6. Ayres, L. P. Measuring Educational Processes through Educational Results[J]. School Review, 1912(20):300—301.

7. Boring, Mollie D., Boring, Edwin G. Masters and Pupils among the American Psychologists[J]. The American Journal of Psychology, 1948, 61 (4): 527—534.

8. Burnham P. Beckwith. Philanthropic Gifts and Givers[J]. Social Forces, 1938, 16(4): 510—522.

9. Dennis, Wayne. Variations in Productivity among Creative Workers [J]. The Scientific Monthly, 1955, 80(4): 277—278.

10. Educators Honor Prof. E. L. Thorndike[N]. New York Times, 1926-2-20.

11. Eysenck, Hans J. Creativity and Personality: Suggestions for a Theory[J]. Psychological Inquiry, 1993, 4(3): 147—178.

12. Forbes, George M, et al. College Teachers of Education[J]. The School Review, 1913, 21(5): 344—351.

13. Franke, Paul R., Robert A. Davis. Changing Tendencies in Educational Research[J]. The Journal of Educational Research, 1931, 23(2): 133—145.

14. Freeman, Frank N. Charles Hubbard Judd, 1873—1946[J]. Psychological Review, 1947, 54(2): 59—65.

15. Good, Carter V. Fields and Types of Research in Education, 1918—1931[J]. The Journal of Educational Research, 1931, 24(1): 33—43.

16. Gustin, Bernard H. Charisma, Recognition, and the Motivation of Scientists[J]. American Journal of Sociology, 1973, 78(5): 1119—1134.

17. Hiner, N. Ray. Professions in Process: Changing Relations among Social Scientists, Historians, and Educators, 1880—1920[J]. The History Teacher, 1973, 6(2): 201—218.

18. Hiner, N. Ray. Professions in Process: Changing Relations between Historians and Educators, 1896—1911[J]. History of Education Quarterly, 1972, 12(1): 34—56.

19. Hirsch, J. E. An Index to Quantify an Individuall's Scientific Research Output[J]. Proceedings of the National Academy of Sciences of the United States of America, 2005, 102(46): 16569—16572.

20. Judd, Charles H. The Department of Education in American Universities[J]. The School Review, 1909, 17(9): 593—608.

21. Katz, Michael B. From Theory to Survey in Graduate Schools of Education[J]. The Journal of Higher Education, 1966, 37(6): 325—334.

22. Light, Donald. Introduction: The Structure of the Academic Professions[J]. Sociology of Education, 1974, 47(1): 2 28.

23. Lindholm, Jennifer A. Pathways to the Professoriate: The Role of Self, Others, and Environment in Shaping Academic Career Aspirations[J].

The Journal of Higher Education, 2004, 75(6): 603—635.

24. MacVannel, John A. The College Course in the Principles of Education[J]. The School Review, 1906, 14(2): 69—122.

25. Merton, Robert K. Science, Technology and Society in Seventeenth Century England[J]. Osiris, 1938(4): 360—632.

26. Mulkay, Michael. The Mediating Role of the Scientific Elite[J]. Social Studies of Science, 1976, 6(3/4): 445—470.

27. Price, Derek J. de Solla. The Scientific Foundations of Science Policy[J]. Nature, 1965(4981): 233—238.

28. Royce, Josiah. Is There a Science of Education? [J]. Educational Review, 1891, 1(1): 15—59.

29. Rugg, Harold O. Curriculum-Making and the Scientific Study of Education since 1910 [J]. Curriculum Theory Network, 1975, 4 (4): 295—308.

30. Scates, Douglas E. Judd and the Scientific Study of Education[J]. The School Review, 1967,75(1): 2—28.

31. Scott, Long, J., Allison, Paul D., and McGinnis, Robert. Entrance into the Academic Career [J]. American Sociological Review, 1979, 44(5): 816—830.

32. Shils, Edward. Tradition, Ecology, and Institution in the History of Sociology[J]. Daedalus, 1970, 99(4): 760—825.

33. Shoup, John R. Prosopography of 12 Influential Leaders: A Study on Developing Exemplary Leaders [D]. University of California Riverside, 2002.

34. Sohn, Kitae. The Social Class Origins of U. S. Teachers, 1860—1920[J]. Journal of Social History, 2012, 45(4): 908—935.

35. Soltis, Jonas F. Dewey and Thorndike: The Persistence of Paradigms in Educational Scholarship[J]. Canadian Journal of Education / Revue canadienne de l'éducation, 1988, 13(1): 39—51.

36. Stone, Lawrence. Prosopography [J]. Historical Studies Today, 1971,100(1): 46—79.

37. Sutton, William Senceca. The Organization of the Department of Education in Relation to Other Departments in Colleges and Universities[J]. Journal of Pedagogy, Dec., 1906 - March, 1907, 19(2—3): 81—136.

38. Thackray, Arnold, Robert K. Merton. On Discipline Building: The Paradoxes of George Sarton[J]. Isis, 1972, 63(4): 472—495.

39. The Society of College Teachers of Education[J]. The School Review, 1916, 24(4): 298—311.

40. The Society of College Teachers of Education[J]. The School Review, 1914, 22(2): 108—117.

41. The Society of College Teachers of Education[J]. The School Review, 1913, 21(2): 124—133.

42. Thorndike, Edward L. Measurement in Education[J]. Teachers College Record, 1921(22):371—379.

43. Tomlinson, Stephen. Edward Lee Thorndike and John Dewey on the Science of Education[J]. Oxford Review of Education, 1997, 23(3): 365—383.

44. Val Burris. The Academic Caste System: Prestige Hierarchies in Ph. D Exchange Networks[J]. American Sociological Review, 2004, 69(2): 239—264.

45. Weltman, Burton David. Debating Dewey the Social Ideas of American Educators since World War II: An Examination of Arthur Bestor, Jerome Bruner, Paul Goodman, John Goodlad and Mortimer Adler[D]. State University of New Jersey, 1995.

46. White, Woodie T. The Study of Education at the University of Chicago, 1892—1958[D]. University of Chicago, 1977.

47. White, Woodie T. The Decline of the Classroom and the Chicago Study of Education, 1909—1929[J]. American Journal of Education, 1982, 90(2): 144—174.

48. Williams, Jay. Dewey and the Idea of a Science of Education[J]. The School Review, Dewey Centennial Issue, 1959, 67(2): 186—194.

49. Zuckerman, Harriet and Merton, Robert K. Patterns of Evaluation

in Science: Institutionalisation, Structure and Functions of the Referee System [J]. Minerva, 1971, 9(1): 66—100.

50. Zuckerman, Harriet. Stratification in American Science [J]. Sociological Inquiry, 1970, 40(2): 235—257.

年度报告与公报

1. Teachers College of Columbia University. Teachers College Bulletin, School of Education Announcement [R]. New York: Teachers College, Columbia University, 1899—1922.

2. Teachers College of Columbia University. Report of the Dean[R]. 1903—1922.

3. University of Chicago. Annual Register[R]. 1901—1922.

4. University of Chicago. Bulletin of information[R]. 1910—1922.

5. University of Chicago. The President's Report[R]. 1907—1922.

附　录

1. 教育教授学会（全美大学教育学教师学会）[①]历任主席

年　份	主　席	所在大学
1902	查尔斯·德加谟（Charles DeGarmo）	康奈尔大学
1903—1904	约翰·杜威（John Dewey）	芝加哥大学
1905—1907	詹姆斯·拉塞尔（James E. Russell）	哥伦比亚大学教师学院
1908	查尔斯·德加谟（Charles DeGarmo）	康奈尔大学
1909	萨顿（W. S. Sutton）	德克萨斯大学
1910	保罗·哈努斯（Paul H. Hanus）	哈佛大学
1911	查尔斯·贾德（Charles H. Judd）	芝加哥大学
1912	迈克尔·奥谢（M. Vincent O'Shea）	威斯康星大学
1913	乔治·詹姆斯（George James）	明尼苏达大学
1914	乔治·福布斯（George M. Forbes）	罗切斯特大学
1915	沃伦斯·查特斯（Wallace W. Charters）	密苏里大学
1916	查尔斯·贾德（Charles H. Judd）	芝加哥大学
1917	威廉·钱伯斯（William G. Chambers）	匹兹堡大学
1918	罗特斯·考夫曼（Lotus D. Coffman）	明尼苏达大学
1919	威廉·巴格莱（William C. Bagley）	哥伦比亚大学教师学院
1920	弗兰克·格里夫斯（Frank P. Graves）	宾夕法尼亚大学

① 全美大学教育学教师学会 1969 年更名为“教育教授学会”。

续表

年 份	主 席	所在大学
1921	弗里德里克·凯利(Frederick J. Kelly)	堪萨斯大学
1922	亚历山大·英格里斯(Alexander Inglis)	堪萨斯大学
1923	约翰·威瑟斯(John H. Withers)	纽约大学
1924	惠特尼(A. S. Whitney)	密歇根大学
1925	爱德华·毕希纳(Edward F. Buchner)	约翰·霍普金斯大学
1926	亨曼(V. A. C. Henmon)	威斯康星大学
1927	沃尔特·孟禄(Walter S. Monroe)	伊利诺伊大学
1928	坎普(W. W. Kemp)	加州大学伯克利分校
1929	英赛恩(F. C. Ensign)	爱荷华州立大学
1930	爱德华·赖斯纳(Edward H. Reisner)	哥伦比亚大学教师学院
1931	亨利·霍曼斯(Henry W. Holmes)	哈佛大学
1932	莱斯特·罗杰斯(Lester R. Rogers)	南加州大学
1933	保罗·佩克(Paul C. Packer)	爱荷华州立大学
1934	斯图尔特·诺贝尔(Stuart G. Noble)	杜兰大学
1935	埃文登(E. S. Evenden)	哥伦比亚大学教师学院
1936	埃德加·奈特(Edgar W. Knight)	北卡来罗纳大学
1937	威廉·格里(William S. Gray)	芝加哥大学
1938	哈尔·道格拉斯(Harl R. Douglass)	明尼苏达大学
1939	马里恩·特拉比(Marion. R. Trabue)	宾夕法尼亚州立学院
1940	弗兰克·弗里曼(Frank N. Freeman)	加州大学伯克利分校
1941	米德(A. R. Mead)	佛罗里达大学
1942	格里森·凯弗维尔(Grayson N. Kefauver)	斯坦福大学
1943—1945	因战争取消竞选	
1946	佩克(W. E. Peik)	明尼苏达大学
1947	卡特·古德(Carter V. Good)	辛辛那提大学
1948	史密斯(B. Othanel Smith)	伊利诺伊大学
1949	巴尔(A. S. Barr)	威斯康星大学
1950	乌姆施塔特(J. G. Umstadded)	德克萨斯大学
1951	乔治·凯特(George C. Kyte)	加州大学伯克利分校

续表

年份	主席	所在大学
1953	哈罗德·汉德(Harold Hand)	伊利诺伊大学
1955	多纳德·科特雷尔(Donald P. Cotrell)	俄亥俄州立大学
1956—1957	卡迈克尔(A. Max Carmichael)	圣地亚哥州立学院
1959	威廉·斯坦利(William A. Stanley)	伊利诺伊大学
1960	威廉·特罗(William C. Trow)	密歇根大学
1961	劳伦斯·克雷明(Lawrence A. Cremin)	哥伦比亚大学教师学院
1962	约翰·古德莱德(John I. Goodlad)	加州大学洛杉矶分校
1963	约翰·布鲁贝克(John Brubacher)	密歇根大学
1964	沃伦·鲍勒(Warren R. Baller)	内布拉斯加大学
1965	埃尔默·克拉克(Elmer J. Clark)	南伊利诺伊大学
1966	斯图尔特·琼斯(R. Stewart Jones)	伊利诺伊大学
1967	威廉·提尔(William Van Til)	纽约大学
1968	厄内斯特·贝尔斯(Ernest E. Bayles)	堪萨斯大学
1969	欧文·戈德斯坦(Erwin Goldstein)	内布拉斯加大学
1970	罗伯特·贝克(Robert H. Beck)	明尼苏达大学
1971	葛雷恩·哈斯(Glen Hass)	佛罗里达大学
1972	范·莫里斯(Van Cleve Morris)	伊利诺伊大学
1973	卡尔·格罗斯(Carl H. Gross)	密歇根州立大学
1974	露茜·林登伯格(Lucille Lindberg)	女王学院
1975	赛贝里(A. L. Sebaly)	西北密歇根大学
1976	威廉·海切斯(William D. Hedges)	佛罗里达大学
1977	吉姆·梅里特(Jim Merritt)	北伊利诺伊大学
1978	玛丽·李维德(Mary A. Raywid)	赫福斯特拉大学
1979—1980	杰拉德·里根(Gerald M. Regan)	俄亥俄州立大学
1981—1982	琼·伯内特(Joe. R. Burnett)	伊利诺伊大学
1983—1984	埃尔斯·巴格莱(Ayers Bagley)	明尼苏达大学
1985—1986	珍妮丝·维吾尔(Janice Weaver)	葛拉斯堡罗州立学院
1987—1988	克里斯多夫·卢卡斯(Christopher Lucas)	密苏里大学
1989—1991	亚瑟·布朗(Arthur Brown)	韦恩州立大学

续表

年　份	主　席	所在大学
1991—1993	丽塔·萨斯罗(Rita S. Saslaw)	阿克隆大学
1994	琼·史密斯(Joan K. Smith)	罗耀拉大学
1995—1996	托尼·约翰逊(Tony Johnson)	宾州西彻斯特大学
1997—1998	道格拉斯·辛普森(Douglas J. Simpson)	路易斯维尔大学
1999—2000	理查德·维希涅夫斯基(Richard Wisniewski)	田纳西大学
2000—2001	约瑟夫·德维蒂斯(Joseph L. DeVitis)	纽约州立大学宾汉顿分校
2001—2002	威廉·舒伯特(William Schubert)	伊利诺伊大学
2003—2004	琼·瓦尔拉斯(Joe Watras)	戴顿大学
2005—2006	约翰·诺瓦克(John M. Novak)	布鲁克大学(加拿大)
2007—2008	多纳·布劳尔特(Donna A. Breault)	佐治亚州立大学
2009—2010	威廉·拉格(William Wraga)	佐治亚大学

2. 全美大学教育学教师学会历年会议地点与主题(1902—1922)

年　份	地　点	会议主题
1902	芝加哥	
1903	辛辛那提	
1904	亚特兰大	
1905	密尔沃基	
1906	路易斯维尔	大学中的教育原理课程(The College Course in the Principles of Education)
1907	芝加哥	学院和大学中教育系与其他学系之间联系的组织工作(The Organization of the Department of Education In Relation to Other Departments in Colleges and Universities)
1908	华盛顿	教育史作为一门专门学科(The History of Education as a Professional Subject)
1909	芝加哥	学院和大学教育系中的观察和实践教学(Observation and Practice Teaching in College and University Departments of Education)

续表

年 份	地 点	会议主题
1910	印第安纳波利斯	大学中公共学校管理课程的目标、范围和方法(The Aims, Scope, and Methods of a University Course in Public School Administration)
1911	莫比尔	教育领域中协作研究之组织和激励政策(Cooperative Research within the Field of Education: Its Organization and Encouragement)
1912	圣路易斯	教育中的研究生和本科生课程和学位(Graduate and Undergraduate Courses and Degrees in Education)、师范学校和大学中的教育系(Normal School and University Department of Education)、当前教育作为一门科学的地位(The Present Status of Education as a Science)
1913	费城	大学教育学教师学会会员调查报告(Reports of Investigations by Members of The Society of College Teachers of Education)
1914	里士满	大学和学院中教育系的工作(Work in Education in Colleges and Universities)
1915	辛辛那提	教师的等级、地位和晋升(Rating, Placing, and Promotion of Teachers)
1916	底特律	中学教师实践教学(Practice Teaching for Prospective Secondary Teachers)
1917	堪萨斯城	
1918	亚特兰大	
1919	芝加哥	大学中的教育类课程(College Courses in Education)
1920	克利夫兰	教育研究(Studies in Education)
1921	亚特兰大	教育研究(Studies in Education)
1922	芝加哥	教育研究(Studies in Education)

3. 全美教育研究学会历年会议地点与主题(1902—1926)

时 间	地 点	主 题
1902－2	芝加哥	学校中的历史课(History in the School)
1902－7	明尼阿波利斯	地理学的进展(The Progress of Geography)
1903－2	辛辛那提	公立学校中的历史课(History in the Common School)

续表

时　间	地　点	主　题
1903－7	波士顿	教师教育理论与实践的关系(The Relation of Theory to Practice in the Education of Teachers)
1904－2	亚特兰大	教师教育理论与实践的关系(The Relation of Theory to Practice in the Education of Teachers)
1904－7	圣路易斯	自然研究(Natural Study)
1905－2	密尔沃基	中等学校教师教育与培训(The Education and Training of Secondary School Teachers)
1905－7	新泽西	高中课程中职业科目的地位(The Place of Vocational Subjects in the High-School Curriculum)
1906－2①	路易斯维尔	英语教学(The Teaching of English)
1907－2	芝加哥	教师认证(Certification of Teachers) 大学预备职业课程(Vocational Studies for College Entrance)
1907－7	洛杉矶	幼儿园与初等教育(The Kindergarten in Relation to Elementary Education)
1908－2	华盛顿	教师培训与发展中督学和校长的关系(The Relation of Superintendents and Principals to the Training and Improvement of Their Teachers)
1908－7	克利夫兰	幼儿园与初等学校的协作(The Coordination of Kindergarten and Elementary School)
1909－2②	芝加哥	性别教育(Education with Reference to Sex)
1910－2	印第安纳波利斯	健康与教育(Health and Education)
1911－2	莫比尔	作为社区中心的城市与乡村学校(City and Rural Schools as Community Centers)
1912－2	圣路易斯	工业与农业教育(Industrial and Agricultural Education)
1913－2	费城	督导(Supervision)
1914－2	里士满	辅导学习与高中数学(Supervised Study and High-School Math)
1915－2	辛辛那提	初等学校课程最低标准(Minimum Essentials in Elementary School Subjects—Standards and Current Practice)

① 原定在旧金山举办的夏季会议因地震取消。

② 会后决定取消夏季会议。

续表

年份	地点	主题
1916－2	底特律	学校效率测量的标准与测试(Standards and Tests for the Measurement of the Efficiency of School)
1917－2	堪萨斯	初等学校课程最低标准(Minimum Essentials in Elementary School Subjects)
1918－2	亚特兰大	教育中的时间成本(Economy of Time in Education)
1919－2	芝加哥	高中教师的专业培训(The Professional Preparation of High-School Teachers)
1920－2	克利夫兰	天才儿童的教育以及新的教学材料(The Education of Gifted Children and New Materials of Instruction)
1921－2	亚特兰大	教学中的新材料(New Materials of Instruction) 默读(Silent Reading)
1922－2	芝加哥	智力测试及其应用(Intelligence Tests and Their Use)
1923－2	克利夫兰	英语写作(English Composition) 课程设计与社会研究(Curriculum-Making and the Social Studies)
1924－2	芝加哥	职业指导(Vocational Guidance) 天才儿童教育(The Education of Gifted Children) 职业教育(Vocational Education)
1925－2	辛辛那提	阅读(Reading) 个性化教学(Individualized Instruction)
1926－2	华盛顿	安全教育(Safety Education) 课外活动(Extra-Curriculum Activities)

4.《美国教育家传记辞典》与《国民传记辞典》中重复收录的教育家名录(1850—1925)

序号	教育家
1	赫伯特·亚当斯(Herbert B. Adams)
2	玛丽·巴恩斯(Mary D. S. Barnes)
3	查尔斯·兰曼(Charles R. Lanman)
4	艾伦·萨宾(Ellen C. Sabin)
5	约翰·戈登(John P. Gordy)
6	阿尔伯特·斯坦利(Albert A. Stanley)

续表

序　号	教育家
7	詹姆斯·马修(James B. Matthews)
8	威廉·马克斯威尔(William H. Maxwell)
9	乔治·霍尔斯特德(George B. Halsted)
10	塞莱斯蒂娅·帕里什(Celestia S. Parrish)
11	艾拉·韦德(Ella Weed)
12	乔治·查德威克(George W. Chadwick)
13	安娜·科姆斯托克(Anna B. Comstock)
14	露西·雷尼(Lucy C. Laney)
15	本杰明·维勒(Benjamin I. Wheeler)
16	威廉·伯恩汉姆(William H. Burnham)
17	保罗·哈努斯(Paul H. Hanus)
18	爱丽丝·帕尔默(Alice E. F. Palmer)
19	詹姆斯·迪拉德(James H. Dillard)
20	布克·华盛顿(Booker T. Washington)
21	凯特·威金(Kate D. Wiggin)
22	苏珊·多西(Susan A. M. Dorsey)
23	玛莎·托马斯(Martha C. Thomas)
24	玛丽·纳丁(Mary A. Nutting)
25	凯瑟琳·贝茨(Katharine L. Bates)
26	约翰·杜威(John Dewey)
27	詹姆斯·科克兰德(James H. Kirkland)
28	玛丽·诺顿(Mary A. P. Norton)
29	伊莎贝尔·罗波(Isabel A. H. Robb)
30	大卫·史密斯(David E. Smith)
31	威廉·萨顿(William S. Sutton)
32	查尔斯·撒切(Charles C. Thach)
33	玛丽·乌尔曼(Mary R. S. Woolman)
34	埃尔·布朗(Elmer E. Brown)
35	尼可拉斯·巴特勒(Nicholas M. Butler)

续表

序　号	教育家
36	威廉·特伦特(William P. Trent)
37	列奥·维纳(Leo Wiener)
38	约翰·芬利(John H. Finley)
39	凯利·米勒(Kelly Miller)
40	威尔·孟禄(Will S. Monroe)
41	霍雷肖·帕克(Horatio W. Parker)
42	詹姆斯·罗宾逊(James H. Robinson)
43	玛丽·伍利(Mary E. Woolley)
44	查尔斯·史密斯(Charles A. Smith)
45	约翰·曼利(John M. Manly)
46	威廉·菲尔普斯(William L. Phelps)
47	乔治·贝克尔(George P. Baker)
48	大卫·曼斯(David Mannes)
49	詹姆斯·伯恩斯(James A. Burns)
50	爱德华·蒂奇纳(Edward B. Titchener)
51	埃林伍德·克伯莱(Elwood P. Cubberly)
52	凯瑟琳·佩蒂特(Katherine R. Pettit)
53	保罗·孟禄(Paul Monroe)
54	大卫·穆兹(David S. Muzzey)
55	威廉·克伯屈(William H. Kilpatrick)
56	亨利·莫里森(Henry C. Morrison)
57	伊丽莎白·考顿(Elizabeth A. Colton)
58	维尔德·伯利尔(Willard G. Bleyer)
59	博伊德·博德(Boyd H. Bode)
60	威廉·霍金(William E. Hocking)
61	查尔斯·贾德(Charles H. Judd)
62	威廉·巴格莱(William C. Bagley)
63	埃德温·格林劳(Edwin A. Greenlaw)
64	埃尔文·约翰逊(Alvin S. Johnson)

续表

序　号	教育家
65	威利特・查特斯(Werrett W. Charters)
66	罗特斯・考夫曼(Lotus D. Coffman)
67	弗里德里克・凯佩尔(Frederick P. Keppel)
68	亨利・苏加洛(Henry Suzzallo)
69	凯瑟琳・布兰顿(Katharine Blunt)
70	约翰・博比特(John F. Bobbitt)
71	约瑟夫・哈特(Joseph K. Hart)
72	沃尔特・杰瑟普(Walter A. Jessup)
73	威廉・福斯特(William T. Foster)
74	亚历山大・英格利斯(Alexander J. Inglis)
75	西顿尼亚・格伦堡(Sidonie M. Gruenberg)
76	罗伯特・戴特(Robert N. Dett)
77	沃尔特・格罗皮厄斯(Walter A. G. Gropius)
78	罗伯特・欧文(Robert B. Irwin)
79	劳拉泽・蓓丝(Laura Zirbes)
80	威廉・格里(William S. Gray)
81	亨利・克劳德(Henry R. Cloud)
82	哈罗德・拉格(Harold O. Rugg)
83	莱奥纳多・考弗洛(Leonard Covello)
84	海伦・帕克赫斯特(Helen Parkhurst)
85	斯特灵・里奥纳多(Sterling A. Leonard)
86	约翰・赖斯(John A. Rice)
87	哈罗德・多兹(Harold W. Dodds)
88	哈罗德・阿尔伯蒂(Harold B. Alberty)
89	查尔斯・卫斯理(Charles H. Wesley)
90	查尔斯・约翰逊(Charles S. Johnson)
91	马克・范多伦(Mark V. Doren)
92	弗兰克・巴里(Frank S. Barr)
93	格里森・基福弗(Grayson N. Kefauver)

续表

序 号	教育家
94	霍利斯·卡西维尔(Hollis L. Caswell)
95	伊拉·里德(Ira Reid)
96	亨利·康马杰(Henry S. Commager)
97	布鲁诺·贝特尔海姆(Bruno Bettelheim)
98	乔·钱德勒(Joe A. Chandler)
99	杰西·谢拉(Jesse H. Shera)
101	贺拉斯·邦德(Horace M. Bond)
102	西奥多·布拉梅尔德(Theodore B. H. Brameld)
103	亨利·希尔德(Henry T. Heald)
104	阿尔弗雷德·格里斯伍德(Alfred W. Griswold)
105	威廉·布里克曼(William W. Brickman)

图书在版编目（C I P）数据

美国教育学界精英群体的兴起 / 康绍芳著. -- 杭州:
浙江教育出版社, 2014.10
（美国教育变革研究丛书）
ISBN 978-7-5536-2396-2

Ⅰ. ①美… Ⅱ. ①康… Ⅲ. ①高等教育－教育史－研究－美国 Ⅳ. ①G649.712.9

中国版本图书馆CIP数据核字(2014)第247551号

美国教育变革研究丛书

美国教育学界精英群体的兴起

康绍芳　著

责任编辑 王　强
责任校对 孟珍真
封面设计 曾国兴
责任印务 陈　沁
出版发行 浙江教育出版社
（杭州市天目山路 40 号　　邮编 310013）
激光照排 杭州兴邦电子印务有限公司
印　　刷 杭州富春印务有限公司
开　　本 710mm × 1000mm　　1/16
印　　张 15
插　　页 1
字　　数 231 000
版　　次 2014 年 10 月第 1 版
印　　次 2014 年 10 月第 1 次印刷
标准书号 ISBN 978-7-5536-2396-2
定　　价 30.00 元
联系电话 0571-85170300-80928
电子邮箱 zjjy@zjcb.com
网　　址 www.zjeph.com